はじめに――「センターの軸」を構築する

嫌韓本はJ－POPのようなもの

現在の日韓に関する言説の問題は、「右」と「左」にあまりにもきれいに分かれすぎてしまっていることにある、と私は考えている。

「右」と「左」はイデオロギーだから、その「枠組み」に完全にのっとって事実を解釈すれば、たしかにわかりやすいしおもしろいのである。「嫌韓」と「リベラル」という二分法でもよい。その「枠組み」からはみ出ない言説群は、不純物が混じっていないがゆえに、純粋であるかのように見える。

たとえば「韓国は伝統的に中国の属国であった。だから韓国人は独立心に乏しく模倣と権謀術数のみに長けている」という「枠組み」にのっとって韓国を叙述しようとするなら、それなりの「韓国論」をいとも簡単に書くことができるだろう。この「枠組み」に都合のよい事実のみを拾い上げてきて羅列し、都合のよくない事実は排除すればよいのである。材料は日本語による二次資料だけを使えばよいので、おそらく高校生でもいっぱしの「嫌韓本」を書くことができるかもしれない。

そしてその「韓国論」は狭いスペクトラムの「枠組み」にぴったりとはまっているので、整序されて雑音がないわけだから、その「枠組み」に賛同する人間にとっては心地よく、感動しやすく、泣けるし、同じ「枠組み」のなかにいる他人と同語反復の会話をたのしむことができる。

これはJ-POPに似ているのである。いつも似たような和音と音程、いつも似たような歌詞、いつも似たような歌い方……その「枠組み」にすっぽりはまると、もうそこから外に出て行く必要もない。心地よさと慰みと快感はすべてこの「枠組み」から供給される。宗教に近いかもしれない。その「枠組み」のなかには仲間がいる。同じ感性を持つ仲間がいて、そこには不協和音や雑音を出す余計な他者はいない。そのなかだけで生きていくとき、幸福感は増幅される。

しかしこれは嫌韓と反対の陣営である左派の世界認識と、さして異なるものではない。むしろ左派とは相似形ないし対称的な関係にある。戦後の長いあいだ、左派は強力なヘゲモニーを日本社会で握りながら、心地よい「左派の枠組み」のなかで朝鮮半島を認識してきたのである。嫌韓派はそのことに叛旗を翻した。この抵抗運動は高く評価できるであろう。しかし結果として嫌韓派がつくりあげたものは、左派とまったく同型の閉鎖的な「枠組み」であった。

さらにいうなら、このような「枠組み」づくりを国家レベルで営々とやってきたのが韓国および北朝鮮である。韓国・北朝鮮の日本認識は、ほぼ完全に「枠組み」のなかに閉ざされている。その「枠組み」のなかで道徳志向的感情の共同体を強力に形成し、永遠につづくかと思われるような同語反復の回路のなかで快く自足している。厳密な意味でいえば、そこには「イデオロギー」はあるが「思考」は存在しない。そう、「枠組み」とは「思考停止の装置」なのである。

日本における嫌韓派の運動に対する正確な解釈は、「日本の韓国化」である。日本は韓国社会に比べて、「枠組み」を破壊する力の強い社会であった。しかし、その力を弱めようという勢力が存在する。かつては「左翼」がそのもっとも強力な勢力だった。現在は、元気のなくなった「左翼」のかわりに「右翼」がその運動を主として担っている。

日本の「右」は日本社会を「韓国化」しようとしている。そして「日本の韓国化」とは、「日本の思考停止化」と同義なのである。

「センターの軸」を構築する

われわれは思考停止から脱却しなくてはならない。

そのために、何をすればよいのか。

二〇〇五年に『歴史認識を乗り越える』(講談社現代新書)という本を書いたときからの主張なのだが、私としては、この日本に一刻も早く「センターの軸」を強力に構築することこそが重要だ、と考えているのである。

「センターの軸」とは何か。

「左」と「右」にあまりにも整然と分離してしまい、同じサッカー・グラウンドで左派はグラウンドの左半分、右派は右半分だけでサッカーをしている。ともに味方どうしだけで永遠にボールを回している。心地よい「枠組み」のなかから一歩も外に出ようとせずに、自分は安全地帯に身をおきながら互いに相手を非難しているだけだ。

これは、責任ある国家がすべき行為ではない。

「左」も「右」も、心地よいのである。その「内部」にずっといれば、幸福感を味わえるのである。しかし、日本という国家の図体は、決してそのどちらかの狭い「枠組み」にすっぽりはまるような矮小なものではない。

言論としては、「左」はどれだけ極端に「左」に行ってもよいし、「右」はどれだけ極端に「右」に行ってもよい。そのことに何ら制限はない。

しかし、言論と現実は別物である。日本という多様性のある国家が、国際社会において何らかの政策や行為を打ち出すとき、「右」や「左」の「枠組み」から発想するのは、現実としては何の力も持たないことなのである。

まずは「左」と「右」を包摂する「センターの軸」を太く高く構築する。そしてその「センターの軸」からどれだけ離れているかを、「左」も「右」もつねに自覚しながら、グラウンドの全体を使ってサッカーするようにする。

誤解を避けるためにいうなら、この「センターの軸」は、日韓関係の全ての言説を「真ん中」に集めるためのものなのではない。もしそうであるなら、そのような軸の設定は思想統制と似たような意味になるだろう。

そうではなく、「左」も「右」も、自分たちの心地よい「枠組み」から飛び出して、グラウンド全体を走り回ることができるようにするために必要な軸なのだ。そのためにはまず、「左」と「右」を画然と分離してしまっているラインを可視化させ、このラインをまたいで自由にボールを回せるようにしなくてはならない。

だから「センターの軸」を設定する人間は、個人的には「左」や「右」の陣営に属していて構わない。ただ、自分の「枠組み」に自閉せず、自由に他陣営の人びととともコミュニケーションしながら、あくまでも現実的なラインを正確に認識している人でなければならない。

私としては、前掲の拙著において、「謝罪と貢献」がこの「センターの軸」の中身である、と考えた。「左」は謝罪と反省にしか関心がなく、日本を「永遠に贖罪すべき国家」として位置づけようとしている。謝罪の後に日本は何をしなくてはならないのかが、明確でないのである。逆に「右」は貢献にしか関心がなく、その貢献が軍事的なものか人道的なものか、などという議論はするが、日本という国家が国際的な貢献を真にすることができるためには、過去に対する反省が必要であるという点には目をつむっている。

「謝罪（反省）と貢献」というのが、日本の「センターの軸」である。この「真ん中」を強力に設定して、そしてその上で、具体的に日本は何ができるのかを考えていく。このようなやり方が現実的なのであって、何も現実的な軸を設定せずに藪から棒に自分のやりたいことだけを主張しても、国際社会は決してそれを受け入れないだろう。

ただ、「謝罪（反省）と貢献」というのは、あくまでも私の考えである。「センターの軸」の中身は、論者によってそれぞれ違うだろう。

私としては、おもしろいけれどもあまりに非生産的、非現実的な議論ではなく、この現実的な「センターの軸」を設定することができるような論者に、思う存分、日韓関係について語っていただきたかった。そのような意図で、早稲田・鶴巻に集まっていただく方々を選んだのである。

ベストメンバーがそろった

それは、小倉和夫氏（元・駐韓国日本大使）、小此木政夫氏（慶應義塾大学名誉教授）、黒田勝弘氏（産経新聞ソウル駐在客員論説委員）、若宮啓文氏（日本国際交流センター・シニアフェロー、元・朝日新聞主筆）の四名であった。そこに中国が専門の金子秀敏氏（毎日新聞客員編集委員）に加わっていただき、ベストメンバーの座談会を準備することができた。小針進氏（静岡県立大学教授）と私が司会を兼任した。

このきわめて多忙な論客たち全員が、二〇一四年七月二十日に座談会場所である東京・早稲田鶴巻の藤原書店に集まることができたというのは、一種の奇跡的なできごとだったといえよう。そのうちのひとりはその日の昼にソウルから帰って来ての参加、ひとりはその日の朝に広島から飛来しての参加、ひとりはその日の夕方にソウルに発つ前の参加、というぎりぎりの日程であった。

小倉和夫氏は、私の知るかぎり、日本の駐韓大使としてもっとも深いレベルで韓国を理解しようとした人である。政治・外交・経済という領域を越え、韓国の歴史・文化・思想を根底のレベルから理解し体得しようとしてきた。駐韓大使だったときに韓国の伝統芸能であるパンソリを習得したのは有名な話だ。日韓の接点を探るための「センターの軸」の設定は、両国の人間・文化・歴史に対する内在的な理解に根ざすべきものであると考えるとき、小倉氏ほどその作業にふさわしい人物はいない。

小此木政夫氏は、私がもっとも信頼する韓国政治研究者である。小此木氏が日本の朝鮮半島研究において果たしてきた役割のうちもっとも重要なのは、①韓国と北朝鮮の双方を同時に研究することと②イデオロギーや理念を排して地域研究としての朝鮮半島研究を日本に定着させたこと③「右」にも「左」にも偏らない客観的な朝鮮半島認識を構築することに邁進したこと④韓国の各界の要人たちと太い人脈を築き、韓国のさまざまな層からもっとも信頼される日本の朝鮮半島研究機関を構築したこと、の四つである。これらのことは、言葉で書くのは簡単だが、現実的にはきわめてむずかしいことである。私が「センターの軸」といった場合、具体的な人物としてその軸を体現しているのは、まさに小此木氏なのである。

黒田勝弘氏は韓国では「ゴリゴリの極右」と認識されている人物だが、私の認識はそれとは異なる。黒田氏を知る人はすべてよくわかっているのだが、氏の韓国批判の根底にあるのは韓国社会へのあくなき愛着である。黒田氏のやり方は、韓国人の歴史と文化の内面を熟知しつつ、それとは別の「他者の眼」でもって韓国社会を批判する、というものである。この「他者の眼」はあらかじめ韓国人の内面のどの部分に自分の言葉が届くか、ということを知悉しているので、韓国人としては癪に障るが根本的な反論ができない、という構造になっている。質の低い嫌韓本にはそのような芸当は決してできないであろう。

若宮啓文氏は、日本では代表的な親韓派と認識されている人物であり、特に『朝日新聞』のコラムで竹島に関して、「いっそのこと島を譲ってしまったら、と夢想する」と書いたことから、右派や嫌韓派からは厳しく批判されている。しかし私の見るかぎり、若宮氏ほど日本と韓国の双方を批判しつつ、議論を「センター」に持ってこようという情熱と技術を兼ね備えた人物は、ほかに小此木政夫氏しかいない。若宮氏とともに日韓関係のフォーラムやカンファランスに参加すると必ず、韓国側を独特の包摂的な口調で厳しく批判している氏の姿を見ることになる。右派や嫌韓派が韓国を批判しても相手は強く反発するだけであるが、若宮氏が批判すれば相手は話を聞くのである。どちらがより生産的な議論であるかは、一目瞭然であろう。

金子秀敏氏の専門は中国であるが、今回の座談会において氏の発言をじっくり聞かせていただいたことは、貴重な体験だった。中国専門家は朝鮮半島のことをよく知らず、朝鮮半島専門家は中国を理解しきれていない、というのが日本の弱点だと考えるが、この弱点をいかに克服するかというヒントをたくさん得ることができた。

私としては、座談会におけるこれらの方々の発言によって、日本の「センターの軸」がかなり明確に浮かび上がってきたのではないか、と考えている。

二〇一四年十一月

小倉紀蔵

日韓関係の争点

目次

第Ⅰ部　日韓関係の争点

第一章　現状――韓国はどう変わってしまったのか　19

第二章　分析——日本と韓国のどこに問題があるのか　95

第II部　日韓国交正常化五十年を目前に

〈座談会を終えて〉

日韓関係の争点

第I部 日韓関係の争点

第一章　現　状——韓国はどう変わってしまったのか

後藤新平の大アジア主義と伊藤博文

——本日は、どうもありがとうございます。最初に私からご挨拶させていただき、後ほど、小倉（紀）さんと小針さんにバトンを渡したいと思います。

今日はみなさんに、緊急の呼びかけに応じていただきました。この企画は、日韓関係が現在非常に危機的な状況を呈している中、識者のみなさんを集めて、現時点での状況とこれまでの歴史、また近未来までを見通すような一冊を緊急出版したらどうか、という呼びかけを編者のお二人からいただいて始まりました。

午前中（第一章）の議論には、元駐韓国大使の小倉和夫さんは、都合により参加されません。午後から（第二章〜）参加されますので、それまでは六人の方々で進めていただければと思います。

藤原書店の出版の基軸は、「常識を問い直す」「歴史を問い直す」です。教科書で当たり前のように教えられてきたことを、本当にそうなのか問い直す仕事をしていきたいと考えて、まもなく創業二十五年になりますが、一千点余の本を出してきました。

藤原書店で近年力を入れているのは、東京市長、復興院総裁などを歴任した後藤新平（一八五七―一九二九）です。鶴見和子、鶴見俊輔の祖父に当たる方で、幕末に生まれ、十二歳で明治維新を迎え、明治・大正・昭和を生きてきました。後藤といえば「大風呂敷」というイメージがありますが、これは作家の杉森久英による約半世紀前の『毎日新聞』の連載のタイトルからその言葉で形容されるようになりました。関東大震災に際して巨大な復興計画を出したことによるのですが、しかしそれは後藤のごく一部にすぎません。その後藤の全体像を描いているのが、娘婿であり鶴見和子・俊輔の父にあたる鶴見祐輔が書いた『決定版 正伝・後藤新平』全八巻です。一次史料をふんだんに収録した、後藤新平が亡くなってまもない一九三八年に編まれた全四巻を、小社で再編集して現代版にしたのです。現代人にも役立つように、『後藤新平大全』という別巻も付しました。後藤を軸にすると、近代日本を見直すことができるのではないかと思っています。

今日は、どうか忌憚のないお考えをお聞かせいただき、徹底した議論をしていただきたい。日韓関係はどうなるのか、どうしたらいいのか。日本と韓国の問題はもちろんですが、中国の専門家にも来ていただきましたので、東アジア全体の中で、世界の中で、さまざまな国際関係をにらんでお話しいただければ幸いです。隣国どうしですから、今のままではまずいということは、当たり前のことだと思います。それでは、よろしくお願いいたします。

小倉（紀）　どうもありがとうございます。本日は、お忙しいところお集まりくださいましてありがとうございました。これだけの重鎮の、大御所の方々がお集まりくださることができて、本当に奇跡的だと思っています。

後藤新平の話に戻りますと、「厳島夜話」というのが彼の作品にあります。彼が満鉄総裁のときに、伊藤博文が韓国統監。そのとき後藤が伊藤博文に韓国統監をやめなさいと言った。自由の身になって世界を漫遊してくださいと言ったんですね。ハルビンに行きなさいと言ったのも後藤です。そのまま後藤の言葉に従って、伊藤がハルビンに行って、そこで撃たれてしまうわけです。その前に厳島で三日三晩、徹底的に（今の言葉で言えば）東アジア状況を語り尽くしたというのです。ぜひこれ、読んでいただきたいと思うんですけれどね。そんなに長いものではありません。後藤と伊藤は宿屋が別だったんですけれども、丸一日話して、一度夜別れて、その後伊藤がまだ夜中になっても酒を飲んでいると。なぜなのかというと、後藤の言っていることがどうも腑に落ちないし、もう一度話し合いたいと。それを聞いて、夜中の二時ごろに後藤が伊藤の宿屋に行ってまた朝まで話す。そういう感じの大変な厳島での出来事だったんです。今日は「鶴巻夜話」じゃないけど、早稲田の鶴巻で、日韓関係あるいは東アジアに関することについて最も発言に重みのある方々に集まっていただいて、これからの日韓、東アジア情勢について大いに、三日三晩というわけにはいきませんけれども、語り合っていただきたいと思います。

ちなみに、そのときに伊藤と後藤の齟齬は次の点にあった。後藤新平は大アジア主義を主張したんですけど、伊藤は大アジア主義はだめだと言ったんですね。それから後藤は新旧大陸対峙論といって、日本は大アジア主義でアジアの中に入らなくちゃいけない。そして、それは旧大陸の連合であ

ると。それに対してアメリカというのが必ずや旧大陸、つまりヨーロッパと中国なんですけど、ヨーロッパと中国がまとまった勢力とアメリカが対峙するであろうという歴史観、東アジア情勢、世界観を後藤が披瀝したところ、伊藤はそれも肯んじない、受け入れないということで三日三晩話したんです。世界観というか、国際情勢に関する大変気宇壮大な話し合いがそこで行なわれたわけです。今日もやはり、細々とした事実も事実で重要ですリベラルから、真ん中から徹底的に語り尽くしていただきたいと思っております。

けれども、これからの日韓関係を右から左から、いただきたいと思っております。

全体の大ざっぱな流れをまずご説明しますと、現在の日韓関係についてどう思っていらっしゃるかということから始まって、問題は果たしてどこにあるのか。問題はないという立場もあり得ると思いますけれども。それから今、現在というのはこの東アジア全体の歴史から来ているだろうということですので、歴史観を皆さんにそれぞれ語っていただいて、とはいえ日韓関係だけではありませんので、日朝、日中、日露、日米という、そういうグローバルな中での日韓というものを語っていただいて、最後に、ここが本のメッセージとしては一番重要なところになるかと思いますけれども、今の日韓両政権あるいは国民に対して何を望むのかというところを、忌憚なく語っていただきたいと思っております。よろしいですか。

「NGO国家」になった韓国の一つの終わり

小倉（紀）　私と小針さんが司会進行みたいなことをしますけれども、我々も発言もしながらということで。しかしながら今回は、座談を本にするから読みやすい形ではあるけれども、大変その言葉一言一言に重みがあるという、そういう本になったらいいなと思っているし、当然そうなると思います。今これだけの人物が一堂に会して一冊の本を出すことはめったにできないことですので、そこのところを期待しております。では、順番は。

小針　はい。私はなるべく発言を控えて、皆さんの意見を引き出す役をしたり、聞き役に徹したいと思います。

まず状況を整理するために、この一〜二年ぐらいの動きをクロノロジカルに書き出してみました（表「日韓関係をめぐる主な動き」九〇〜九四頁を参照）。李明博大統領（当時）の竹島上陸（二〇一二年八月）から、二〇一四年の夏ぐらいまでざっと書き出してあります。ちょっとご覧いただきながら話を進めたり、あるいは頭の整理をするうえでのご参考にして頂ければと思います。また、後述致しますが、日韓間の「眺め合い」がわかる最近の世論調査結果のデータ、人的往来がわかる統計も用意してあります。これからの議論の方向性に影響を与えてしまうと面白くないので、これらの資料に関しての、司会者としての解説はここでは行ないません。

冒頭で皆さんに議論をして頂きたいことは、日韓関係の現状を今どう見ているのかということですね。「どう見ているのか」という質問はちょっと難しいかもしれませんけれども、過去とどういうところが違ってしまっているのかとか、深刻なのかとか、あるいは取るに足らないのかとか……その辺のお話をしていただいたらいいんじゃないかと思います。

最初に、ソウルから黒田さんがいらしているので、韓国のムードを含めて黒田さんの方に幾つか話していただきたいのですが、いかがですか。

黒田 僕には月一回『産経新聞』の一面に出る「から（韓）くに便り」というコラムがあるんですけど、今日の紙面のタイトルは「韓国の一つの終わり」となっているんですね。僕はまず、最近そのことを非常に実感しているということですね。

それとやはり今月出た『新潮45』でこの前の韓中首脳会談のことを書いてくれという話があって、それを書いたんですが、あの韓中首脳会談、そして最近の韓中関係についてはいろんな報道であるとおり、韓国の中国寄りというか、中国からすれば韓国を日米から引っ剝がすということですけれども、そういうことが起きている。

要するにある種の韓国の終焉という感じなんですね。別の言い方をすれば韓国の賞味期限切れですよ、日本にとってのね。なぜ日本にとって賞味期限切れかというと、これまではもう、特に小此木先生なんかは御存じだけれども、日韓というのはお互い、この間いろんな葛藤はありました。今、日韓関係は最悪といってますが、過去にはソウルの日本大使館にデモ隊が乱入し日本の国旗を引きずりおろすということまであったんですけど、それでもこれまではお互い日韓関係は重要だとか、最後は落としどころをみつけないといけないという、そういうことがいつもあったんです。けれど最近の状況は、落としどころが見つからんわけでしょう。日本サイドもそうだし、韓国サイドはそうです。僕は個人的にも、何だかんだ言ってもどこか韓国というのは通じ合うところはあったんですけど、最近どうもわからんなということを非常に感じるんです。具体的には後で出るかわかりませんが、それで「韓国の一つの終わり」と言ってるわけです。

その韓国というのはやっぱり基本的には一九六五年以降、つまり僕の言葉で言うと「朴正熙がつくった韓国」ですね。それが韓国だと我々は思ってきたんだけど、それがそうじゃなくなったんですね。だから今の韓国はこれまで僕が韓国と思ってきた韓国ではなくなった、韓国は変わってしまったんだと感じているんです。

では朴正熙の韓国が終わったとするとその韓国はどういう韓国なのかというと、一つはその前、場合によっては李承晩時代とか、もっと遡って李朝時代とか。それからもう一つは、韓国の変化というか朴正熙の韓国ではなくなったというのは民主化のせいですね。民主化により韓国自体が非常に国家の権威がなくなって、僕に言わせると「NGO国家」になったということがある。韓国の新しい〝国のかたち〟ですが、これは我々からするとつき合い切れない。国家もそうですが、慰安婦問題なんか見ていると、外交もNGO的ですよね。そういうことがあったりして、これはもう賞味期限切れだと。

とすると「朴正熙の韓国」を頭に置いた考え方、つき合い方を考えてもこれはもうせんないことである、全く新しい発想でないといかんのではないかと思いつつあるわけです。

この件では、就任直後の韓国大統領が、史上初めて日本を差し置いて中国を公式訪問したことが象徴的じゃないですか。これはもう、韓国がこれまでの韓国ではなくなったということですよ。

以上は朴槿恵政権になってからのことですが、その前の李明博政権だって末期に独島というか問題の竹島への初めての電撃的上陸がありました。あんなことは戦後世代というか解放後世代である左派政権の盧武鉉だってやらなかった。盧武鉉はあの島への民間人の訪問を自由化することで「独島」を対日愛国キャンペーンのシンボルに仕立てた人物ですが、それでも自分の上陸は日本への外交的配慮から遠慮した。

それを経済人出身の保守政権の李明博がやったわけです。朴槿恵も保守政権ですが、そうした韓国が保守政権であるにもかかわらず、日本からするとこれまでの〝国のタガ〟みたいなものがどこ

私と韓国——元気な韓国　黒田勝弘

韓国を初めて訪れたのは一九七一年八月で、街の塾で一緒に在日韓国人の老人から韓国語の手ほどきを受けていた先輩との観光旅行だった。「強烈な反日感情」「暗黒の軍事独裁国家」……などそれまで抱かされていたネクラな韓国イメージとは全然、違った「韓国人は元気やないか!」「ネクラどころかネアカやないか!」という〝印象〟に驚いた。

その後、一九七三年に出た長璋吉著『私の朝鮮語小事典　ソウル遊学記』を読んで「いつかはぼくも……」と〝遊学〟を志した。語学もさることながら著者が下宿生活で体験した韓国人の様子が実に面白かったからだ。五年後にそれが実現し長先生(同年輩)のマネをして『ソウル原体験』(一九八五年、亜紀書房)を書いた。

韓国モノの本で目が潤んだのが二冊あって、司馬遼太郎の小説『故郷忘じがたく候』(一九六八年、文藝春秋)と金元祚著『凍土の共和国』(一九八四年、亜紀書房)。最初はえらく感心し後に騙されたと分かったのが一九六〇年代初に読んだI・F・ストーン著『秘史朝鮮戦争』の翻訳本と松本清張の小説『北の詩人』(一九六四年、中央公論社)。いずれも朝鮮戦争モノだが、逆に朝鮮戦争観で目を開かされたのが神谷不二著『朝鮮戦争』(一九六六年、中公新書)だった。政治ではG・アンダーソン著『朝鮮の政治社会』(一九六八年、サイマル出版会)が虎の巻になった。現場を離れたら、その他、過去の多くの韓国・朝鮮モノを読み返しその虚実を〝再検証〟しようと思っている。

かはずれたように見える。

それからこれは国家次元ではないですが、先日、ソウルのロッテホテルで予定されていた恒例の日本の「自衛隊記念日レセプション」が前日になってホテル側の通告でキャンセルになった。『東亜日報』が「ソウルのど真ん中で自衛隊記念日パーティーはけしからん」と一面に反日記事を書いたからですが、それでホテルが脅えて日本大使館に中止をいってきた。

恒例の外交行事で毎年、だいたいロッテでやってきたものですから、早くから予約済みです。招待者にも案内済みでした。それをあのロッテが断ってきた。しかも前日にですよ。在日資本のロッテは実質的には日本系企業であり、創業者の重光さん、韓国名は辛格浩ですが、彼の日本政財界との深い関係もあって、ロッテはいわば日本政府、財界のご用達ホテルですよ。

そんなロッテが日本に対してこれまでなら考えられないようなことをしたんです。僕はコラムで「ロッテの裏切り」と書きましたが、あれには驚いた。レセプション自体は急遽、大使公邸に移し行なわれたんですが、なんか「一つの時代の終わり」を痛感しましたね。

最近の韓国についてはそういう非常に何か大きな変化の感じがあって、僕自身もちょっと考え方を変えなければいけないと思っている。これまでいろんな意味で韓国をそれなりにヨイショしてきたんですけど、今後の韓国については、いささか残念で寂しくはありますが、これまでの韓国観、つまり一九六五年以降の韓国観で考えちゃいけないと思っている、今日このごろでございます。

国民交流は進むも、政治が危機管理できなくなった

小倉(紀)　ありがとうございます。今もう既にたくさん論点が出ました。韓国が変わった、もう不可逆的に変わったということで、それがどっちの方向に変わっているのか。つまり世界のスタンダードの方に変わっているのか、その場合日本はスタンダードでない方に残っちゃってガラパゴス化しているという方向だと思います。そうではなくて、何か了解不可能な方向に変わってしまったのか。どちらの方向に変わったのかという論点、これは、今日時間はたくさんありますから、後でもう一度深めたいと思います。

もう一つは私の疑問でもありますが、本当に韓国が本質的に、戦略的に完全に変わったのか。それとも機会主義という、そういう側面で捉えられるのか。韓国人のロー・ダニエルさんなんかは、韓国の機会主義が今回現れたといっている。韓国の本質は機会主義なんだということを言っていますけれども。

小針　中韓関係、つまり対中関係での韓国の現政権のスタンスですね。

小倉(紀)　ええ。本質が変わったんじゃないんだという、そういう話ですけれども。それは後でまた議論するとして、若宮さん、どうぞ。

若宮　今の黒田さんの話、半分はそうだなと思うんですが、「賞味期限が切れた」というのは、

かなり韓国に対しては失礼な話ですよね。「日本にとっての」とおっしゃったんだけど、別に向こうは日本の事情で動くわけじゃないんで。ただ、そういう言葉尻の問題じゃなくて、要するに朴正煕の韓国だったのが、いつの間にか変わっていたんだなというのは、今に始まったことではないと思うんですね。もちろんしばらくは朴正煕的要素がなかったわけじゃないんだけど、とっくに金泳三から金大中まで大統領になっていたわけですから、やっぱり民主化以来、といってもどこを民主化ととるかで違いますが、まあ二十年ほどはたっているわけで、やっぱり韓国は劇的に変わったんだと思うんですね。

だから私は、民主化によって日本にとって、少なくとも一般の国民にとってみれば、むしろずっと賞味しやすい韓国になっていたと思うんですよ。朴正煕の時代あるいは全斗煥の時代というのは、やっぱり民主化勢力を弾圧しながら成り立っていて、そこが日本という国家にとってはある意味都合のいい面であったけど、国民同士の交流という意味では普通でない、暗くて怖い、そういう時代でもあったわけです。観光客と言えばキーセン観光の団体がほとんどという変な時代でもあった。そういう国でなくなって、金大中さんによる大衆文化の開放も経て、特に文化交流が大きく開け、韓流ブームという現象まで起きたわけで、これはもう朴正煕時代では考えられなかったことだと思うんです。

私は昨年、三二年ぶりにソウルへ「語学留学」して驚いたんですが、僕の入った西江大学の韓国語学校は学生七、八百人のうち五百人ほどが日本人。それも若い女の子が大半でした。こんなこと

昔はまったく考えられなかったことですよ。

ただ、今日《こんにち》ちょっと深刻なのは、にもかかわらずこういうふうになっちゃったというところですね。日韓関係は戦後いろんな山あり谷ありで、朴正熙時代にはそれこそ金大中の拉致事件があったり、あるいは全斗煥の時代には歴史教科書事件があったりで、さんざん、ある意味で今よりもよっぽど双方の世論が沸騰した時代があったわけですね。にもかかわらず、これは黒田さんもおっしゃったことだけど、当時は何とかしようという意思が両政府にあったと思うんですよ。だから政府が何とか危機管理しようということだったんだけど、今は政府というか、政治のトップ同士が先頭に立って刺激し合っている感じで。むしろ国民の方が、最近は嫌韓やら、向こうでも相変わらず反日っぽいところはあるけれども、しかし国民の交流という意味で言えば朴正熙、全斗煥の時代とは全く違う現実があるわけで、むしろ国民の方が危機管理をしている感じがあるんじゃないかと。

だから深刻ではあるんだけど、そこには救いがあるわけです。救いがあるんだけど、やっぱり政府同士が外交で対立している状況を軽視できない。これは東アジアの中国の台頭であるとか、もろもろの情勢の変化の中で、私は両政府が本当にこの東アジアの構造変化を理解して、どのように持っていこうかというビジョンに欠けていると思うんです。状況対応的で、しかも国内のポピュリズムにそれぞれ乗りがちだというところに、ちょっと深刻さがあるなと思っています。

小倉(紀)　韓国が変わったというのは、例えば田中明さんなんかは、次のように言います。朴正熙の時代は韓国の長い歴史の中では「例外の時代」で、基本的に韓国というのは文民という文明を担っている人が統治するというのが正常だ。そこに、朴正熙という大変な例外が日本の遺伝子を持って現れて、また金泳三の時代に元の正常に戻ってきた。文民政権ということで元に戻ったんだという、そういうことを田中明さんは言ってます。若宮さんのお話も、文民という意味ではないけれども、変化はもう既にずっと前からあったというお話ですね。

若宮　ええ。

小倉(紀)　その変化は、よい方向の変化だったという。

若宮　基本的にはそうだと思うんです。ただし民主化によって問題が噴出したともいえる。要するに一九六五年の日韓条約というのは極めて妥協の産物、戦略的な妥協でしたよね。それを成し得たのは朴正熙の軍事政権だからこそで、私は時代的な要請だったと総じて評価しますけど、それは国民のごうごうたる反対を押さえつけたものだったことも確かです。いわばもろもろの無理があったものが民主化によって噴き出してきた。世代もどんどん変わっていますから、昔のことはよくわからん、という人たちが増えている。民主化によって求める韓国のアイデンティティーというもの

私と韓国――南北訪問の偶然から　若宮啓文

朝日新聞の政治部にいた私が韓国に縁を得たのは一九七九年八月のこと。防衛庁長官に同行してソウルや板門店を訪れ、不思議な感慨と緊張を味わった。権力をほしいままにした朴正煕大統領が側近の手で殺されるのは、その数か月後である。

翌年秋、今度は自民党のグループに同行して北朝鮮を訪れ、金日成主席にも会えた。このときも板門店に行き、反対側から緊張を味わった。

思いがけず、わずかの間に南北朝鮮を訪れたのは何かの宿命ではないか。そう感じた私は八一年秋から一年間、ソウルに留学して韓国語を学んだ。そのとき起きたのが日本の歴史教科書が「歪曲」とされた事件。激しい「反日」を目の当たりにしたものだ。

その後、ソウル特派員をする機会はなく、もっぱら永田町の取材に追われたが、来日した全斗煥大統領と昭和天皇の歴史的会見をはじめ「日韓」の取材には恵まれた。九三年に生まれた日韓フォーラムでも多くの知己を得る。論説委員だった九五年、サッカー二〇〇二年ワールドカップの共催を社説で提唱したのもそんな因縁のゆえだ。

二〇一三年一月に退職したのを機に、すっかり錆びついた韓国語をもう一度習おうと、半年の熟年留学に挑んだ。その後は東京を拠点にしつつ、ソウルと釜山の大学にも席を得て日韓を往復する日々だ。

が何なのか。権利意識や対抗心ばかり強くて、社会への責任感や連帯感が乏しいでしょ、国内でも。それが日本に対しても強烈に出てくる気がします。

そして、あの条約は何よりも北朝鮮が怖い、そのバックに中国、ソ連がいるという時代に日本と結んだものです。しかも経済的に非常に魅力のある、伸び盛りというか、高度成長期の日本でしたから。それが、気がついてみれば北朝鮮の背後で怖かったはずの中国が、むしろ北朝鮮を抑える役割をしてくれる。経済的には、中国が日本を相当しのぐ存在になった。そうすれば、二者択一ではないけれども、どちらかといえば日本より中国の方が大事だよという時代になっちゃったということでしょうね。そして、考えてみれば韓国にとって昔はそれが自然だった。そういうものを反映して、民意も動いています。

だから、黒田さんは「気がついたらこうなっていた」と言うけど、日本の政治家もまだ朴正熙時代の頭で、言うなれば安倍さんはそういう、おじいさんの時代の感覚にノスタルジアをもっているのではないか。相手も朴槿恵ですから、朴正熙と発想が同じだと思ったのではないか。ところがどっこい、朴槿恵は必ずしもそうでなかったというあたりに、大きなボタンのかけ違いがあるのかなという気がします。

黒田　韓国の変化が良い方向か悪い方向かは別にして、「朴正熙の韓国」を終わらせたのが一九九〇年代からの民主化というのはそうなんですが、朴正熙も自分の政治を「韓国的民主主義」といっていた。これ、いわば国民に我慢させる政治だったですね。それがいわゆる民主化によって国民が我慢しない時代になった。だから政府が国民やもろもろの利益集団の欲求をコントロールできなくなっている。

後で議論になると思いますが、慰安婦問題などその典型ですね。河野談話もアジア女性基金も、政府はそれでケリをつけようとしても支援団体が承知せず蒸し返してきたわけです。すると政府は「当事者が納得する措置を」といって日本に話をもってくる。

日本大使館前の路上の慰安婦記念像だって、区役所は無許可だし、外国公館に対する〝侮辱・嫌悪施設〟ですから国際法違反ですが、政府は撤去しようとしないし、NGOやマスコミ世論を恐れて撤去できない。

下からの欲求噴出でNGO国家になった韓国は今や「決められない政治」になっている。民主化が、何でもすぐデモ、集会、押しかけ……という直接民主主義というか〝強訴民主主義〟になっている。これ、新しい「韓国型民主主義」かもしれませんが。われわれとしてはこれとの付き合い方を考えないといけない、ということですよ。

新しい共通分母が求められる日韓と中国の存在

小倉(紀) ありがとうございます。そうしたらまず韓国の専門家にお話を聞いて、その後金子さんの方にということで、小此木先生。

小此木　そうですね、やっぱり大変大きな転機に来ているという気がしますね。後戻りできないという意味で、我々は新しい韓国あるいは新しい日韓関係に直面しているんじゃないかと思います。これには、数十年単位のサイクルと百年単位のサイクルがあり、その二つが重なっているようにも見えるんですがね。

関係正常化後に現れた日韓関係は、黒田流に言えば「朴正煕の韓国」ですね。それには朴正煕亜流としての「全斗煥の韓国」も含まれますが、その時代はやはり冷戦時代の「安保優先、経済開発」型の韓国であり、日韓関係だったと思います。そこにはいまでも必要とされる要素が残っているけれども、その時代に戻ることはもう難しいと思うんですね。それから、次に民主化時代の韓国ですね。盧泰愚大統領という過渡期を経て、金泳三、金大中、金鍾泌の「三金の韓国」につながりました。私は冷戦終結前に韓国が民主化を達成して、ソウルオリンピックを開催できたことをたいへん高く評価していますね。そうでなければ、北朝鮮との差別化が明確にならなかったから。ポスト冷戦時代は「国際協調、過去反省」型の韓国であり、日韓関係であったと思います。韓国の北方外交が成果を挙げ、ソ韓、中韓関係が正常化されました。日本でも、宮沢、細川、村山、小渕首相とリベラル政権が続きました。河野談話も、村山談話もこの時代の産物でしたね。

しかし、この時代も既に終わってしまった。そこへ戻ることは非常に難しいと思うんですよ。盧武鉉大統領は金泳三、金大中の下で政治家修業をしたので、「三金」の香りを残していましたが、李明博大統領はビジネスマンだから、まったく新しいタイプの指導者でしたね。民主党の野田首相

との慰安婦論争が今日の歴史摩擦の原点です。いまでは、「過去反省」と言ったら、それだけでもう論争が始まってしまいますね。冷戦時代とも、ポスト冷戦時代とも違う、新しい時代に即したモデルを創っていかなければいけない、そういう時点に来ていると思いますが、その第三モデルはまだ現れていません。

「朴槿恵の韓国」には先祖がえりするのではないかと思わせるところがありました。何と言っても朴正煕大統領の娘ですから。しかし、意外にも、彼女は新しい時代を切り開こうとしているんですね。父親の朴正煕大統領だったらどうするか？　これは面白い設問だと思いませんか。対米、対日依存ではなく、娘と同じように、中国との関係を改善したうえで、米中の間で、あるいは日中の間で均衡外交を模索するかもしれないですね。日本としても、賞味期限を云々するよりも、そういう東アジアの国際関係の変化を土台に、日韓の共通分母を探すところから始めなければ。その覚悟が必要です。新しい時代の日韓は、何によって結びつくのか。共通の利益が何であって、共通の課題が何なのか。民主主義と市場経済体制を共有し、共通の価値観で結ばれているのだから、我々は将来のための戦略を共有しなければいけません。歴史も領土も大切ですが、日韓の将来の平和と繁栄はもっと大切ですよ。

東アジアの変化は激しいですね。しかし、民主化がもたらしているのは伝統回帰だと思います。新しい文脈の下で、古い韓国が復活しつつある。我々が歴史論争で相手にしているのは、朱子学的な伝統文化であったり、分断国家のナショナリズムであったりします。そういう韓国とどうつき合っていくのか、どういう関係をつくっていくのかというのが、結局いま我々に投げかけられている問題じゃないかと思います。正面対決してもいいことはない、共倒れだと思いますがね。韓国を甘く見てはいけないですよ。我々も日清戦争までさかのぼって、明治以来の日本外交を再点検してみてはどうですかね。もちろん、半島全体との関係ですが。

先ほど申し上げた百年単位という意味は、中国の台頭あるいは大国化が東アジア情勢を変化させている現実のことを指しています。日本人がいくら中国を嫌っても中国が大国化していくという事実は変わらないでしょう。中国がいかに多くの社会問題を抱える国であろうと、人権が無視されている国であろうと、やはり中国は大国化するでしょう。そういう趨勢を無視してはいけない。百年単位という意味は、中国の大国化が百五十年ぶりであり、中華帝国と朝鮮王朝との伝統的な関係が思い出されるということです。もちろん、実際には、百五十年前のモデルがそのまま適用できるほど世の中は単純ではないと思いますけれども。

最近の中韓接近には、我々が過剰に反応している部分もあるように思うんですね。もう少しほこりがおさまってみないと、本当の姿が見えないのですが、既に一部の日本のメディアや識者の間に

私と韓国——最初の交換留学生として——小此木政夫

日韓国交正常化の五、六年後、延世大学と慶應義塾大学の間に大学院生レベルの交換協定が締結され、私が最初の留学生に選抜された。ひどいもので、当時は「韓国に行くのも留学か」などと言われたものだ。金浦空港に降りたのは一九七二年八月であった。七・四南北共同声明の一ヵ月後のこと。

教務主任の崔大卿教授が日本から来た留学生を大切にしてくれ、自宅に住まわせてくれた。すぐに友人ができたが、まもなく非常戒厳令が布告され、大学正門前を戦車が固めた。十月維新に迎えられたのだ。辞書を引きながら、夢中で大統領声明を読んだ。

その後の約二年間、韓国での日本の存在が少しずつ大きくなるなかで、維新憲法の制定、初めての南北対話、金大中拉致事件、民青学連事件、文世光事件などが相次ぎ、ベトナム参戦韓国軍部隊が凱旋した。あまりに目まぐるしく、当時は何が起きているのか理解不可能だった。韓国という国家が存亡の淵にあった時代だ。

そのときに体験したことはいずれも帰国後の研究テーマになったが、多感な青年時代を多情な韓国で過ごしたことが、その後の人生を決めてしまった。日本に帰ってからしばらくの間、自分自身が異邦人のように感じられたことを覚えている。

韓国との関係で今でも難しいのは、平衡感覚と距離感である。対象に没入すれば全体が見えなくなるが、没入してみなければ何もわからない。それ以後、できるだけ日韓の間でコミュニケーターの役割を演じてきたつもりである。

は、韓国は中国の勢力圏に入るんだ、伝統的な東アジアが復活するんだという論調がありますよね。だけど、中国が世界の中心であって、東アジアが一つの同心円的世界であった時代に戻れるほど国際関係は単純ではないですよ。世界には米国という超大国があり、米韓は同盟関係にある。事実、米国との同盟なしに、韓国は北朝鮮の脅威に対抗できません。また、韓国人の価値観とかライフスタイルは完全に西洋化してしまっていますから、今さら中国的な価値観で生活しろといっても、それは無理だと思うんです。

だから、先ほど申し上げたように、日韓が新しい共通分母を探すことが国際関係にとっても重要になるんです。それは不可能ではありません。しかし、新しい日韓関係をつくるというのは数十年間の課題ですから、そのサイクルが始まるという意味で、新しい覚悟が必要だと思います。しかし、開き直ってみれば、日韓はけっこう同じような立場に置かれています。だから、協力できないはずはありません。意外に、我々の間には多くの共通分母があるんだと思っています。

小倉(紀) ありがとうございます。大変整理ができました。後でまた議論することですが、ちょっとここで二つぐらい質問をさせていただくと、今は韓国自体も「韓国とは何なのか」ということがわからなくなっている。不確定で、未来がわからない状態で苦しんでいるわけですね。そういったときに我々が、つまり日本人が韓国を分析して「こうだ」と規定するということもあり得る、それもまた重要ですが、かつてのように韓国とともに日韓をつくっていく。そういうことも大切だし、そあり得るのではないかなと思うんです。むしろ日本の政治家やジャーナリスト、学者も含めて、そういう昔やっていたようなことを、もう最近はやらなくなってきているのではないか、という気もするんです。つまり、昔のジャーナリストは日韓関係の深いところまで入り込んで、「自分が動かしてやるぞ」みたいな、明治以降伝統的にそういうものがありましたよね。

小此木 昔黒田さんが書いていた本で、日韓は似て非なるものというのがありましたが、そのタイトルは何でしたかね（『韓国社会をみつめて――似て非なるもの』）。似て非なる社会だという。

小倉（紀） ええ、ありました。

小此木 時々思い出すんですけどね。お互いに「似ている部分」と「非なる部分」と、両方持っている。それらを包含して考えようということだと思うんですね。いいかえれば、日韓にはもともと共通の土台があるということです。共通の土台があれば、共通の戦略もありえるのです。ところが今の日韓は、猜疑心だとか嫉妬心だとかが先行していて、「似ている部分」は忘れて、「非なる部分」にばかり目を向けて、差別化しようとしているんじゃないですかね。「似ている」といわれても嬉しくない。そんな気がするんですよね。

小倉（紀） むしろ日本も韓国も方向性に関して迷っているわけだから、「一緒につくっていこう」という動きがあってもいいと思うんですけれども、その動きがほとんどなくなってしまっているのが問題ではないか、というのが一つ。

もう一つ、中国化という問題ですけれども、確かに中国的なライフスタイルを韓国人は好まないと思いますが、伝統的な中華帝国の価値を体現することの心地よさというのは、結局いま儒教を復活させるとかそういうことよりも、グローバルな、普遍的な価値というものに対する親近感。世界の普遍的な価値という方向に寄り添いたいという、そういうものが強くある。それは今までアメリカ一辺倒でやってきたわけですけれども、新しい普遍というものを中国が出してきたときに、そっちに寄り添ってしまう可能性があるのではないか。個々の、現代中国的なライフスタイルのことではなくて、普遍的な価値ということですね。

小此木 それを無視できませんね。ずっと続くかどうかわからないが、日本人ほどの抵抗感はない。

小倉(紀) ええ、それが出てくるときと特殊性を強調したいときが交互に出てくると思うのですが、アメリカが普遍なのか中国が普遍なのかというので国内が分裂してしまうと、南南葛藤みたいなものがまたもう一つ別に出てきますよね。つまり南の中で北に対して寛容な側と保守の側の葛藤だけではなくて、南の中でアメリカ派と中国派がさらに分裂してしまったらどうするのかなという気もするわけです。その辺も含めて、金子さん、いかがですか。

韓国の「フィンランド化」論をめぐって

金子 私は四十数年間新聞記者をやってきました。スタートしたときは日中国交正常化の直後だったのですが、それ以来日韓関係も日中関係も同じような歴史問題の繰り返しで、関係のよかっ

たときの記憶はほとんどないですね。しかし最近の関係の悪さはちょっと質が違うと感じていました。その理由がわからなかったのですが、昨今のウクライナ紛争、ウクライナの東西の分裂を見ていて、ドニエプル川を挟んで戦後秩序が引き裂かれていくような感じがして、ふと日韓関係も玄界灘を挟んで引き裂かれていくような感覚と似ていると思いました。

ウクライナ紛争は二十一世紀になって復活したロシアの力が原因だし、東アジアの側では中国の飛躍的な台頭が原因です。経済力だけではなくて、軍事力の台頭です。それと、三八度線が場合によっては消えるかもしれないというほどの北朝鮮の衰退。国際秩序の大きな変動が、日韓関係が引き裂かれるような感覚と絡んでいるのではないかと思います。

小倉（紀）さんが御指摘になった後藤新平の言葉、「新旧大陸」という言葉でちょっとサゼスチョンを受けたのですが、いまの東アジアで「新大陸」の側といえば、米韓同盟、日米同盟、日比同盟を土台にして、米国のオバマ大統領がつくろうとしているミサイルディフェンス網の枠組み、これが新大陸の線ですね。それは、サンフランシスコ条約でつくられた「サンフランシスコ・システム」――『敗北を抱きしめて』のジョン・ダワー氏がそう名づけていますが、かつてのアチソンライン上の国際秩序が、いま動揺し、引き裂かれようとしています。

中国では最近、海権、陸権という地政学の言葉を使うようになりました。習近平国家主席の提起した「アジア新安全保障観」でも海権国と陸権国の対立が意識されています。新大陸は海権国。旧大陸は陸権国。中国は陸権国だったが、これからは太平洋やインド洋への進出によって海権国にもなるという考え方です。中国が海権国として対外膨張を始め、新大陸の勢力圏と摩擦が起きている。そのなかで韓国が一種の、「フィンランド化」を目指しているように見えます。「フィンランド化」とは、安全保障を隣の超大国に委ねることによって自己の独立を保存するという外交政策ですから、完全な従属国にならないために従属的姿勢をとるという高度な外交政策であって、単なる従属政策という意味ではありません。これは、李朝朝鮮と清帝国の時代のシステムがそうでした。どうもその時代に近づいたようです。歴史的に陸権国の側についてきた韓国ですが、戦後のサンフランシスコ・システムでは海権国の側にいた。玄界灘で大陸と離れた日本は、ずっと旧大陸の陸権国についてこなかった。日韓が同じ側にいるとばかり思っていた日本にとっては、とても苛立たしいというか、仲間あるいは恋人を奪われるような気持ちになって、それが先ほど小倉(紀)さんがおっしゃったような猜疑心とか嫉妬心とかいうメンタルな反発になっているのでしょうか。

しかし、フィンランドの生き方というのは、近代的な政治システムをもたない超大国の隣国に位置しながら、自国の安全を維持していく、自国の独自の文化を維持していくためには、やむをえな

私と韓国――目の前の別世界――金子秀敏

私が初めて韓国に行ったのは一九七八年。釜山、慶州、ソウルを回る古寺巡礼の小さなツアーに参加した。韓国についての知識は、雑誌『世界』で「韓国からの手紙」を読んだ程度だった。夜、釜山の駅のホームにいると、突然停電した。広い駅に広がる闇。「防空演習だ」と聞いて、がつんと殴られたような気がした。自分が立っている土地の上に朝鮮戦争がまだ残っていた。

マイクロバスで高速道路を走った。旅の終わりにソウルに戻った。大きなスラム街があった。マイクロバスが近くを通ると、夕刊の束を抱えた裸足（だったと思う）の少年が立っていた。ツアーのなかに在日の老医師がいて、運転手に車を止めさせ、少年を呼び、新聞を全部買い取った。近くにスーツ姿の若い男がいた。男は少年の胸ぐらをつかんで怒鳴っている。「なぜ日本人に売ったと怒っている」と老医師は憮然としていた。ここにはまだ植民地の記憶が残っている。

近場の隣国という気軽な気分で行った韓国は、別世界だった。その時の記憶が焼きついて、韓国に対する先入観になっている。

い選択であるのかもしれません。ただ、そういう選択をすれば、いまの中国は韓国の安全を保障する条件として、米韓同盟を切り、韓国から米軍のプレゼンスを排除するという圧力をかけるでしょう。二十一世紀の初頭、韓国の中国に対する経済依存度が急速に高まりました。それで韓国人は中国の方に寄っていると理解してきましたが、現実の経済構造は、日本でつくった部品を韓国で組み立て、さらにそれを中国に持っていくという相互依存の関係ができています。一方的な依存関係とは違います。それなのに、韓国が中国への依存度を急に高めたように見えるのは、経済関係とは別の軍事、外交の次元で、中国と新しい秩序を形成しようとしているからではないでしょうか。例えば、李明博政権の末期に起きた日韓の軍事情報包括保護協定、いわゆるGSOMIAの締結問題では、大陸の側に残るか、離れるかを迫られた李大統領が、竹島上陸という行動に出ていったん閣議決定したGSOMIAを白紙に戻しています。

中国の台頭によって、アチソン・ラインに基づいた戦後秩序が揺らいでいる。中国から激しい圧力を受けているのは、台湾、朝鮮半島、そして南シナ海です。ここで一斉に紛争がくすぶりだした。根は一緒です。その中で最もクリアな対応をしているのが、一つは韓国。中国寄り、フィンランド化の方向です。その反対に、中国と対立する方向に舵を切ったのがフィリピン。日本もそちらの側です。中国外交当局は、フィリピンに対しては口汚い言葉で非難します。対照的に、韓国に対しては、歴史認識で大サービスをして、韓国と日本の分断を図っている。問題の根はとても深いので、まず米中両国の関係が安定してくれないと、そのサブシステムである日中韓の関係もずっと揺れ続けると思います。

小倉(紀)　ありがとうございます。よくわかります。

小針　ここまでいろいろ話が出ましたので、ほかの方の話に関して、おっしゃるとおりだとか、ちょっと違うんじゃないかということもあるかと思います。どなたかの発言に対して、こうじゃないとか、逆に補完的なことがあれば、お話しいただければと思うんですけれど。

小此木　金子さんのおっしゃるフィンランド化というのは、確かに一般論としてはそのとおりですがね、韓国人は自分たちを小国だと思っていないんですよね。大国意識が強くてね。小国の外交をすることを潔しとしない。どちらかといえば、自尊心の強いポーランド的な外交をしちゃうんじゃないかな。

小倉(紀)　むしろバランサーですよね、韓国が考えているのは。本当にそれが現実的かどうかはわからないですが。

小此木　そうなんですよね。つまり、パワーポリティクスの中で大きな役割を果たそうとしているんですよね。だから一つの大国に寄り添って、独自性を維持しつつ、うまく生き残ろうというような、そういうフィンランド的な知恵が、本当に発揮されるだろうかという疑問があります。中華帝国と朝鮮王朝の時代には、その道しかありませんでしたが。

それからやっぱり南北の分断があって、私は北朝鮮の体制の持続性と言ったらいいのかな、それをそんなに過小評価するべきでないと思っています。北朝鮮という国はそれこそ分断ナショナリズムと王朝時代からの伝統文化を巧みに利用して、しぶとく生き残って、攪乱要素にもなるだろうと思うんですね。韓国が主導している朝鮮半島と北朝鮮が主導している朝鮮半島と、どちらが安定するだろうかとか、どちらが日本にとって利益だろうかとか、頭の体操で考えてみる必要があるというようなことを、時々冗談で申し上げるんですけどね。北ベトナム主導で統一されたベトナムは、けっして中華的なシステムに飲み込まれていない。親中であるよりも、むしろ親米で、親日ですね。中国に対して非常に強い抵抗力になって、主体性を発揮しています。北朝鮮が同じだとは断言できませんが、北朝鮮主導で統一された朝鮮は、中国にとって厄介な国になるのではないかなぁ。親中よりも、親日かもしれません。統一韓国だって、どうなるかわかりませんね。

黒田　いま金子さんが韓国のフィンランド化の話をされたんですけれど、それを韓国でもしきりに語っている識者がいます。卜鉅一《ポクコイル》さんという保守派の論客なんだけど、彼はそういう内容の本まで書いていて、韓国のフィンランド化に警鐘を鳴らしていて、割と話題になっているんですよ。本人に聞いたんですが、保守派の間で人気だと言ってましたね。一種の反中論なんだけど、韓国でも内実としては結構、中国警戒論はあるということですね。

小此木　高麗大学の李昊宰教授はフィンランド外交を高く評価していた。

黒田　この間の。

小此木　そうそう。フィンランドの学者が書いた『フィンランドの中立』（*Finnish Neutrality*）という名著があります。フィンランドがいかにソ連の安全保障上の利益を保証しながら独立した民主体制を維持したかという内容ですが、李昊宰教授は『韓国外交の理想と現実』のなかで、解放後の朝鮮が米ソによる分断を回避するためにはそのような外交が必要だったと主張しました。だけど、親米派や韓国が小国だと思わない人たちにとっては、それが警戒すべき要素なんですよ。きっと。もちろん、解放後の韓国と今の韓国が同じだろうかという議論もありましょうが。

若宮　さっきGSOMIAを結局日本とやらなかったというのが一つの象徴だとおっしゃいましたが、外交当局とか政権がよく考え抜いた末にGSOMIAを結ばなかったというならば、戦略的にフィンランド化を模索するということかもしれないけれども、私の見る限り、何か弾みで、言うなれば国民感情とかポピュリズムの中で、歴史問題で日韓がもめる中で、これをやると政権がもたないみたいなことでやめた話ですよね。だから韓国も確たる方向性というか、戦略がないと思うんです。非常に機会主義というのか、揺れている。だから中国に非常に近づく中で、それをやり過ぎるとちょっとまずいよと心配している人もいっぱいいる。すごく方向性で迷っている。

小此木　だから結論が出るのは、やっぱり十年、二十年かかるんですよ。

若宮　そうかもしれないですね。

小此木　だけど、結論が出ればいいんだけど、分裂していく可能性もあるからね。そこのところがね。

韓国の「大国願望」と夜郎自大・小中華

若宮　今の小此木先生の言ったことをとらえて、あえて冗談みたいに言うんですが、北による統一の方が日本にとっては望ましいというのは、多分、黒田さんの言う朴正熙の韓国であり続けるほうがいいということと通じるのかなと、ふと思ったんですね。統一して、抑えてくれるといいな、と。そういう意味じゃないですか。

小此木　いや、私が言ったのは、中国に対する独立性という意味なんですけどね。

若宮　うん、それでもやっぱり朴正熙はそうだったわけでしょう。中国に対しては非常な脅威感を持って国を抑えた。

小倉(紀)　ちょっと不思議なところがあるんですが、いま中国寄りにシフトするのかアメリカとくっついていくのかと、韓国の将来を決める大変重要な、生死を決めるようなことのように思えるわけですが、しかしこの問題で韓国の国内が完全に二分して、徹底的に論戦と対立を繰り広げるみたいなことは、今のところまだないようですね。そこはなぜでしょうか。

小此木　まだだと思います、これからだと思います。

私と韓国——異国ではなく、異星——小倉紀蔵

二十五歳のときに、はじめて韓国を旅した。金浦空港に一歩降り立った瞬間に、この国に魅了されてしまった。今はない、あの全身を包み込むような独特の匂いがなつかしい。なぜか私は、「ここは異国ではない。異星だ」と思った。

二十八歳のときに、勤めていた会社に辞表をたたきつけ、ソウル大学に留学した。韓国の哲学を研究するためだった。一九八七年の民主化宣言の翌年だった。社会全体が異様なほど昂奮していた。早朝から明け方まで、韓国全体が騒然としている、という雰囲気だった。騒然と、私を攻撃している。日本人である私を、韓国全体が道徳的に糾弾している。……そのような幻覚に襲われ、私は毎晩のように青い宇宙的な瓶の透明な酒に逃れた。

二十八歳から三十六歳まで、韓国に暮らした。よい思い出は、ほとんどない。昼間から酔いつぶれて、狭い団地の前の芝生に寝っ転がっていたら、警察官がやってきて優しい声で、「子どもの前で恥ずかしくないですか」と語りかけた。まわりには子どもたちが動物園の動物を見るように、私を取り囲んでいた。あるとき酒の飲み過ぎで急性膵炎になり、あやうく一命を落としかけたことがあった。救急車を呼んでも呼んでも来ず、かわりにパトカーが来て私を病院まで運んでくれた。年の瀬の夜だった。パトカーが赤信号で停止すると、場末の横断歩道を渡る酔客たちは、てんでに罵詈雑言を警官に吐きながらパトカーを蹴って歩いていた。痛い腹を抱えながら私は、蹴られても蹴られても何も反応せず、ただ寂しそうに笑みを浮かべている警官の横顔を眺めていた。

小倉(紀)　これからですか。

小針　それでも、親米保守の一部の人は、かなり問題視している人はいますけれどね。

小倉(紀)　でも、国論を二分するようなものにはなっていないですよね。

小針　メディアなんかも、今回も歓迎一色でしたもんね、習近平が来たときに。

先ほど小此木先生は大国意識が韓国にあるとおっしゃいました。確かにロールというか、何か役割を演じたいという意向は常にあると思うのですが、ただ、同時に日本に見せる態度なんかは、「いや、まだ自分たちは小国なんだから」という「弱者の強み」のような意識を常に持っているような。だから、「大国意識」という言葉じゃないような気もするんです。黒田さんが時々そんなことをお書きになっていませんでしたか。例えば、「もう韓国は小国じゃないんだから、日本は韓国へ言いたいことを言ったっていいんだ」という論調で。そんなニュアンスでお書きになっていたかと。

黒田　あまり深い意味ではないんですが、韓国国内向けには、よく僕は〝ほめ殺し〟を語っているんです。歴史へのこだわりとか、あるいは日本に対する謝罪、反省、補償の限りなき要求など日本に対しては依然、ああしろこうしろ要求ばかりじゃないですか。そこで、韓国はもうでかくなっているんだから、日本に対してだけ弱者ぶるのはおかしいんじゃないのと。国際的にはすでに大きな存在になっているんだから、もうそろそろ、そういうことをやめたらどうだ、これが日本人にはいちばん違和感なんだと、コリアを持ち上げながら批判するわけですね。

小此木　大国主義と言うと、言い過ぎかもしれないですね。大国願望みたいなものがね。

黒田　そう、一方ではそういう願望が明らかにありますね。それは昔の小中華という言い方からしてもそうじゃないですかね。

若宮　これは僕も同じで、もう小国じゃないんだから、もう少し余裕をもったらいいとよく言うんです。昔は日本に対して、大国なんだから寛大な対応をしてちょうだいよとさんざん言ってきたんだから、今は韓国ももう少し寛大になればいいんじゃないのというふうによく言うんです。何か中国もそういうところがあるのですが、僕らは、韓国が成長してそれなりに大きな国になれば日本に寛大になるのかと思っていたら、ちょっとそうでもない。要するに大きくなったときに見返してやるというような。中国で言う韜光養晦《とうこうようかい》――韜光養晦というのが本当に見返してやるぞという強いものなのかどうかはよくわからないけれども、いずれにしても今はじっと辛抱だというのが韓国もあったのかなと。だから朴正煕の時代には非常に謙虚にぐっとこらえて、日本の大先輩方お願いしますというような感じで接した。若い国だったということもあるんだけど。それが李明博になると、最後はもう日本は大した国じゃないと言ってナショナリズムをあおってしまった。過渡期かもしれないけど、大きくなれば余裕が出るというのがどうもちょっと違ったなという気がします。

金子　本当に韓国は大国になろうという願望があるのでしょうか。「事大主義」という言葉がありますね。あれは大きな国に事《つか》えるという思想です。常に自分の周辺で最も強くて大きい国はどこかを見て、そちらにつく。中国の宮廷で朝貢にきた琉球の使者と朝鮮の使者が、どちらが上席か争ったという逸話がありますが、韓国は、小国の中での相対的大国の地位を争うけれども、トップの大国になろうという気持ちはないように思います。

事大主義は小国側の論理ですが、大国側の論理に立つと「字小爲懐」――小国を字《いつくし》むことをもって本懐とするという言葉があります。日清戦争の時の、光緒帝の宣戦布告文にも出てきます。朝鮮王国が二百有余年、わが中国に朝貢してきたことは世界で知らないもののない事実である。わが朝廷はそのような小国をいつくしむので、援助の兵を出すのであると、こういう論理を立てます。辞書を引くと「字小」と対になる概念が「事大」です。保護する国が「字小」の哲学で、保護される側の国が「事大」の哲学ですから、とても居心地のいい関係でしょう。韓国人が本当に超大国になれるか、なれないかは別にして。

小此木　いや、なれっこないでしょう。

金子　歴史的に韓国人の発想の中に、地域全体に責任を果たす大国になろうという意識はなくて、ナンバーツーでいいのでは。

黒田　事大主義の反対というのは、夜郎自大じゃないですかね。

小倉(紀)　事大主義の反対は主体主義。

黒田　いや、今の韓国は夜郎自大でしょう。

小此木　そういうことですよ。

黒田　今、夜郎自大ですよ。子供のころから「ウリナラ、チェゴ（わが国、最高）」と教えられてますからね。

私と韓国――七〇年代の「眺め」からの変化――小針　進

「ぼくせいき」「きんしが」「いんふぜん」「きんだいっちゅう」といった人名を、東京で小学生だった七〇年代にテレビでよく耳にした。朴正煕政権下で詩人の金芝河氏に死刑判決が下されたとか、元大統領の尹潽善氏が朴正煕大統領に抗議したとか、大統領候補だった金大中氏が東京で拉致されたことを伝えるニュースだったのだろう。とにかく、韓国（当時、「南朝鮮」と呼ぶ人も多かった）という国は人々を弾圧する国だという「眺め」だった。

その一方で、中学から高校にかけての時期は、海外の短波ラジオを聴くＢＣＬブームで、「きんにっせい（金日成）」（当時、朝鮮中央放送も日本漢字音読みだった）の国からの日本語放送をプロパガンダと知りつつよく聴いた。「弾圧される南朝鮮人民」の話がよく流れ、南より北への「眺め」が良かった。埼玉に住んでいた高二の時に朴正煕が殺され、高三で光州事件が起こる。これに触発されたこともあり、大学では朝鮮語を学ぶことにした。

ところが、学んだ言葉を使うために行ける国は北ではなく、南である。大学生の間に五度ぐらい訪韓しただろうか。ソウル五輪開催も決まり、活気ある国という「眺め」になった。北からは暗いニュースが増す。その頃、全斗煥をして、「ぜんとかん」を「チョンドファン」と日本メディアが呼び方を変えた。大卒後、東京とソウルで団体職員や大使館員として働きつつ、ソウルの大学院でも学んだ。帰国して、静岡の大学で韓国学の研究を続けている。

少年時代の「眺め」が弾圧国家だった韓国のことを、いつの間にか生業にしていた。

小倉(紀) 私は、要するに中国も韓国も北朝鮮も共通しているのは、建国の理念というか、建国の根本が日本を打倒する、日本帝国主義に対する抵抗、打倒、抗日、これにありますから、基本的にすべて建国以後、精神的に日本に従属しているわけですよ。日本を克服しなければ、国家として成り立たないという論理ですから。韓国の場合は、日本よりも大きくなりたいという意味での大国意識はあると思います。日本は自分たちよりもずっと上にいた、という意識がありますから。ただ、中国やアメリカより上に行くという意識は全くゼロですね。だから誰かに保護されながら日本を克服すると、そういうことだと思います。

黒田 ちょっと中国の話の関連ですけど、一九九二年の国交正常化以降、ソウルには中国の記者がいるわけですけど、以前よく板門店なんかで一緒になったもんだから、人民日報とか新華社の知り合いが結構いたんですよ。それで彼らが何年かソウルで勤務して、帰るときに僕は大体聞くことにしていて、「あなたは何年間かソウルにいたけれども、韓国や韓国人をどう思うか、それを漢字で書いてくれ」と頼んだことがあるんですよ。すると、ある記者は「偏激」と書いてくれたんですが、別の一人は、いま言ったその「夜郎自大」でしたね。もう一人の記者は「頑強執着」と書きましたが、頑強執着は必ずしもマイナスだけじゃないと言う。粘り強いとかしつこいということはプラスでもあると説明してましたが。この三つを僕は今でも覚えているんですが、夜郎自大というのは中国から見ればそう見えるということでしょう。

小倉(紀) 夜郎自大というのは、中国から見たら辺境のところにいる夜郎というわけですね。

黒田　それで、大きな顔をしてるということでしょう。

小倉(紀)　ええ、だからベトナムとか朝鮮というのは、やっぱり中国から見たら怖いわけですよ。自大してもらったら困る。

黒田　怖い存在というより扱いにくい、度しがたい、面倒な連中ということじゃないですかね。

金子　夜郎国というのは全く山の中の、今の貴州省あたりですね。そこにあったと言われる国で、そこに中国の皇帝の使節が行ったら、夜郎国王が「ところでおたくの国はわが国より大きいのか」と聞いたのでびっくりしたという話ですね。中国が支配する「天下」があることを知らない、だから尊大であることにも気がついていない。そういえば、それに似た話をした中国人の研究者がいました。中韓国交正常化からほどないころ、韓国に行ったときに韓国人の学者から「小中華思想」という言葉を聞いてショックを受けたそうです。本当に目を丸くして驚いていた。「あの人たち、韓国のことを小中華なんて言っているよ」と。

小此木　中国人はあまり知らなかったんじゃない、彼らが「小中華」という言葉を使うということを。

金子　そうでしょうね。最近は理解してきたと思いますが。ただ、韓国人が、それほどまで中華思想を尊重し、自分たちが守っていると言っていることは、中国人にしてみればまたそれなりに心地よいことでもあるでしょう。中国では一九八九年の天安門事件後、江沢民政権のころですが、共産主義イデオロギーが崩壊するという意味の「信仰《シンヤン》」危機という言葉が叫ばれました。東西冷戦が終わり、共産党統治の正当性の土台が揺らいだとき、江沢民は、歴史に求めたわけです。帝国主義列強や日本軍国主義の侵略と戦った中華民族の歴史に求めた。その後、高度経済成長政策の成功に伴って、受け身の抵抗の歴史観だったのが、中国共産党の指導よろしきを得て中華民族は偉大な復興をとげたという、より積極的な歴史認識になってきた。この場合の「復興」は、ルネサンスの意味だといいます。要するに、最盛期の清朝のルネサンスだと。今の習近平指導部はそう考えていますから、彼らは韓国が中国にすり寄ってくるのは当然と考えている。

小倉(紀)　ただ、小中華というのは、蔑視の意識も入っていますよね。つまり小中華というのは、朝鮮王朝時代に清は野蛮人がつくった国だから野蛮国だと規定した、だから明を継承しているのは自分たちだという意識ですから。自分たちが朝貢している相手をばかにする、軽蔑する意味が入っていますよね。

金子　そうですね。

小倉(紀)　だから北朝鮮の人も中国のことを嫌っていますし、どうも朝鮮民族は、自分たちが事大する相手を大変嫌うという傾向が強くある。だから、中国にいま接近しているけれども、高句麗問題もありますし、いろんな問題があるので、また中国に対して反発する動きが出てくるのは、明らかだと思うのですが。

金子　ただ、中国人には伝統的に「華夷秩序」の意識があるので、中国が周辺国の面倒を見るものだという意識が働いている。かつて朝鮮半島では、高句麗がしょっちゅう離反した。楽浪郡など直轄植民地の役所が襲われた。そういう長い歴史がありますから、中国は朝鮮民族が油断ならないことは承知しているでしょう。だからといって韓国や北朝鮮が華夷秩序を逆転させられるとは思っていない。

中国における朝鮮民族の存在

小倉(紀) 後藤新平が大変心配している。彼に言わせると、日本の満蒙政策は完全に失敗したと言う。それは何かというと朝鮮人問題です。後藤新平は、数十万の単位で日本人を満蒙に移住させて、そしてそこに農民として定住させることを考えたんだけれど、それをソ連と交渉してやったんですね。満蒙というか、シベリアです。交渉しようとしたのだが日本の中央政府が一切それを聞かない。そのうちにやがて朝鮮の人たちがどんどん満蒙からシベリアに入っていって、あれよあれよという間に、最初四十万人ぐらいだったのが三年ぐらいでもう二百万人近くになってしまった。それが、もう決定的に取り返しのつかない日本の失敗であったということを彼は言ってるんです。つまり中国の朝鮮族という問題があって、あそこに百七十万人ぐらい朝鮮民族が入り込んでいるのは中国にとっても大変な負担でしょうし、朝鮮側にとっては取引する上で大変重要なメリットだと思うんです。つまり、統一朝鮮ということを朝鮮半島内部だけでやるのか、それともそれを中国東北部まで朝鮮民族がはみ出てこようとするのかということ。その選択肢によって、中国とは決定的に仲たがいしますよね。

金子 中国で言う東北工程問題ですね。朝鮮族と漢族の歴史的境界線がどこなのか、高句麗国は中国の地方政権だから中国に属するということで、吉林省集安の高句麗前期遺跡を中国の遺産として世界遺産に登録して北朝鮮ともめました。長白山、白頭山の国境線設定でももめた。ですが、韓国に、中国の少数民族である朝鮮族と統一して一つの連邦国家なり統一国家をつくろうという意識があるでしょうか。

黒田 ロマンティシズムとしては、よく議論していますけどね。僕は白頭山、つまり長白山に中国サイドから韓国のツアーで四回行きましたけど、当初はやはり現地に行くと意気軒昂で、山の上で「大韓民国万歳」と叫んだりとか、そんなことがあったんです。例えば日本との関係で、例の「トクトヌン・ウリタン（独島は我が土地）」という大衆歌謡がありますが、それを「マンジュヌン・ウリタン（満洲は我が土地）」という替え歌にして、飲みながら気炎を上げるとか、初期にはよくあったんですよね。そこで中国側は非常に気にして、その後ものすごくそれを規制した。旅行社に圧力をかけて、そういうことをやらせないようにしたため、今はみんなやらなくなりました。白頭山の頂上の湖「天池」を見ながら「マンセー！」なんか今は絶対叫べないですよ。

それからあそこは朝鮮族だからハングルはそれなりにあった。特に韓国から多くの観光客が来るんで。しかし今や山の観光場面では、ハングルは全くないですね。とくに頂上ではハングルは使わせないですね。今、白頭山、長白山は圧倒的にチャイニーズ化です。観光だって過去は延吉、つまり、朝鮮族の延辺自治州の方から行くルートが主だったんですけれども、今は多様化しちゃって長春経由の西側のルートもできて中国人がたくさん行くようになった。ふもとに空港までつくったじゃないですか。それぐらいに、近年はコリアン色を排除していますね。

小此木　薄めているんだ。

黒田　すごい薄め方。西の鴨緑江サイドにある高句麗遺跡の広開土王碑も行ったんですけど、韓国人のツアーだと朝鮮族のガイドが韓国語で我々を案内するので僕らはそれがありがたかったんですが、最近はそれがだめなんですね。韓国語のガイドを禁止しているんです。碑の説明文やテープのガイドも中国語だけで韓国語（朝鮮語）はありません。だから今や韓国人が行っても、何のこっちゃわからんですよ。

小針　それ以前に、朝鮮族が百七十万とか二百万といっても、今はもう集住していなくて、都市部にかなりが流れちゃっているんです。東北部における朝鮮族コミュニティの崩壊です。上海とか北京に。しかも今、韓国や日本にもやってきているわけです。中国の朝鮮族が韓国にどのぐらいいるか知っていますか。

小倉(紀)　四十万とか。

小針　もう五十万人を超えているんですよ。

金子　脱北者ではなくてですか。

小針　そう、脱北者ではないですね。しかも、日本に五万人以上も住んでいると言われています。

そうすると、もう朝鮮族コミュニティが旧満洲になくなってきているので、あまり統一の問題には脅威にはならないんじゃないかな。

黒田 それが逆に韓国でも問題になっていますね。中国内におけるコリアンの重要拠点の衰退、消滅ですからね。今は朝鮮族自治州になっているけれども、あれは朝鮮族が三〇％以上いないと自治州にはならないというんでしょう。今、それがぎりぎりだそうですね。

小此木 そうかもしれないね。

小針 だから、以前から行なわれてきた漢族多数化の政策もありますが、それどころか朝鮮族がもう州外へ多数出ちゃっている。

黒田 だから地元では産めよ、ふやせよしかないんだと冗談半分で言ってました。韓国人もそう言うわけですが、地元より韓国人の方が危機感は強いですね。やはりそれはある種の、さっき金子さんがおっしゃった問題があるわけですよ。歴史への郷愁、高句麗への郷愁、あるいは大国願望も含めてね。

小倉(紀) つまり、要するにいま韓国が中国に接近しているのは事実だと思いますけど、このままそれがうまくいくのか、それともいろいろな要因で挫折してしまうのかという問題です。あるいは破局もあり得るかもしれませんし、そこはどうなんでしょうか。朝鮮族の問題だけではなくて、一つの例として。

小針 外交的な問題としてね。

韓国人のメンタリティは日中どちらに近いのか

黒田　僕はよく言っているんですけど、基本的に韓国人は中国嫌いだと思いますね。つまり日常レベル、生活レベルというんですか、要するに韓国人はいま自由民主主義ですからね。特にライフスタイルは我々の方じゃないですか。その意味での、中国へのなじみは全くないわけでしょう。今、韓国人の観光は日本旅行よりも中国に行く方が多いのだけれども、行って帰ってきた連中の話では、ほとんど否定的ですね。

小倉(紀)　どういう意味で否定的なんでしょう。

黒田　汚いとか、うるさいとか、つまり実感として自分たちより遅れていると。

小此木　ああはなりたくないですか。

黒田　キムチとミソ汁がないとダメな人たちですから、飯がまずいとかね。だから、海外旅行としては安くていいのだけれど、リピーターはあまりいない。

小針　現代韓国人の中国観が垣間見えるデータがあります。先に少し触れた世論調査の結果です。これは今年五月に実施した読売新聞と韓国日報による共同世論調査の結果なのですが、日本人と韓国人の対中観が比較できる三つの設問があります。一つ目は「中国を、信頼できると思いますか、信頼できないと思いますか」です。「信頼できない」との回答は、日本人が九〇%なのですが、韓国人も過半数となる五三％にも達するのです（**図1**を参照）。二つ目は「軍事的な脅威を感じている国があれば、いくつでも選んで下さい」です。日本人の八二％が「中国」を選びました。韓国人は三六％が「中国」を選びましたが、これは「日本」を選んだ人が四一％だったのと同程度ですね。日韓を比べれば、中ロ両国に対する認識差が大きいですが、韓国人も三人に一人は中国に軍事的脅威を感じていると言ってよいのです。なお、日韓で北朝鮮への脅威認識では一致しています（**図2**を参照）。日韓で違ってくるのは、三つ目の「中国の経済発展が、今後の自国の経済に与える影響について、プラスの影響とマイナスの影響のどちらが大きいと思いますか」でした。韓国人は四三％が「プラスだ」、二六％が「マイナスだ」と答えましたが、日本人は三一％が「プラスだ」、五六％が「マイナスだ」だったのです（**図1**を参照）。外交や安全保障の面での不信感はある一方で、韓国が中国経済に左右されているという意識が強いことがわかります。

小此木　功利主義。

若宮　個人になるとね、例えば私が入っていた韓国語の学校の先生なんかに言わせると、全部が全部じゃないけれども、やっぱり日本人は行儀がよくて、真面目な子が多いという。中国の子に対しては、全部じゃないけど、自己本位で礼儀に欠けるみたいな印象を持っているんですよね。だから、個々の中国人イメージは韓国ではあまりよくない気がする。日本というのは嫌いだけども、日本人の個々には非常にいい印象を持っている。韓国の日本観の不思議なところです。

黒田　ちょうど逆ね。韓国人にとって中国は大国でデッカイから尊敬するが、中国人はいまいち

図1　中国に対する認識

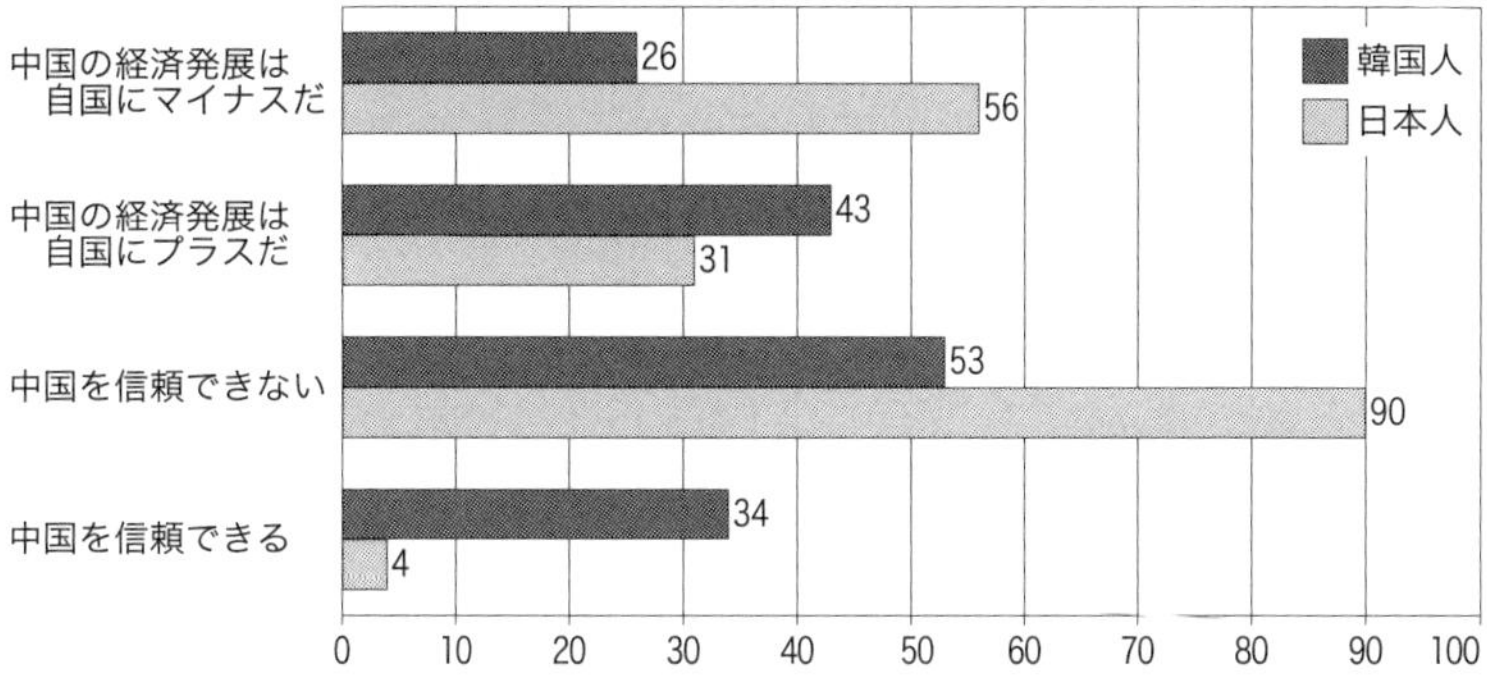

出所　『読売新聞』2014年6月7日付より小針作成。

図2　軍事的脅威を感じている国

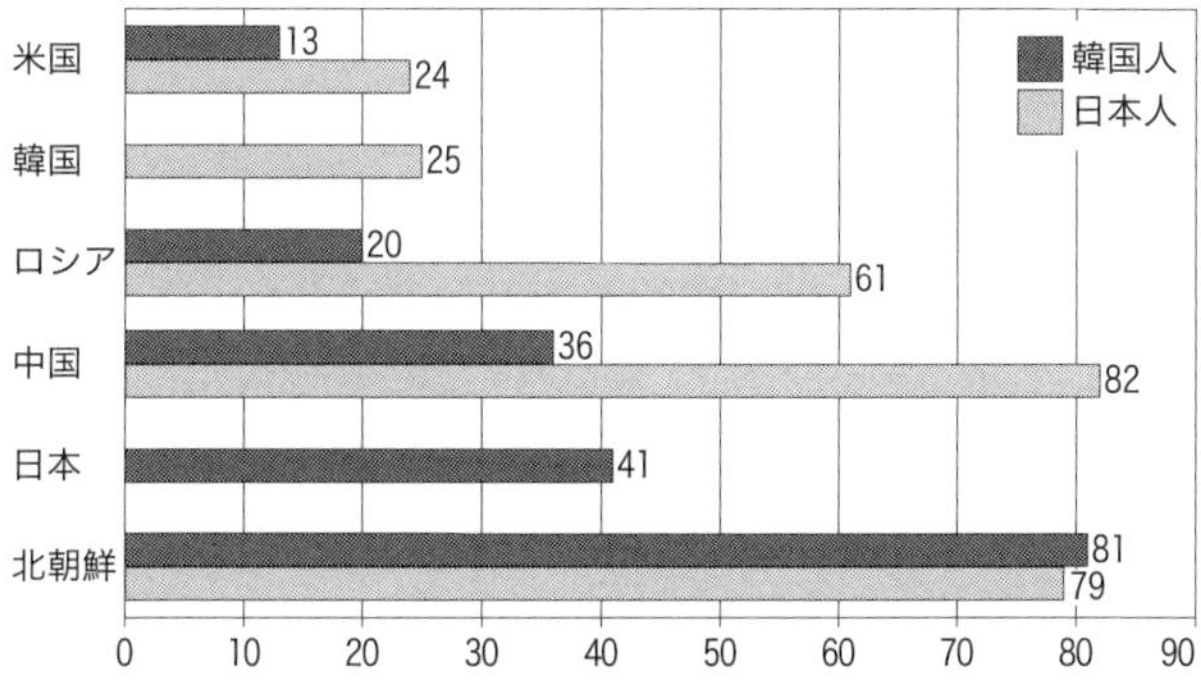

出所　図1に同じ。

という感じでしょう。日本についてはそうじゃない。韓国人は日本人を、僕は好きだと思いますよ。

若宮　ねえ。

金子　ただ、中国が脅威であるからこそ、そこに安全保障を委ねるという考え方だってあるでしょう。例えばハンチントンの『文明の衝突』という本に、二〇一〇年の米中戦争のシミュレーションが出てきます。南シナ海でベトナムと中国が交戦状態に入る、米国は世界核戦争になるのを恐れて抑えに入るが、結局は止められないで、結局米中が戦争状態に入るというシナリオです。そのときに日本は、中国が米国に勝つだろうと判断して、中国側につくことになっています。

若宮　日本がですか。

金子　ええ。まだ中国の軍事力がいまほど大きくなかった時代ですが、ハンチントンは、当時、日本はいつかフィンランド化すると予測していたらしい。隣に圧倒的な脅威となる国が出現したときに、好きか嫌いかの問題ではなく、そちらにつかざるをえなくなるでしょう。中国と距離の近い韓国では、それが事大主義という政治哲学になっている。中国との間に距離がある日本人は、そんなことはないと思いこんでいますが、外国人の目から見ると、日本人だって同じ行動をとると見えるでしょう。非合理な選択だと決めつけられないから。

小此木　逆に、日韓が割れる可能性もあるわけでね。韓国はそうなるけど、日本はそうならないという。そこのところは、韓国はこれから本当に悩みどころですよ。

黒田　僕は日本と韓国の対中国観についてはね、仮説的にいえばですが、富士山論なんです。要するに、富士山というのは遠くから見ていると美しい、憧れの対象ですが、近くに行くと登るのは大変だし、岩だらけで何も美しくないでしょう。だから日本人は遠くから見ているから、中国ファンが多い。歴史、文化、料理……中国モノは大好きじゃないですか。ところが韓国はやっぱり近くでしょう、隣でしょう。相当いろんなことを実際見たり、経験したりしてきているから、嫌なんだと思います。だいたい日本人は漢字大好きですが韓国は捨てちゃった。だけども、富士山はつまりでかいですから、やっぱりいま金子さんがおっしゃったように、それはそこにつかないと身が立たんということがあるんじゃないですかね。そんなような関係じゃないですかね。

黒田 あれも、語源はいろいろあるね。垢《あか》を意味する韓国語の「テ」つまり汚いということから来ているというのが大衆レベルの理解ですが。

小針 韓国語で、中国人の悪口がすごく多いじゃないですか。「テェーノム」とか。

小針 世界で中国人の悪口を言う言葉が最も多い国は韓国だと……。

小倉(紀) あれは垢じゃなくて、豚でしょう。「テェー」は豚だと思いますよ。

黒田 それはいい意味、悪い意味。

小倉(紀) もちろん悪い意味です。

黒田 しかし、豚というのは東アジア文化圏では富の象徴で悪くない。

小針 韓国でポピュラーな豚の貯金箱……。

小倉(紀) 豚みたいに臭くて汚いという意味です。

黒田　そう？　初耳ですが勉強になりました。

小針　すみません、いま言いたかったのは、世界で一番韓国人が中国人を指す悪口の言葉を持っていると。そういうことを主張する韓国人の経済学者がいますよ。

小倉(紀)　ただね、そこがちょっと。もちろん日本人のように清潔で、きちんとしていて、というのは、韓国人の中で朴正煕以降近代的な規律を国民に押しつける中で、日本人的なライフスタイルがいいんだということがその裏側にあった。しかし実際に彼らのメンタリティが日本と中国どっちにより合っているか。伝統的に言ってですね。私はそんなに日本人ぽくない人たちだと思っているんです、韓国の人たちは。家族というものが中心となって、儒教的な家族のシステムに守られながら、その紐帯をどんどん広げていくというタイプの世界認識は、やはり中国人と韓国人はすごく似ている。もちろん中国の店が汚いとかそういう現象はあるんだけれども、それはしかし韓国だって二十年前はそうだったわけですから。そこから脱したいという気持ちがあるから、日本はいいとか、日本人は清潔だという認識がまだあるだけの話であって。

伝統的な道徳への回帰と中韓関係

小倉(紀)　木村幹さんがこの間『アジア時報』(二〇一三年六月)および『東亜』(二〇一四年七月)に、次のようなことを書いていました。朴槿恵政権が出帆したときに、韓国の外交の方向性を決める文書の中で、中国に関する記述の量がアメリカに関する記述の量とほぼ同じで、しかもその中のキーワードとして「人文紐帯」という言葉を使ったということを彼は書いているんですね。これは韓国側の中国に対するメッセージであって、人文というのは要するにヒューマニティだけど、結局何を言っているかというと儒教的な世界認識システムのことを言っているわけですね。それで中国と一緒になりたいというメッセージを強烈に打ち出している。

黒田　朴槿恵は、中国に行ったときにそれを使ったんじゃなかったかな。スピーチの中で、「人文」の国とか言ってましたね。つまり中国と「人文」を共にしたいというわけです。

小倉(紀)　人文というのが好きなんですよ。つまりそれは伝統的な朝貢体制のなかではあるが、平和が保たれていた文化統治、つまり文化と道徳による統治、それに郷愁を感じるし、日本のようなリアリズムの法治主義一辺倒のやり方よりは徳治、人治の方が韓国としては魅力を伝統的に感じてきたんですよと、そういうメッセージだと思うんですよ。

黒田　そこは非常に面白いポイントですね。僕なんかも関心のポイントだけど、つまりそれは本格的な回帰ですよね。しかし一方で近代というのは非常に僕は大きいと思いますよ、人間にとって。だから韓国の近代、日本の影響を含めてそうですけど、いわゆる西洋近代化の影響はきわめて大きい。そこから離れてそっちに戻るのかな。僕は戻らない、戻れないと思いますね。むしろ日本風と言ったらおかしいけれども、家族関係とか家族意識はいまやはり日本風(?)に崩壊しつつありますからね。

小倉(紀)　でもそれを修復したいという気持ちが出たときに、やっぱり伝統的な道徳への回帰という形でしか韓国は修復できないんですね。それ以外に、新しい概念はない。

黒田　だって日本でもある種の復古主義というのはあるでしょう。家族の重要性みたいなところで、今度の地震なんかで非常にそういうのが出てきて、家族のきずなとかしきりに言われているじゃないですか。困った時の〝回帰頼み〟かな？

小倉(紀)　だから韓国の場合、それがつまり中国との接近に直結するわけですよね。

黒田　うーん、どうやろう。

小此木　そこまで極端に。

小倉(紀)　いや、だから恐らくその中でアメリカ的な近代、民主主義、自由というものを体現した人たちと、それからそうではなくて、一九九〇年代以降朝鮮王朝を高く評価してきたいわゆる人文主義者という人たちの間で、かなり強い摩擦、対立が起きるんじゃないかと思っているんですけど。

小此木　茶化すようですけれども、中国自身はどうなっちゃうんですか。そういう昔の価値観で社会をまとめていくんですか。

金子　天安門事件後の中国の政権は、西側の自由、民主、人権などの普遍的価値は中国の国情に合わないときっぱり否定しています。民主や人権などなくても、中華民族は立派に経済成長を達成したではないか、という自信がある。だから、習近平政権がスタートしたときに「中華民族の偉大な復興」という言葉しか思い浮かばなかった。

小此木　下の方は、それでいいのかどうか。

金子　下の方の人も満足させられる。「中華民族の偉大な復興」のサイズを何で図るかというと、国境線の長さでしょう。国境線が長ければ長いほど、権力者の徳が高い証拠。経済の分け前は全員に分配できないが、国境線の増加は、上も下も中国人全体を満足させられる。

小此木　徳があれば、隣国もみんななびいてくるはずだと。その話は、今日のテーマから言うと、すごく重要なポイントだと思いますね。私はそうなるとは思いませんが、もし本当に韓国が現在の価値観やライフスタイルを放棄して、中国の文明圏に回帰するのであれば、ある意味で答えは簡単。国際関係論的には、一九五〇年のアチソン・ラインに戻るんですよ。アメリカの防衛線はアリューシャンから日本列島を経て沖縄、フィリピンに至る列島連鎖だということになります。韓国が民主主義や西欧的な価値観を捨てれば、そうなってしまうと思いますね。

だけど、いまそこまで結論が出せるわけではないでしょう。韓国人自身、北朝鮮の脅威がある限り、米韓安保同盟を放棄できないですよね。いくら韓国が中国にシンパシーを持っても、米韓の安保体制は崩せないから。韓国内では、多分、親米と反米の分裂が起きるとは思うけどね。これは解放直後から続いている左右対立の再確認でもありますね。イデオロギー的な左派は北朝鮮に宥和的であり、親中的で、さらにロシアを含む大陸進出にロマンを抱いている。しかし、イデオロギー的な右派は北朝鮮に対して強硬であり、米国、そして日本との関係を重視して、海洋への進出を志向するという特徴を持っているように思います。それが半島の地政学であるとはいえ、解放七十年を迎えようとしているのに、いまだに中間的な多数派を形成できないことが、韓国にとっての大きな問題です。

それから繰り返しになりますが、北朝鮮ファクターをバカにしてはいけません。米国の直接軍事関与がアチソン・ラインまで後退すれば、核武装した北朝鮮がどう行動するかわかりません。最悪の場合、第二次朝鮮戦争の可能性だって排除できないんですよ。

だから、これからの時期にはいろんな可能性がありますね。それがポスト冷戦後の第三の時期ですよ。日本も韓国もそれに思慮深く対応しなければならないということです。もちろん、韓国は現在の体制や価値観を土台に米韓同盟を堅持した上で、北朝鮮に対応しなければならないし、米国と中国の間で自分たちの主体性を維持していかなければならないでしょうね。先進的な工業国として、民主主義中級国家の道を構想すべきでしょう。日本を含めて、超大国でない国々が連帯できなければいけません。一直線にそこに到達することが不可能であっても、そのような形の日韓連帯の可能性を排除してはいけませんよ。私は日本だって「夜郎自大」になってはいけないと思っているんですがね。

我々にとって一番賢明な選択肢は、実は日韓が協力して、台湾やＡＳＥＡＮ諸国、そしてオーストラリア、ニュージーランドにつながる民主主義国家の連合を形成することではないですか。ロシアとも連携すべきです。米国との同盟を背景にして、金子さんが指摘されたような、中国を中心にする同心円的な勢力圏に飲み込まれないことが重要ですよね。垂直的な国際システムではなく、水平的な国際システムを維持すること、それこそ核心的な利益です。そういう視点に立てば、日韓には共通の世界史的な役割があるはずですよ。「日韓は協力すれば繁栄するが、対立すれば共倒れする」、そのことを明確に認識しなければいけませんよ。これは好き嫌いの話ではないんですね。どうやって、それを両国の国民に理解させるか。日韓が歴史問題を管理できないことについては、双方の政治指導者に責任がありますね。反日や反韓を煽っている人たちにも責任を感じて欲しいですよ。

小倉(紀) かなり本質的な認識論のお話ですね。

若宮 幾つかいま思いついたんですが。一つは、韓国人のメンタリティですが、いまはアメリカの影響というのが非常に強いと思うんです。例えば、私が三十数年ぶりにソウルに暮らしてみてびっくりしたのは、町で男女が平気で抱き合ったりしていることです。昔は考えられなかった。これが儒教の国か、と。

黒田 大通りや地下鉄で、平気でやっていますが、僕のようなオールド・ウォッチャーには嫌ですねえ。

若宮 ねえ、チュッチュしたりね、喫茶店で抱っこしちゃったりするのを見ると、いつごろからそうなったのかと思うけど、少なくとも三十年前には考えられなかったことでね。

黒田 民主化ですよ。民主化による開放心理や男女平等のせいでしょう。中国も開放政策ですから、結構、男女は街でくっついてますね。いや、中国の場合、男女平等や女性解放ということでは共産主義化の結果かもしれないな。

若宮　民主化だけでは済まないと思う。だから、日本よりずっとニューヨークっぽいような面があります。アメリカ留学もものすごくふえているし。ちょっとまた違った面でしょう。それは民主化とも絡むけれども、日本とか中国とは違う面がかなりある。

それから小此木さんがおっしゃったこととも関係しますけど、やっぱり米韓同盟という面は大きい。何だかんだ言ったって、朝鮮が解放されたのはアメリカに日本が負けたからだし、朝鮮戦争で韓国が生き残ったのはアメリカのおかげだし、それで町の真ん中にいまだに米軍がどんといるわけでね。そこのところを飛び越して中国とくっついていくというのは容易なことではないんだろうな、と思うんですね。

僕も結論から言うと小此木さんに賛成なんですけど、韓国が中国とアメリカの間にあって何らかの存在感を発揮していくには、日本ともう少しうまくやっていかないと、ちょっとわけがわからなくなっちゃうんじゃないかと思います。

それから日本も、最近、安倍政権の人と話すと、もう韓国とはやってられないからほっときゃいいんだ、むしろ中国と話がつけば自然に韓国はどうにでもなるんだ、という意識が非常に強いように見受けますが、それもどうかなと。韓国を平気で中国側に追いやるようなことばかりやらないほうがいい。韓国が面倒な国であるのはわかるけど、もうちょっと、少なくともこっちから向こうに追いやるようなことをやるのは全く戦略性に乏しい。

東アジアには二つの分断ラインがあります。歴史をめぐるラインを引くと、韓国も北朝鮮も中国も向こう側になる。だけど安全保障とか自由主義の価値観みたいなことで言えば、米日韓というラインがあるんで、韓国は両側にまたがっているわけですよね。両方に重なっているわけだから、この韓国を日本はできるだけ取り込んでいくことが必要だし、韓国もせっかく重なっているんだから、もうちょっとうまく自分を利用して外交をする方がいいと思うんですけどね。

金子　小此木さんが指摘された北朝鮮ファクターに関連して、韓国が北朝鮮の崩壊を前提として動いているのではないかという分析が中国の研究者にあります。中国側にも金正恩が第三回核実験に踏み切った二〇一三年二月以降、北を支援できないという意見があります。例えば、六月のシンガポール・シャングリラ対話で中国国防大学戦略研究所の研究員が「中国は北の最も親密な隣国であり南の最も親密な隣国である。その隣国が統一することは中国の利益にかなう。平和統一は容易ではないが、目標を明確にし未来のために準備しなければならない」と発言したそうです。中国にとって北朝鮮は在韓米軍の北進を阻止する緩衝地帯だったのに、中国軍のシンクタンクが「南北統一は中国の利益」と言い出した。中国は、南の政権による統一、韓国を唯一合法政権として認めると韓国にほのめかし、朴大統領もそれに期待しているのではないか。北朝鮮の核保有は中国にとっても脅威ですから、中国は厳しく核放棄を要求していますが、放棄しなければ本当に敵対関係に入る。だとすると、中国と韓国がさらに接近して、北朝鮮が孤立することになりませんか。

小此木　韓国人が勝手に描いている夢みたいなものでね。中韓関係がさらによくなれば、その夢が実現すると信じている。しかし、本当は悪夢かもしれませんね。相手は核武装し、多くのミサイルを所有する独裁国家ですよ。それに、北朝鮮は中国の思い通りにはなりません。七月の中韓首脳会談でも、そういう話題は全く出なかったですね。韓国側は落胆した。しかし、当然でしょう。中国にとっては朝鮮半島の「平和と安定」が最も重要です。最近、「非核化」を目標に掲げているのは、それが「平和と安定」と矛盾するようになったからでしょうね。

しかし、それはそれとして、確かに現在の中朝関係は悪いですね。ひょっとすると、一九九二年の中韓国交樹立以来、最悪かもしれないですよ。昨年二月の第三回核実験からだと思いますが、習近平主席と金正恩第一書記の間に個人的な不信感が生まれてしまった。三十歳にならない北朝鮮の指導者が度重なる中国の警告を無視したことに、習近平自身が強い不快感や怒りを覚えたようですね。高いレベルでの相互不信が実務的な関係に波及していますね。現在、金正恩体制が定着しても、指導者レベルの往来や会談がありません。日韓関係とよく似ていますよ。双方とも、それを口に出せないような状態ですね。当分続くんではありませんか。反対に、習近平と朴槿恵の個人的なケミストリーはとてもいい。金正恩にとっては、それが気に入らない。一種の大国主義だと受け止めている。

しかし、だからといって、中国が鄧小平以来の南北均衡政策を放棄するとは思わないですね。連邦制であれ連合制であれ、中国は南北共存を通じた長期的かつ平和的な統一を支持しています。急ぐ必要はない。それが朝鮮半島の「平和と安定」に資するし、中国の利益にかなうと考えているからでしょうね。中国は韓国と北朝鮮を同一の視野に入れて、二本の手綱を放さないでしょうね。

朝鮮戦争参戦の責任を中国には問わず

若宮 黒田さんもそういうことを言っていると思いますが、僕も日帝三五年か三六年の恨みはわかるとしても、朝鮮戦争に中国が参戦してきたことはどうなんだと。あれがなければ韓国が南北を統一できていたはずでしょ。ところが中国が参戦して血みどろの戦いがまた続いた末に分断が固定化された。そのことへの韓国の中国に対する恨みはどうなっているんだろうと思います。もうちょっとバランスとったらいいんじゃないのと韓国の人には言うんですが、どうなんでしょうね。僕の解釈では、中国は朝鮮に追い込んだ米軍や韓国軍を追い返したわけで、南に深く中国軍が入ってきて民衆を巻き込んで血みどろにやったわけじゃないから、そこのところはちょっと違うのかな。それが一つの仮説なんですが。いかがですか、黒田さん。

黒田 ちょっと、事実関係で指摘しておくと、中国軍は韓国にまで侵攻して血みどろの戦いをやっていますよ。たとえばソウルの西の郊外にある楊平で「砥平」といったかな、中国軍との激戦地で有名ですよ。僕の知り合いのお婆ちゃんの話では戦争当時、ソウルの南の水原に疎開していて、そこで中国軍兵士に出会ったといっていました。少女時代ですが、兵士に足の怪我を治してもらったといってました。だから中国はソウルを含め南、つまり韓国を侵略しているのです。

小此木　あの時、中国は米軍を朝鮮から追い出し、半島を軍事的に統一しようとしたし、米韓は韓国政府の済州島移転まで考えた。

黒田　若宮さんの質問ですが、実は僕は昔からそのことは言い続けていて、韓中国交正常化のときの記者会見でも韓国の外務大臣に質問したんですよ。なぜ朝鮮戦争の侵略責任について、一言も触れないのかと。そうしたら、要するに公式の場だから逃げたんだけど、いや、植民地支配とは次元が違うからと言って、それでおしまいだったね。あと外交局面で、それを韓国政府が提起したことは一回もありません。今回の朴槿恵訪中ももちろんそうでしたし。

ただ、今年、習近平がソウルに来た時、珍しく韓国のいくつかのメディアが、韓中の接近に対するある種の警戒感みたいなものを出しながら、そのことを言っていたね。習近平がソウル大学での講演でしたか、中国と韓国は昔からともに肩組んで日本と戦ったとか、昔から仲よしだったじゃないかと〝中韓友好史観〟を語った。そこでは秀吉の件とか日清戦争のことも言ったんですけれども、韓国メディアがしばらくたってやっぱりおかしいと思ったみたいですね。特に『朝鮮日報』が先頭に立って、ナショナリストつまり右翼新聞だからかもしれませんが、中国の歴史歪曲を許せないとか、それを無視して中韓仲よくと言われても承知できないとか、かなり批判していました。

習近平はその前ドイツに行ったときも、講演でそれを語っている。その中身を韓国の新聞が一部ちょこっと北京発で報道したんだけど、習近平は、要するに「我が国の歴史に、他国を侵略した記録はない」と言ったというわけです。ソウル大講演はその延長線なんだけど、韓国サイドでやっと批判の声が出た。

小針　習近平が来たときの韓国紙の社説（七月四日付）ですが、たとえば『朝鮮日報』はいわゆる提灯論調でしたね。「習主席が平壌よりもまず先にソウルを訪れ、韓中首脳が信頼と友誼を強調するだけでも、北朝鮮には計り知れない圧迫となっているだろう」と。

金子　中国と韓国が国交正常化したのは一九九二年、中国の首相は李鵬、外相は銭其琛でした。朝鮮戦争に中国がどういう形でけじめをつけるのか、事前の関心事項でしたが、国交交渉で訪中した韓国の外相は、李首相、銭外相との会談中に日本の悪口を言い始め、ずっと言い続けた。韓国外相を見送った李鵬と銭其琛は、「韓国人は本当に日本人が嫌いなんだ」と笑ったそうです。中韓国交正常化の段階で、謝罪問題を詰めないために日帝の被害に話を振ったのかもしれません。

若宮　中国側が。

金子　いえ、韓国側から。

若宮　ああ、自ら。中国がそういうふうにしたわけじゃない。

黒田　僕は不思議に思っているんですが、この朝鮮戦争カードというか歴史カードは韓国にとってはきわめて貴重で使えるカードであるはずなのに、全然活用していないという。

金子　この前、韓国が中国義勇軍兵士の遺骨を返還しました。きれいな骨壺に入った遺骨を引き取った中国側は、烈士墓に改葬し、遺族がこんなに大事にしてもらったと、むしろ友好美談になっています。

黒田　いやいや、カードというのはね、要するに中国にとっては非常に痛い嫌な話なわけでしょう。つまり、侵略戦争だと追及されることは。だからそれは韓国からすると大好きな〝道徳的優位〟論に立って有効に使えると思うんですがね。

若宮　だけどこの間、ある席で韓国はなぜ中国を責めないんだと言ったら、いや、あれは中国もマッカーサーによって攻め込まれるおそれがあったから、防衛的に出てきたんだと言って、韓国の人が弁護していた。ちょっとびっくりしたんだけれども。

黒田　進歩派の反米的な識者だな。

小此木　大国は、何をしてもいいんですよ。

若宮　そうなのかな。

黒田　あるいは、日本人の若宮さんが言ったから、あえてそういう言い方をしたのかな。おまえら、言いわけにそれを使ってるんじゃないか、日本人に言われる筋合いではないとか。

理想と乖離した家族の現実は日韓で共通なのか

黒田　それで、さっき小倉（紀）さんが言われた、非常に好きなテーマなんですけど、僕は三十年以上韓国に住んでいて思うことがある。要するに僕は日本の近代化の結果、それでまずかったなということが実際いろいろあるわけじゃないですか。特に家族の崩壊というやつね。これが一番切実ですけれども。ところが韓国においては最近までもそうだけど、家族の重要性は評価されて維持されてきたわけね。しかし日本はある種の言い方をすると「親殺しの近代化」だと僕は思いますけれども、要するに家族を犠牲あるいは否定することで近代化を実現し、今がある。プラスは相当あったし、それで豊かな先進国になったということじゃないですか。韓国も高度成長を一九七〇年代からずっと続けて今に至るんだけれども、その過程で僕は、韓国は日本の近代化ではない、日本とは違う形の近代化をやればいいのになと思ったね。そのコアが、家族の問題なんだ。それで韓国型の、つまり非西欧圏における韓国型の近代化というやつですね。日本の近代化におけるある寂しい部分を、つまり〝親殺し〟というか家族否定をやらずに、家族主義を残しながら近代化する。それでがんばっているように見えたわけです。

ところがある時期から、やっぱり日本と同じかなと思いはじめたんです。だから家族も今、非常に崩壊しつつあると思いますね。親を誰が見るかという問題も含めてそうだけれども。それから実際の親殺しというか、尊属犯罪も今ふえている。子供の反乱もそうだし。僕は当初、韓国にそこを踏みとどまってほしいと思ってきた。

小倉(紀) 踏みとどまるというかね、私は韓国人のメンタリティというのは、要するに理想と現実が乖離し過ぎていることを前提として、彼らは社会構築していると思うんですよ。それはもう、彼らはわかっていることであって。現実は、昔からみんなが親孝行ばかりしているわけではなかったんです。だけれども、理想としての儒教があるから。時々烈女だとか孝女だとか、そういうのを表彰しますよね。あれは村に。

小此木　いないという話。

小倉(紀)　五十年に一人ぐらい出ればいい話であって、だから碑が建っているんであって。実際上は、烈女だとか孝女というのはあまりいないわけですよね。その乖離が甚だしい、そのかわり理想の高さは高いと、そういうことだと思います。だから、私は今も昔もそんなに変わっていないんじゃないかと思うんですけれども。

それとは別にもうちょっと学問的な話をすると、歴史学で植民地収奪論というのが一つありますよね。それからもう一つ、ニューライトの植民地近代化論がありますよね。しかし一九九〇年代から盛んになってきたのは、これはポストモダンの歴史学者、あるいは人文学者の中で、今はほとんどそれが席巻してしまっているんですけれども、植民地近代性論という考え方がある。植民地近代性論は植民地収奪論とは違って、確かに植民地時代に朝鮮は近代化したと、そこは認めるんです。しかし、植民地近代化論は植民地時代に近代化したのはよかったという認識なんだけど、植民地近代性論というのは植民地に近代化したのが悪かったという、そういう話ですね。要するに軍隊式の日本の統治で、全部規律化して近代化してしまったという、そういう話です。規律化したから産業化、近代化ができた、しかしそれが朝鮮民族の本質と相容れないものであったと。そうすると、この人たちが帰るべきところは、朝鮮王朝しかないんです。

それとはまた別個に、朴正熙政権に反対した民主化の勢力がある。この民主化の勢力というのは、私は田中明さんと同じで儒教勢力だと思っているわけです。儒教の正統性を大切にする。彼らが大切にするのは正統性と道徳性、これだけなんですね。国家がどれだけ豊かだとか、ちゃんと統治できているかとか、そんなことはあまり関心がない。道徳性と正統性にだけ関心を持つ人たちの、民主化の流れがあった。その流れと植民地近代性論というのが一九九〇年代の終わりぐらいに合体して、今の韓国の大学で人文学をやっている人たち、歴史学、思想、文学、哲学、社会学、そういうのをやっている人たちは、ほとんど朝鮮王朝時代に対して肯定的になっているでしょう。特に英祖、正祖の時代ですね。英祖、正祖の時代というのはもう完全に朱子学の固まった時代で、あれを打倒しなければ近代化ができなかったはずなんだけれども、英祖、正祖の時代が朝鮮民族の最高潮の時代だと言っていますから、これはもう取りつく島もない朝鮮王朝正当論なんですよね。

セウォル号事件でも変わらない上意下達の知識人

黒田 最近、例の船の事故が起きたでしょう。国を挙げて大騒ぎして、いろいろまだ続いているんですけど、そのときの反省としてもうけ主義の海運会社の経営に問題ありといわれ、これまでの物質主義とか、あるいは金銭主義だとか、そういうものが一番根源だという議論が相当あったよね。それで、一方ではやっぱり安全対策とか、規律、規則を守らないというのが原因だから、日本に学べと。この二つが出ていたんですよね。根本主義で言えば、それは前者であればいいんだろうけど、現実具体論で言えば「日本に学べ」の方だよね。それはどう思います。

小倉（紀） 日本に学ぶものは、大したものじゃないわけですよね。便宜上、要するに日本の方が先に行っている、本末で言えば末の部分を学んでいるだけであって、本はやっぱり道徳性というか、人間の人間たるゆえんという部分が一番重要であって、そこに来ちゃうと、じゃあそれがフランス哲学なのかイギリス哲学なのか、ドイツ哲学なのかとそういう話じゃなくて、やっぱり儒教的道徳におさまってしまう。そうすると、論理的に、彼らの意識とは違って、論理的に中国回帰をせざるを得ない。そういうふうになってしまっているのが、私は朴槿恵政権の論理的な問題じゃないかなと思っているんです。本当は、中国的な人生を彼らは絶対に選びたくないはずなんです。だけれども本末という概念で行くと、幹があって枝があるというそういう世界観ですから、枝のところは日本で学ぶけれども、幹のところは自分たちに元々あった道徳。じゃあそれは何なのかというと、儒教になってしまうという。がんじがらめの状態。

黒田 小倉（紀）さんとけんかになっちゃうんだけど、儒教というか、儒教的道徳とかいうある種の儒教的人間観の中に、やっぱり血縁を中心とした人間のつながりの重要性があるじゃないですか。それは長幼の序という〝秩序〟につながる問題ですけれども、要するに今度の船の事件は、やっぱり韓国は「頼み頼まれ」の人脈社会だと。船の事故でもしきりに指摘された政経癒着とか官民癒着とか、この〝癒着〟というのは人脈不正のことですよね。だから血縁重視とか先輩・後輩とかの人脈絶対というその儒教的なある部分が韓国社会に非常に強く残っていて、それがああいう事件の根源にあるとか、それが不正、腐敗問題の根源になっているということでしょう。

小倉(紀)　私ね、それは『読売新聞』に書いたんですけど、今回あのセウォル号の事件で、もし韓国の世論が、あるいは新聞なんかのいろんなコラムや社説が、これからは現場で汗水垂らす人たちの論理を重視してその人たちを尊重しようという論調になったのだったら、これは韓国社会は変わったと思うんです。けれどもそうじゃなくて、もう千篇一律のごとく、我々の社会は道徳が崩壊したと言っているんです。これは、昔と変わりませんね。一九八〇年代、九〇年代に大事故が起きたときとまったく変わっていない。結局知識人が上から下々の者に対して、おまえらの道徳が崩壊しているんだから我が国は危機に陥っているんだという、そういう上意下達のメッセージしか出てこないんですね。そうであれば、要するに下の者はサボタージュするしかありません。何も評価されないわけですから。絶対サボタージュします。だから変わらない。サボタージュさせないためには、あなたたちの現場の汗水垂らした労働が大切なんですよという論理を構築しなければいけないんだけど、韓国人はそれをできないですよね。だから、私は変わらないと思うんです。

黒田　だから汗水流した人たちを大事にしろというのは、儒教的道徳観あるいは人間観、秩序観からすると。

小倉(紀)　完全に違いますね。

黒田　違うでしょう。

小倉(紀)　だから変えなきゃいけないんです。

黒田　そこは、やはり変えなきゃいけない。

小倉(紀)　変えなくてはいけないんですけれども、変わらない。いつでも中央にいる知識人が、末端にいる汗水垂らして労働する人たちに対して、おまえらは道徳がないからだめなんだと、そういう構造になっている。

黒田　だけど小倉さんの話は、戻ろう、回帰と言ってるんじゃないの。戻ってしまったらまた「セウォル号」は沈没しますよ。

小倉(紀)　戻るべきだと言っているんじゃなくて、私は韓国がなぜ朝鮮王朝、儒教に回帰しようとしているのかというのを嘆いているわけです。

黒田　なるほど。

小倉(紀)　そうすると、中国の方に寄り添うしかないから。

黒田　そうそう、それならわかります。

小倉(紀)　だから同じですよ。もっと日本が戦後達成した自由と民主主義の価値、そこで培ったいろんな文化や知識、そういうものの方に寄り添ってくださいと言いたいんですけれども、そういうふうにならないからもどかしいわけですね。

小針　ただ、さきほど近代化の過程で、もう少し家族を大事にするような形での、日本と違う形云々とおっしゃったんですけど、韓国の場合、システムは日本システムを模範としてきました。法律も日本のものを参考にしているケースが多い。おそらく家族をめぐる法律もそうでしょう。だから結果的に、システム的には日本に似ざるを得ないんじゃないでしょうか。

さきほどアメリカの話が出ましたけれども、大学も実は、学内規程は日本の影響を受けたものが多いようですけれども、つまりシステムは日本でも、ところがカルチャーがもうアメリカの大学になっている。そこの乖離でいろんな合わない部分が出てきているんだと大学関係者から聞いたことがあります。だから社会のシステムも恐らく日本のシステムに似ているのですけれども、システムどおり行っていないところがあるからいろんな問題が逆に起きてくるんじゃないですかね。安全の法律だとかも。

小倉(紀) 結局、要するに日本が魅力的なシステムだとか社会のつくり方を構築していないから、韓国だって日本を参照する必要もない、そんな余計なことをするよりもアメリカ、あるいはほかのところを参照にするという方向に、どうしても変えますよね。今、お金もうけという意味では中国システムに魅力を感じているわけだから、それ以外のものはありませんよ。民主主義だとかそういう価値が中国にないということは、知っているわけですから。政治システム的に中国に魅力を感じているということは全くないと思いますけれども、お金もうけは中国、政治社会システムはアメリカというのでどんどん行く。日本はもう古臭いと思われていますから。

小針 韓国は建国のときから政府の組織を含めて日本をモデルとしてきました。この間ずっと、多くの韓国企業であれば、カウンターパートになり得る日本の企業からいろんなことを学んで、そのシステムでやってきたわけですよ。今はもうそういうことをやらなくなったと、そういう意味ですよね。

小倉(紀)　だから日本が新しいものをつくらない限りは、韓国はこっちの方を向いてこないということですよね。

若宮　だけどセウォル号の事件では、一時的にせよ、日本では船の事故のときこんなことはなかったと持ち上げていました。大震災のときもこうだったとか、ちょっとそういう空気が出ましたよね。この事件を通じて何か、やりようで、日本はもうちょっとうまくやれなかったのかなと思いますね。自民党の二階俊博さんがＮＨＫ交響楽団のソウル公演を追悼イベントにしようと呼びかけて、日本人を二百五十人も連れていくことがありました。これなんか、日韓の政府間の空気がよければ、もっと歓迎されて大きな意味をもったかもしれない。

前の東日本大震災のあと、李明博さんも来たし、温家宝さんも来て福島でサクランボを食ったようなことがありましたよね、あれはわずか三年少し前ですよ。そういうのが見るも無残になくなっちゃったのは誰の責任か。まあそれぞれにあるんだけど、日本も魅力的な助け合いとか、おもてなしだとか、その種のことが日本の世界に誇るソフトパワーだというのであれば、そういう精神をもうちょっとうまく出せば、韓国も日本に学べというのが素直に出るような気がするんだけど。もったいないと思う。

小針　それぞれの政権同士の問題点は、午後にまたいろいろ伺いたいと思うので。

黒田　いや、若宮さんはいつも日韓ケンカ両成敗みたいでかならず日本を批判するんですが、日本は韓国に比べるとオープンマインドですよ。国家としてね。韓国は人間は付き合いやすく分かりやすいという意味でオープンですが、逆にメディアなどは日本が相手となると肩に力が入ってオープンになれない。先の〝ほめ殺し〟論ではないですが、あれだけ大きく豊かになり国際化しているはずなのに、日本を目の前にすると視野狭窄になる。

若宮　いや、このごろの日本も相当に視野狭窄だと思いますよ。

金子　最近の日本がオープンマインドかどうか。私の愚息が「おやじよう、おれんちは在日だったのか」と言うので「なんでそんなこと言うんだ」と聞いたら「ネットにオヤジは在日なので血が汚れているって」と深刻な顔をした。とても後味の悪い思いをしました。在日ではありませんが、在日と言われたことがいやなのではなくて、韓国批判の論点が「血、汚れ」だなんて。日本人の精神がここまで弱ったのか。実は、この座談会の冒頭で「私は在日に多い姓だが、在日ではない」と読者にお断りしようか迷いました。書物の読者の良識の水準はネットとは違うと思ってやめましたが。リーマンショック後、日本と言わず世界中が恐ろしくナローマインドになっているのは事実ではないでしょうか。韓国を含めてです。

小倉（紀）　それでは午前のセッションはこのぐらいにしましょう。午後はグローバルの中で考えてみる。しかしそれもすでに話しましたね。でもまあ、もっと深めて語っていく。

小針　個々に、朴槿恵政権の問題点なり、あるいは逆に日本の政権側の問題なりを含めて論じていきたいと思います。

	25日	・訪韓中の舛添要一東京都知事、朴槿恵大統領と青瓦台で会談
	29日	・経済同友会の長谷川閑史代表幹事、安倍晋三首相へ日韓関係の改善を求める
8月	5日	・朝日新聞、慰安婦問題に関する過去の一部報道を取り消す
	9日	・ASEAN 地域フォーラム閣僚会議が開催のミャンマーで、岸田文雄外相と尹炳世外相が会談
	15日	・朴槿恵大統領、光復節の記念式典で来年が日韓国交正常化 50 周年にあたることに触れる
	18日	・韓国外交部、「東北アジア歴史特別調査チーム」を東北アジア局内に新たに設置したことを明らかに
	23日	・韓国の柳興洙新駐日大使が着任
9月	1日	・日中韓、自由貿易協定（FTA）交渉の第 5 回会合を北京で開催
	2日	・日中韓の原子力規制当局、原子力安全の向上を目指して情報交換する会議が東京で開催
	11日	・日中韓外務次官級協議がソウルで開催
	14日	・安倍晋三首相、朝日新聞の慰安婦報道と関連し「世界に向かって取り消すことが求められている」と述べる ・別所浩郎駐韓大使が、尹炳世外相と初めて会談
	18日	・尹炳世外相、「両国の関係改善の意思が強く、近い時期に韓日間で多くの動きがあるだろう」と述べる
	19日	・森喜朗元首相、朴槿恵大統領とソウルの青瓦台で会談。安倍首相の親書を手渡す。 ・日中韓の財務相・中央銀行総裁会議が G20 財務相・中央銀行総裁会議に合わせて豪ケアンズで開催
	25日	・日韓外相会談（ニューヨーク）
10月	1日	・日韓外務次官戦略対話（東京）
	8日	・ソウル地検、朴槿恵大統領に関するコラムを巡り、加藤達也・産経新聞前ソウル支局長を名誉毀損罪で在宅起訴
	10日	・日韓財務相会談（ワシントン）
	21日	・谷内正太郎国家安全保障局長、金寛鎮国家安保室長と会談（ソウル）
	24日	・額賀福志郎・日韓議員連盟会長らが、朴槿恵大統領と会談
	25日	・日韓・韓日議員連盟会長の合同総会（ソウル）
	27日	・安倍晋三首相、鄭義和・韓国国会議長と会談
	29日	・日韓防衛次官級会談（ソウル）

（作成　小針進）

4月　7日	・日米韓、ワシントンで北朝鮮問題に関する外務省局長級会合
10日	・四国3県の遍路道で韓国人排斥を訴える紙が貼られていたことが明らかに
16日	・ソウルで日韓の外務当局アジア担当局長級協議 ・旅客船「セウォル号」が沈没事故
17日	・「セウォル号」沈没事故で、安倍首相「心からお見舞い」を表明。日本政府、救助協力を申し入れ
17〜18日	・ワシントンで日米韓防衛高官協議
23〜29日	・オバマ米大統領が日本や韓国などを歴訪
5月　15日	・東京で日韓の外務当局アジア担当局長級協議
22日	・東京で日韓の外務当局北米局長会談
29日	・日本と北朝鮮が日本人拉致被害者らの全面調査実施などで合意 ・中国・西安で、朝鮮半島統治に抵抗した朝鮮人部隊「光復軍」記念碑の除幕式
30日	・朴大統領、『ウォール・ストリート・ジャーナル』とのインタビューで、「日本はこれ以上近隣国の懸念を深めないようにすべきだ」と言及 ・安倍首相、アジア安全保障会議での演説で「力による現状変更の試みもある」と中国を念頭に置いて発言
6月　20日	・日本政府、河野談話の作成過程を検証した有識者チームの報告を発表
30日	・韓国国会外交統一委員会、河野談話の検証結果を公表した日本政府を非難決議
7月　2日	・日本政府、集団的自衛権の行使容認を閣議決定 ・朴槿恵大統領、中国中央テレビのインタビューで、日本政府による河野談話の検証結果の発表について「談話の精神を破壊しようとたくらんでいる」、「両国の信頼関係を破壊する」、「日本の一部の指導者は誤った歴史観を持ち、ふさわしくない言動をしていることが韓日関係の停滞を招いている」と言及
3日	・習近平中国国家主席が訪韓。中韓首脳会談
4日	・日本政府、北朝鮮に対する日本独自の制裁の一部解除を閣議決定 ・朱鉄基・外交安保首席秘書官、日本の集団的自衛権行使を容認する閣議決定と北朝鮮に対する日本独自の制裁の一部解除を閣議決定に関して、中韓両首脳が「憂慮するとの認識で一致した」と公表
10日	・11日にソウルのロッテホテルで開かれる予定だった日本大使館による自衛隊創設記念のレセプションがホテル側の要請で中止に ・ソウルの戦争記念館で12日から開催予定だった日本の人気漫画「ONE PIECE」の企画展が「原作に旭日旗が登場する」などの抗議で中止に（ソウル西部地裁が展示妨害禁止の仮処分決定を下し、26日に一転開催）
11日	・韓国国会外交統一委員会、集団的自衛権行使の日本の閣議決定を非難決議

12月	23日	・日本政府、国連南スーダン派遣団に参加している韓国軍に対し、陸上自衛隊の小銃弾1万発を提供
	26日	・安倍首相が靖国神社に参拝
2014年		
1月	6日	・朴大統領、日韓関係について「河野、村山談話が基礎」と発言。歴史問題での日本側の前向き対応が首脳会談の前提となると表明
	16日	・防衛省、南スーダンで韓国軍に提供した小銃弾を国連を通じ返却されたと発表（韓国側からの謝意なし）
	17日	・訪米中の谷内正太郎国家安全保障局長に、ライス米大統領補佐官が日韓関係改善の取り組み要求
	19日	・安重根の記念館が、暗殺現場の中国・黒竜江省ハルビン駅に開館。日本側は中韓両国に抗議
	20日	・菅官房長官、安重根について「わが国の初代首相を殺害し、死刑判決を受けたテロリストだ」と発言
	22日	・スイスでのダボス会議で安倍首相が朴大統領の講演を傍聴。接触はなし
	28日	・文部科学省、中学・高校向けの学習指導要領の解説に、竹島を「わが国固有の領土であるが、韓国に不法占拠され、累次にわたり抗議を行っている」と明記する改定を発表。韓国側が抗議
	29日	・韓国外相が、元慰安婦が共同生活する「ナヌムの家」を初めて訪問 ・中韓両国が安倍首相の靖国神社参拝をめぐって、国連安保理の公開討論で批判
2月	6日	・米バージニア州議会の下院が公立学校教科書で「日本海」と「東海」を併記するとした法案を可決
	13日	・ケリー米国務長官が訪韓し、朴大統領らと会談。歴史問題の克服や日韓関係の改善を要請
	18日	・日韓外務当局の局長がソウルで協議
	20日	・菅義偉官房長官、衆院予算委員会で河野談話を検証する可能性に言及。韓国側は反発
3月	4日	・ラッセル米国務次官補、日韓関係改善が東アジア情勢安定への緊急課題との認識を表明
	7日	・オバマ米大統領、首相との電話会談で日米韓首脳会談の開催提案
	14日	・安倍首相が河野談話について「見直すことは考えていない」と言及。官房長官は「検証」を約束
	15日	・朴大統領、首相発言を「幸いだ」と評価
	23日	・ハーグでの中韓首脳会談で習氏が安重根の記念館建設を「私が指示した」と発言し、朴氏が感謝の意を表明。歴史問題での連携確認
	25日	・ハーグで日米韓首脳会談
	26日	・朴大統領、ベルリンでの独メルケル首相と会談後の夕食会「ドイツは、徹底して過去の歴史（の過ち）を認め、反省することを通じ、周辺国の信頼を確保し、欧州連合（EU）の主要国に浮上した」と発言

7月	1日	・日韓外相会談（ブルネイ）
	10日	・ソウル高裁、戦時中強制労働の韓国人元徴用工への賠償を日本企業へ命令
	28日	・サッカー東アジア杯の日韓戦で、「歴史を忘れる民族に未来はない」という横断幕が韓国サポーター観客席に登場
	30日	・横断幕事件で、下村博文文部科学大臣が「その国の民度が問われる」と発言 ・在米韓国人団体がカリフォルニア州グレンデール市に旧日本軍慰安婦像を設置
8月	13日	・安倍内閣、グレンデール市の慰安婦像設置について「市、その他の米側関係者に慰安婦問題に関する我が国の立場を申し入れてきたが、設置は極めて残念だ」との答弁書を決定
	28日	・朴大統領、民団幹部へ「日本の右翼団体らの『反韓行動』は合理化できない。韓国政府も日本政府にこの問題の深刻性を伝え、解決を求めている」、「現在、両国の国民の間では信頼の裾野が広がっている半面、一部の日本の政治家の歴史退行的言動で、韓日間の対立が続いており残念だ」と発言
9月	6日	・韓国政府、福島など8県の水産物輸入禁止措置を発表
	17日	・韓国政府が「明治日本の産業革命遺産　九州・山口と関連地域」の世界文化遺産推薦候補へ申請する日本側へ反対である意向を伝達したことが明らかに
	21日	・安倍晋三首相夫人の昭恵氏、「日韓交流おまつり」（東京）に出席
	25日	・安倍首相、「私を右翼の軍国主義者と呼びたいなら、どうぞ」と米国で発言
	26日	・日韓外相会談（ニューヨーク）
	30日	・朴大統領、訪韓したヘーゲル米国防長官へ「歴史や領土問題について、しばしば時代に逆行した発言をする日本の指導部のせいで、信頼が形成できない」と発言
10月	7日	・京都地裁、ヘイトスピーチに対して、違法性を認める初めての判決
11月	2〜8日	・朴大統領、EU各地で「ドイツが過去の過ちに建設的な態度を見せ実現した欧州連合（EU）統合を、日本は見習ってほしい」（仏紙フィガロのインタビュー）、「慰安婦問題で一部指導者が苦痛を受けた方々を侮辱する状況で（会談しても）何も得られない」（英BBCのインタビュー）、「日本には後ろ向きの政治家がいる」「歴史問題についての（日本の）認識が『問題にはならない。間違いだったというのか』というものなら（日韓首脳）会談でどんな結果が出るのか。両国関係はより悪化するのではないか」（ベルギーの首都ブリュッセルでの会見）と発言
	19日	・菅官房長官、韓国が中国に対し安重根に関する石碑を設置するよう求めていることについて「わが国は安重根については犯罪者だと韓国政府にこれまでも伝えている」と発言。韓国外交部は抗議
	29〜30日	・日韓・韓日議員連盟の合同総会（東京）

〈年表〉日韓関係をめぐる主な動き

2012年		
5月	13日	・野田佳彦首相と李明博大統領が首脳会談（北京）
8月	10日	・李大統領が竹島を訪問、駐韓日本大使が一時帰国
	14日	・李大統領、「（天皇陛下は）韓国を訪問したいのなら、独立運動で亡くなった方に真の謝罪を」と発言
12月	19日	・朴槿恵氏が大統領に当選
	26日	・安倍晋三氏が首相に就任
2013年		
1月	3日	・ソウル高裁、中国人靖国神社放火容疑者の日本引き渡しを認めない決定
2月	16日	・大田地裁、長崎県対馬市から韓国人窃盗団によって盗まれた仏像に対して、日本側が正当に取得したことが訴訟で確定するまで返還を差し止める判決
	22日	・島根県主催の「竹島の日」式典に日本政府代表が初出席
	25日	・朴槿恵氏が大統領に就任
3月	1日	・朴大統領、光復節演説で「加害者と被害者という歴史的立場は千年の歴史が流れても変えることはできない」と発言
4月	21日	・麻生太郎副総理が靖国神社参拝
	22日	・安倍首相、国会で村山談話に関して「そのまま継承しているわけではない」と答弁
	23日	・安倍首相、「侵略という定義については、これは学界的にも国際的にも定まっていない」と答弁
5月	7日	・朴大統領、『ワシントン・ポスト』のインタビューで「日本が過去の傷口を開き悪化させた」と言及 ・朴大統領、オバマ米大統領との会談で「北東アジアの平和のためには日本が正しい歴史認識を持たねばならない」と発言 ・安倍首相、ヘイトスピーチに関して「他国を誹謗中傷することでわれわれが優れているという認識を持つのは間違っている。日本の国旗が焼かれてもその国の国旗を焼くべきではない。それが私たちの誇りだ」と発言
	10日	・菅義偉官房長官、「安倍内閣として侵略の事実を否定したことは一度もない。（村山談話の）全体を引き継ぐ」と発言
	13日	・日本維新の会の橋下徹共同代表、「従軍慰安婦は必要」と発言
	15日	・朴大統領、メディア幹部との夕食会で、「日本は安全保障や経済で協力すべき重要な国なのに、度々傷をうずかせ、韓国国民を刺激している」と発言
6月	28日	・朴大統領、中国の習近平国家主席に安重根の記念碑建立を要請

第二章　分　析——日本と韓国のどこに問題があるのか

日本人の「嫌韓」が顕著に出た世論調査結果

小針　それでは、午後も話を続けたいと思います。小倉大使、お疲れのところありがとうございます。

小倉（和）　すみません、遅くなりまして。

小針　午前中（第一章）は、比較的大きい枠組みから、「韓国はどう変わってしまったのか」について論じました。午後は、先にもお話した最近の世論調査結果をまず紹介します。そのあとは、安倍—朴槿恵政権下で起こっていることなどを、あわせて論じていきたいと思います。

お手元にあるのは、直近に日韓両国で同時実施された二つの世論調査結果で特徴的なものを抜粋しました。ひとつは、先にも紹介した読売新聞社と韓国日報社が五月下旬に実施したものです（標本数は、日本が一〇一〇、韓国が一〇〇〇）。これは『読売新聞』二〇一四年六月七日付より作成しました。もうひとつは、言論ＮＰＯ（日本）と東アジア研究院（韓国）が五月下旬から六月下旬に実施したもの（日本が一〇一〇、韓国が一〇〇四）があります。これは言論ＮＰＯのホームページ「第二回日韓共同世論調査――日韓世論比較分析結果」（二〇一四年七月九日）から転載したものです。

まず、読売新聞・韓国日報調査のうち注目すべき結果を見てみましょう。

図3は「韓国（日本）を、信頼できると思いますか、信頼できないと思いますか」という設問に、「大いに信頼できる」、「多少は信頼できる」とそれぞれ答えた人の合計の推移です。**図4**は「韓国（日本）に、親しみを感じますか、感じませんか」という設問に「感じる」と答えた人の推移です。この二つからは日本人の韓国への「信頼」と「親しみ」が急速に悪化したことがわかります。**図5**は「現在の日本と韓国の関係は、良いと思いますか、悪いと思いますか」という設問に、「どちらかといえば悪い」、「非常に悪い」とそれぞれ答えた人の合計の推移です。日本人の両国関係への「悪い」という現状評価が、二〇一一年まで韓国人の半分以下であったのに、二〇一三年には韓国人と同程度になったことを意味します。**図6**は上段が「日本と韓国の関係を、改善すべきだと思いますか、改善する必要はないと思いますか」という設問、下段が「今後の日韓関係について、次の二つの意見のうち、あなたの考えに近い方を選んで下さい」という設問への、それぞれの回答です。ここか

図3　「(相手国は)信頼できる」の推移(調査年月基準)

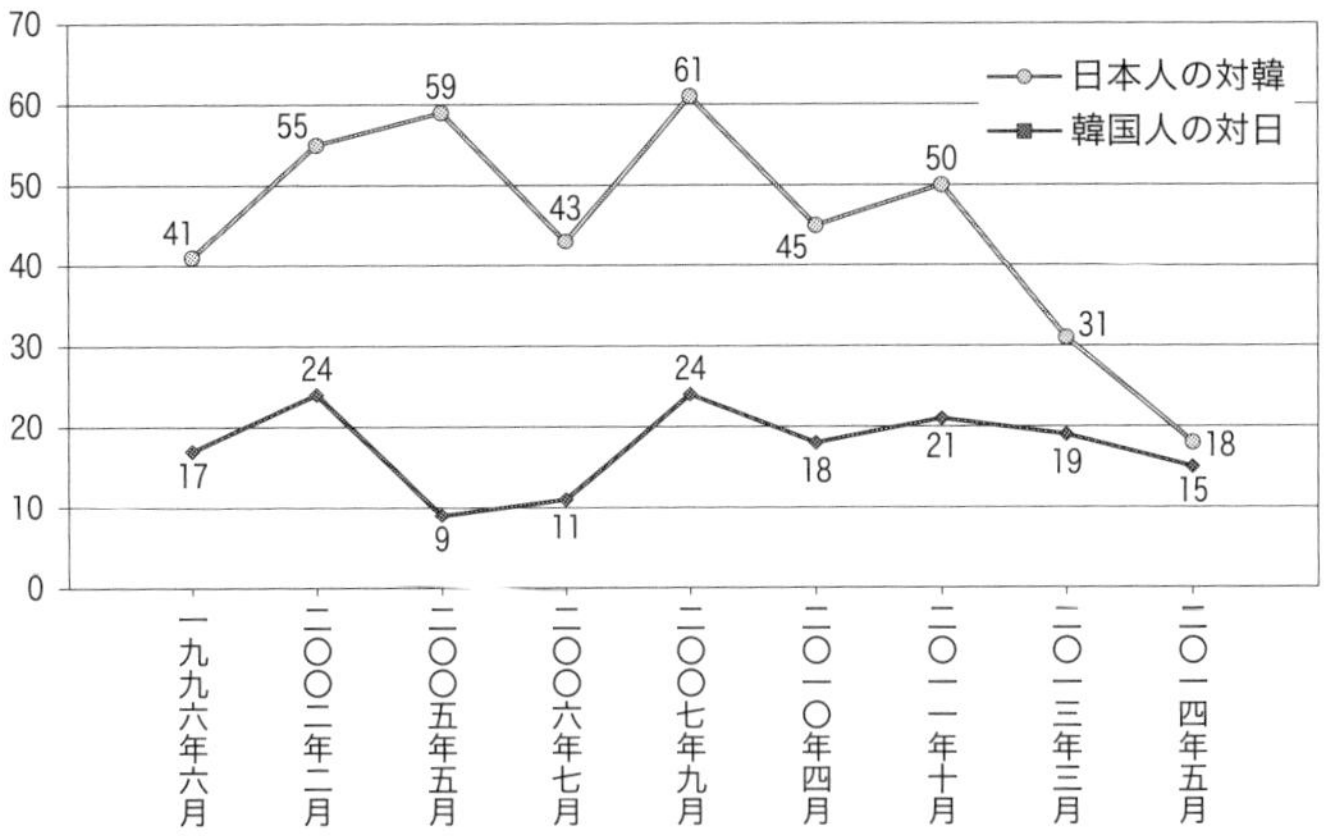

出所　『読売新聞』2014年6月7日付など各年より小針作成。

図4　「相手国に親しみがある」の推移

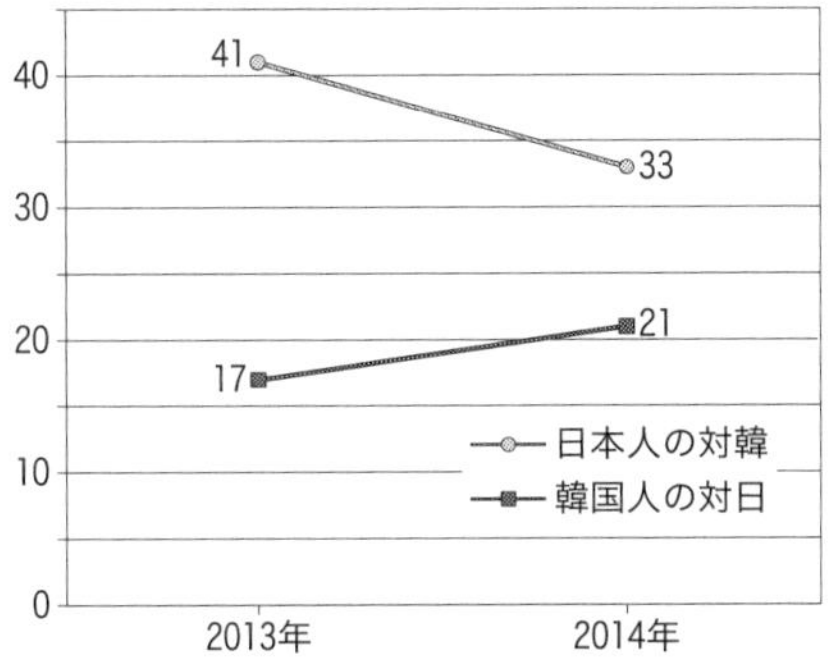

出所　図3に同じ。

図5　「両国関係は悪い」の推移

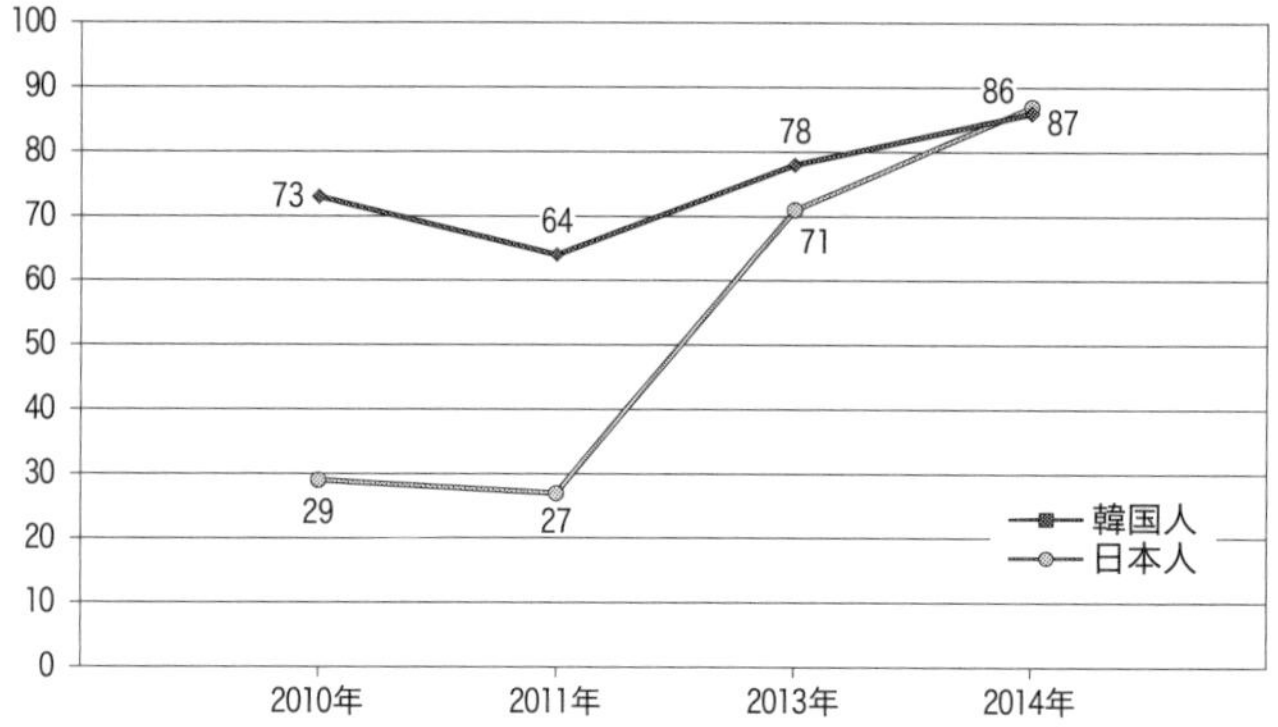

出所　図3に同じ。

図6　両国関係の改善について

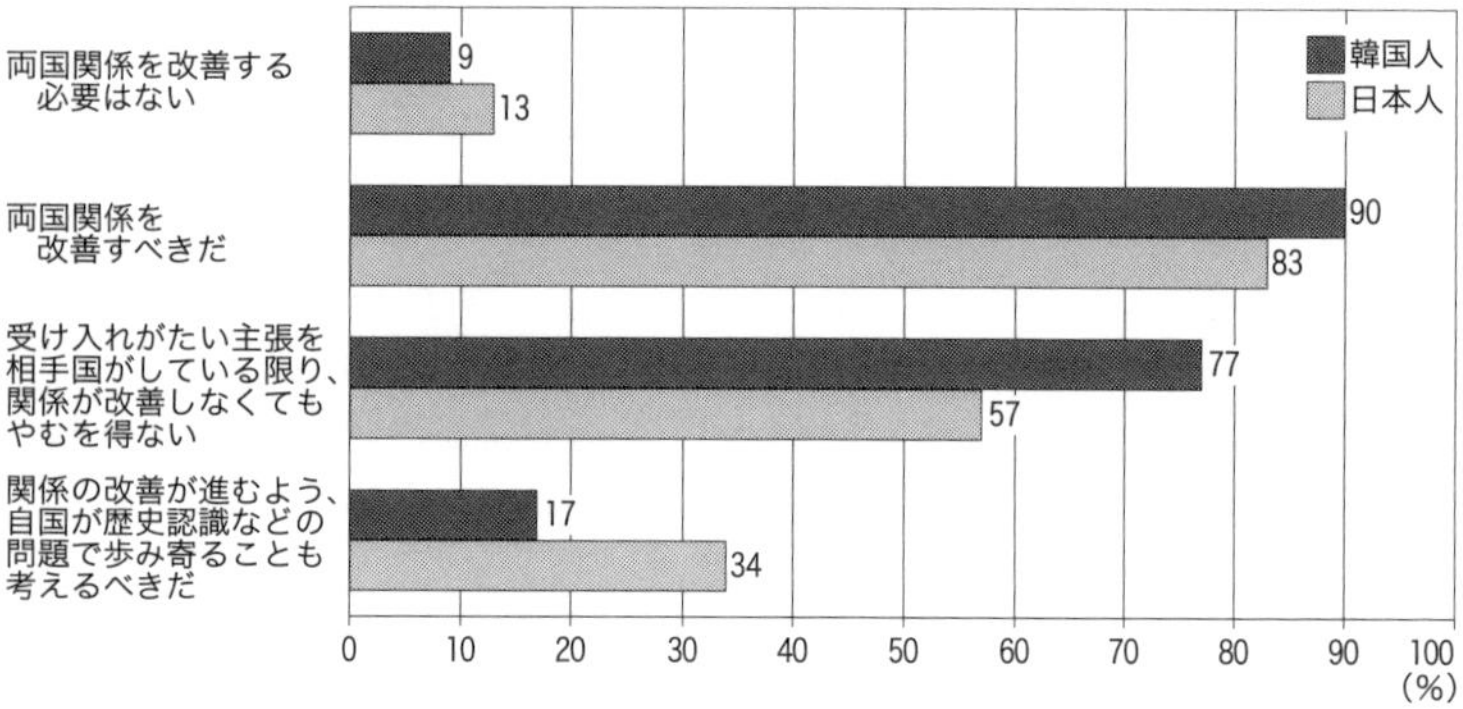

出所　図3に同じ。

図7　両国首脳の姿勢について

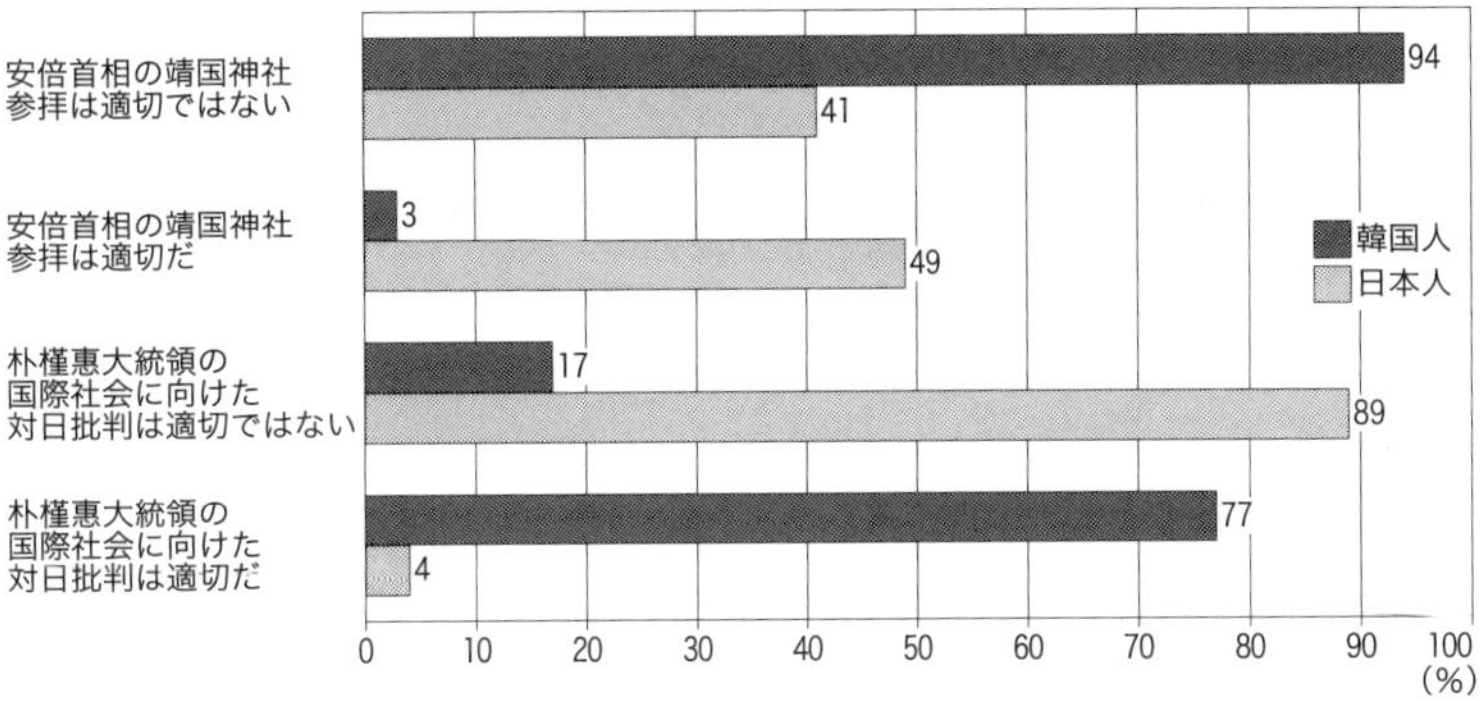

出所　図3に同じ。

らは日韓ともに両国関係改善の必要性を大多数が認めている一方で、「受け入れがたい主張を相手国がしている限り、関係が改善しなくてもやむを得ない」という現実認識でも同じであることがわかります。**図7**は上段が「昨年十二月に、安倍首相が靖国神社を参拝したことは、適切だったと思いますか、適切でなかったと思いますか」という設問、下段が「朴槿恵大統領が、歴史認識をめぐる問題で、国際社会に向けて、日本に対する批判を繰り返したことは、適切だったと思いますか、適切でなかったと思いますか」という設問への、それぞれ答えです。相手国の首脳の行動に対する強い不信感の存在が表れています。**図8**は「いわゆる従軍慰安婦問題で、『おわびと反省の気持ち』を表明した一九九三年の河野官房長官談話について、安倍首相は、見直さずに引き継ぐ方針です。首相の方針は、適切だと思いますか、適切でないと思いますか」と「日本政府は、靖国神社に代わる無宗教の戦没者の追悼施設を、作った方がよいと思いますか、

図8　河野談話と靖国神社について

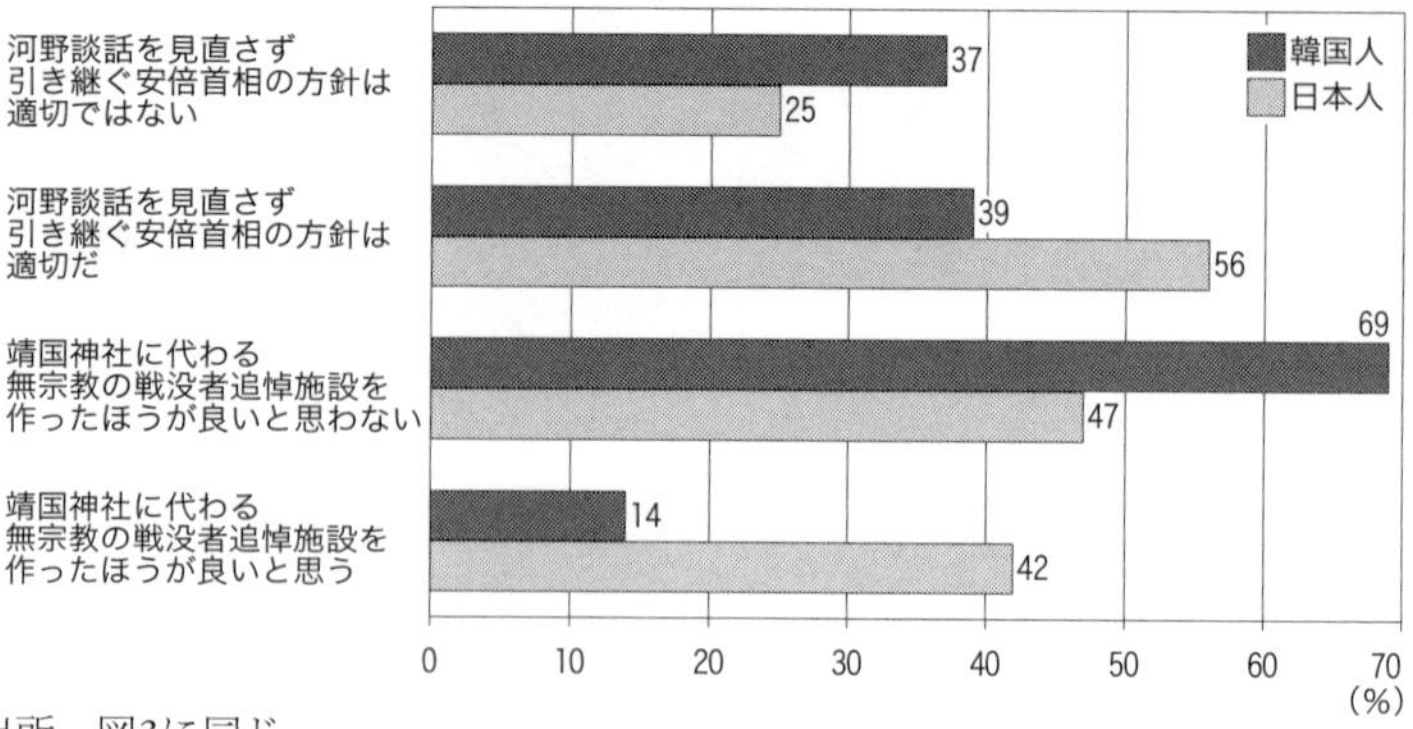

出所　図3に同じ。

図9　良くない印象を持っている理由

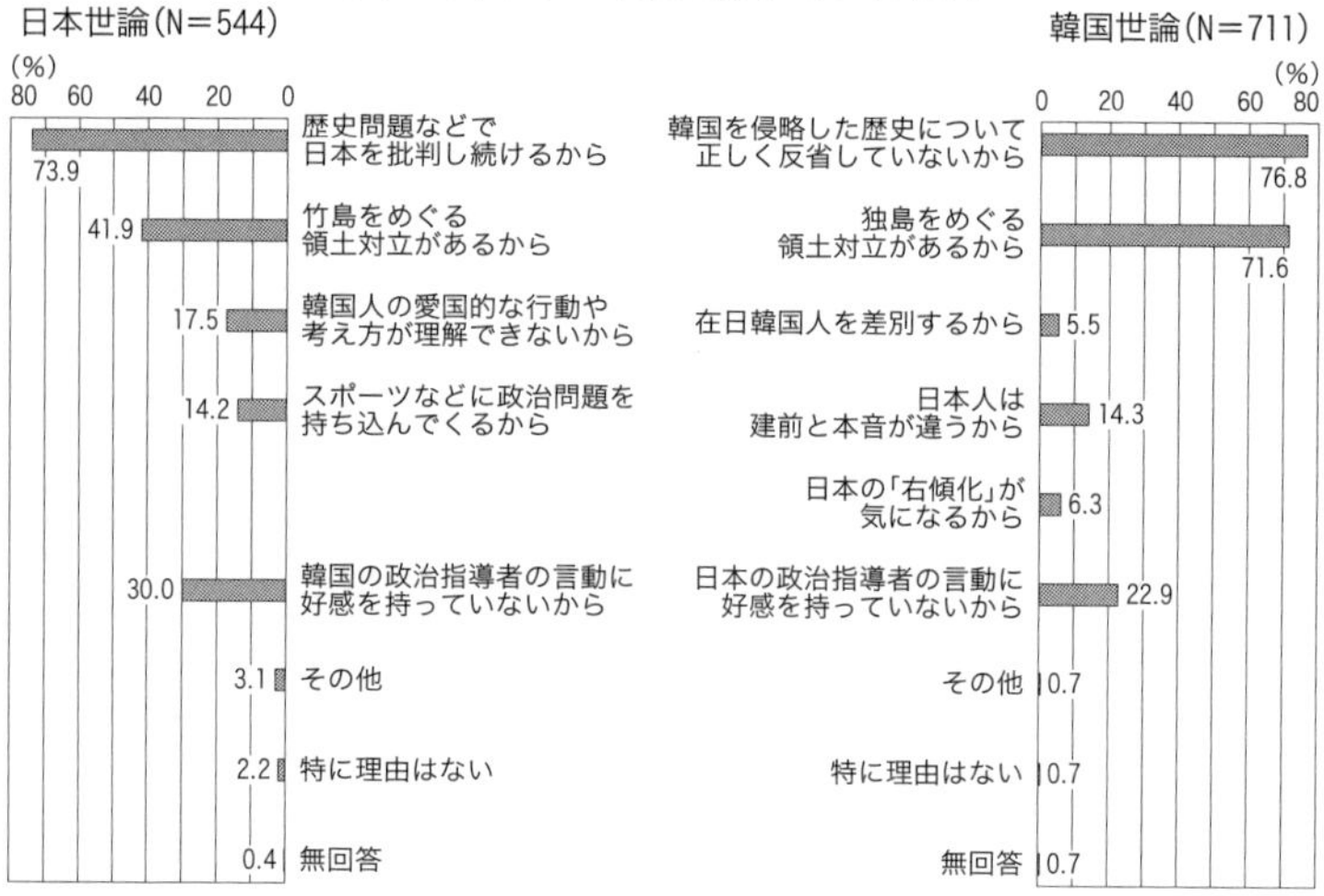

出所　言論NPOホームページ「日韓共同世論調査　日韓世論比較分析結果」（2014年7月9日）より転載。

図10　相手国の社会・政治体制は

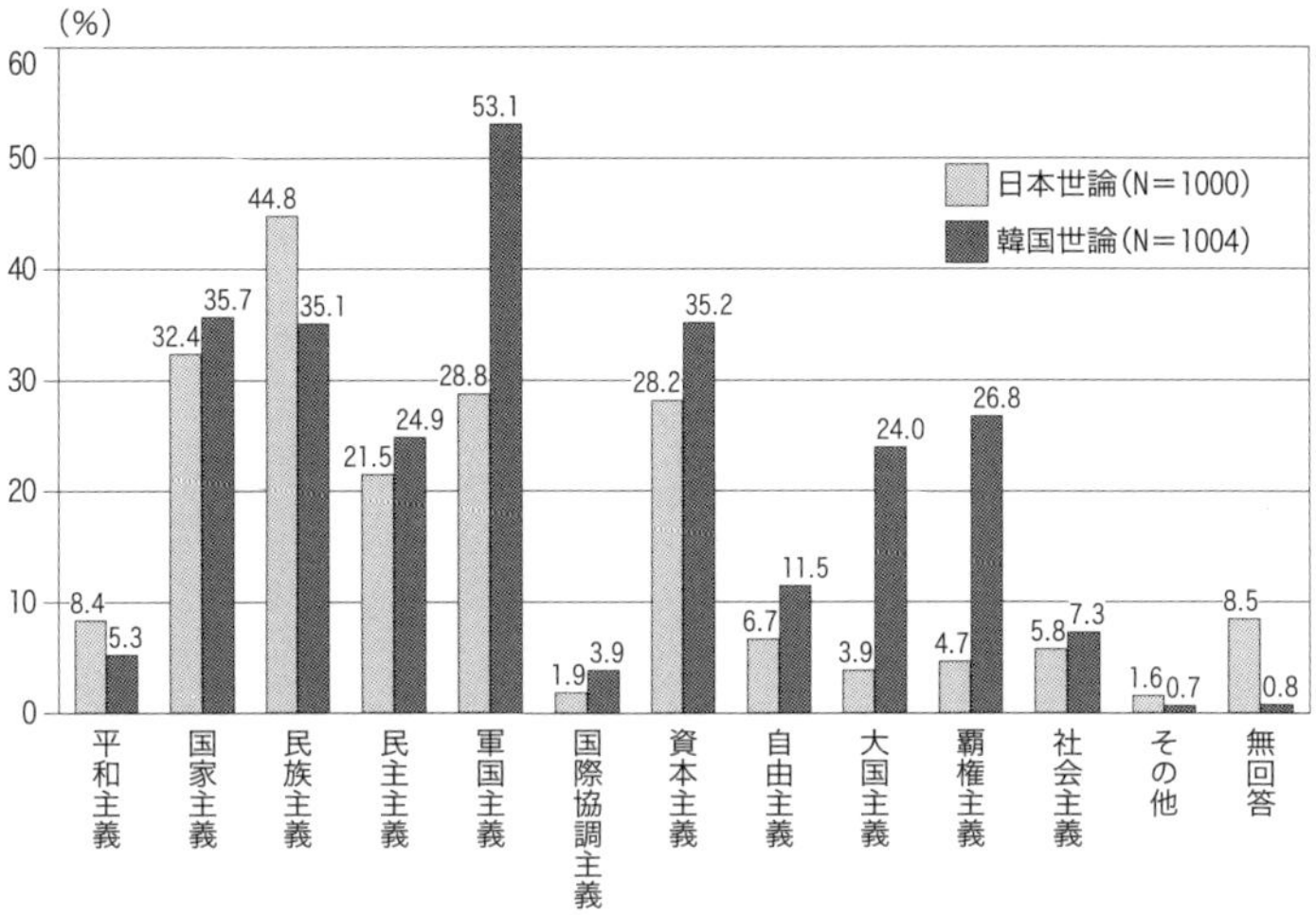

出所　図9に同じ。

そうは思いませんか」というそれぞれの設問への回答です。韓国調査のほうだけを注目すると、韓国メディアの多くが主張する意見――つまり、「河野談話の見直し反対」、「無宗教追悼施設の建立賛成」――とは逆の結果が、韓国人の回答から読み取れ、回答者が問題の意味を理解していないか、日本政府あるいは安倍首相の政策ならば無条件で否定的に反応した可能性もあるでしょう。

次に、言論ＮＰＯと東アジア研究院による調査のうち注目すべき結果を見てみましょう。

図9からは歴史問題が相互の悪印象となっていることを裏付けるもので、韓国人のほうが日本人よりも領土問題に敏感であり、日本人の三人に一人が韓国の政治家の発言を気にしていることも理解できます。相手国の社会・政治体制をどう見ているかを問うた**図10**から

は、韓国人が日本を「軍国主義」、日本人が韓国を「民族主義」と、それぞれ第一に認識していることが目を引きます。

小倉(紀)　一番左は平和ですか。

小針　はい、平和主義ですね。左から平和主義、国家主義、民族主義、民主主義、軍国主義、国際協調主義、資本主義、自由主義、大国主義、覇権主義、社会主義……という順で図が作ってあります。**図11**からは日韓ともに両国関係の重要性を認める人が多数派であるものの、日本人の場合、二〇一四年の数値が二〇一三年よりも一四ポイントも下落している点を注目すべきでしょう。**図12**は日韓ともに首脳会談の必要性を認める人が多数派であっても、日本人のほうが韓国人よりも一〇ポイント程度、低い数値が出ています。いずれも嫌韓感情が昨今増していることを裏付けるものと言えます。**図13**からは相手国の最高指導者に対するイメージがあまりにも悪いことが浮き彫りとなった結果ですね。**図14**は、韓国では日本へ「行きたい」が「行きたくない」の二倍となったものの、日本では韓国へ「行きたい」と「行きたくない」が拮抗しており、対照的な結果となりました。**図15**では、「民間交流の重要性」を日韓ともに七〇%以上が認めておりまして、意外に高い数値となっているなあと思いました。**図16**からは、歴史問題の解決が両国関係の必要条件だと思っている人が韓国のほうが多いことが読みとれます。

長々と説明させて頂きましたが、これから議論する際の材料として頂きたいと思います。いずれの調査も残念ながら私が関与したものではございませんが、小倉大使は関係されたと聞いておりま

図11　日韓関係は現在重要か

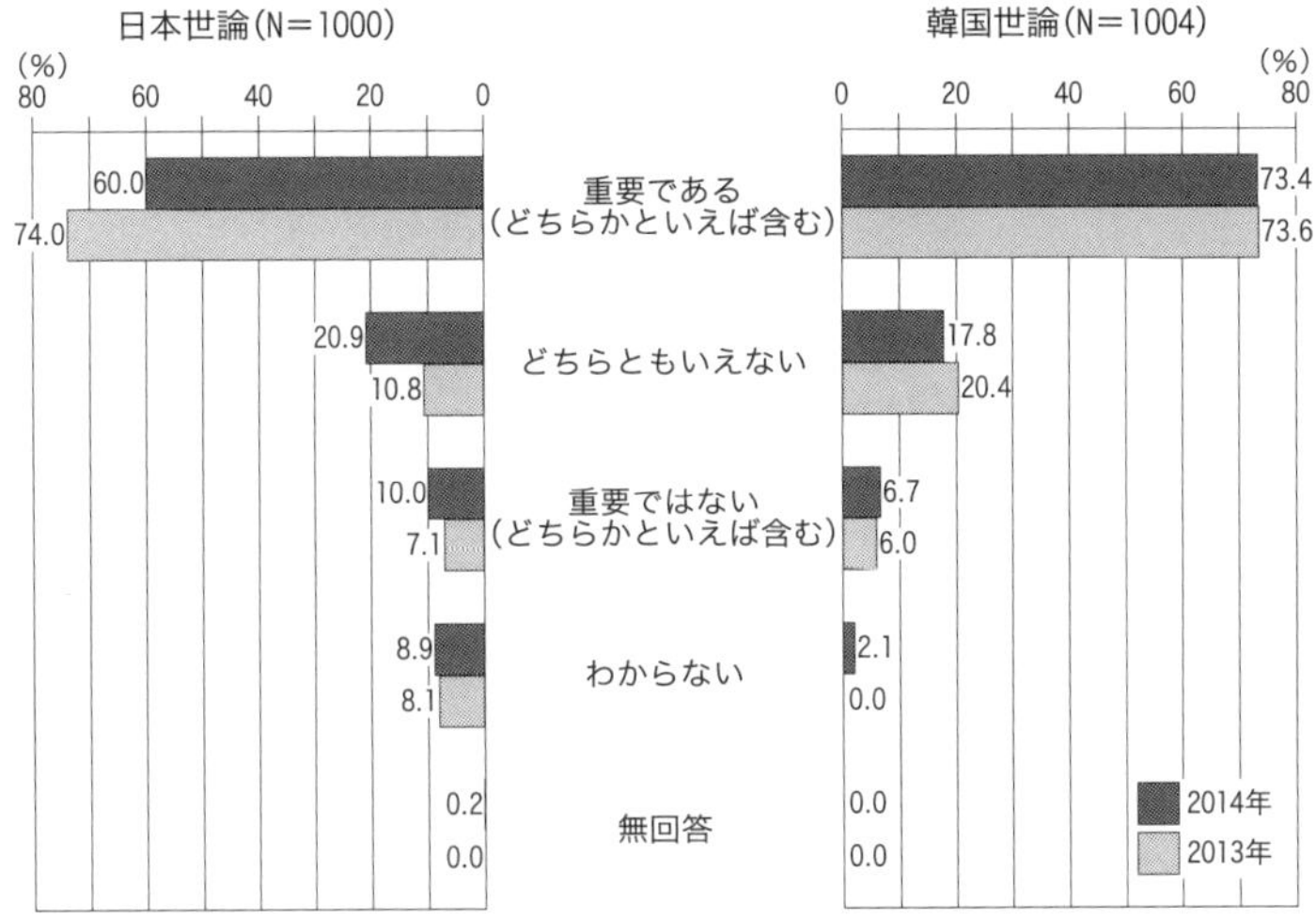

出所　図9に同じ。

図12　首脳会談の必要性

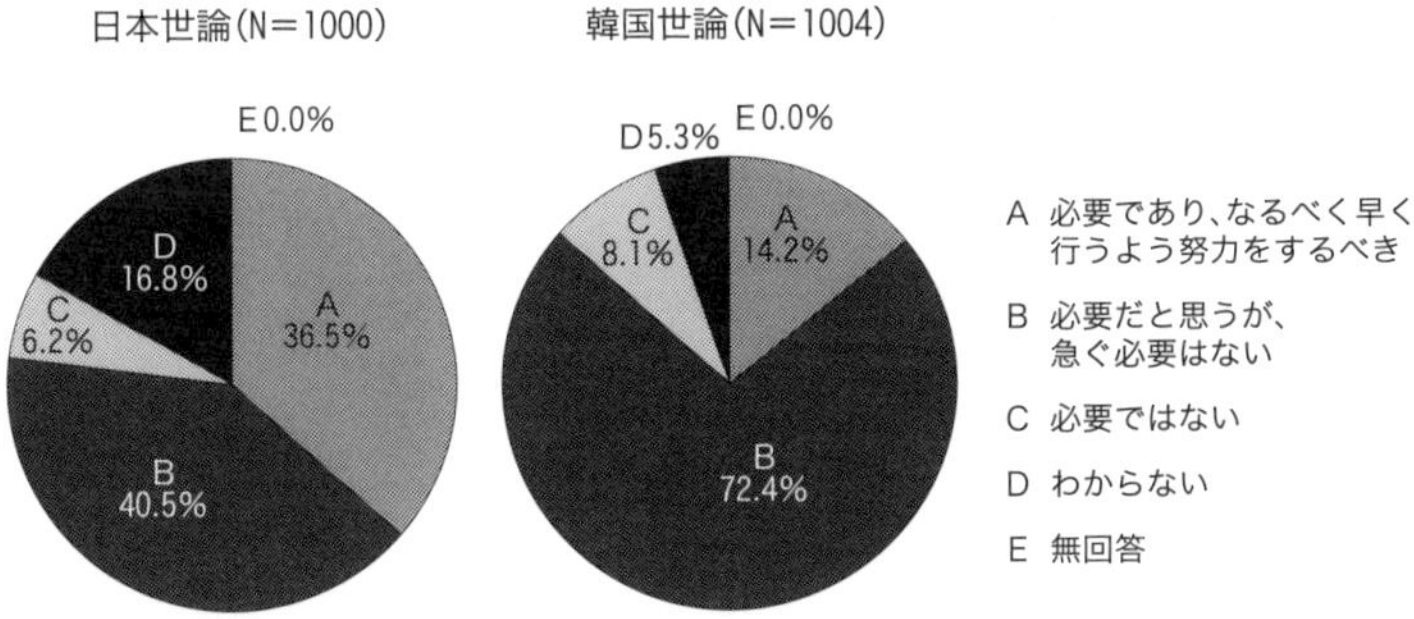

出所　図9に同じ。

図13　相手国首脳に対する印象

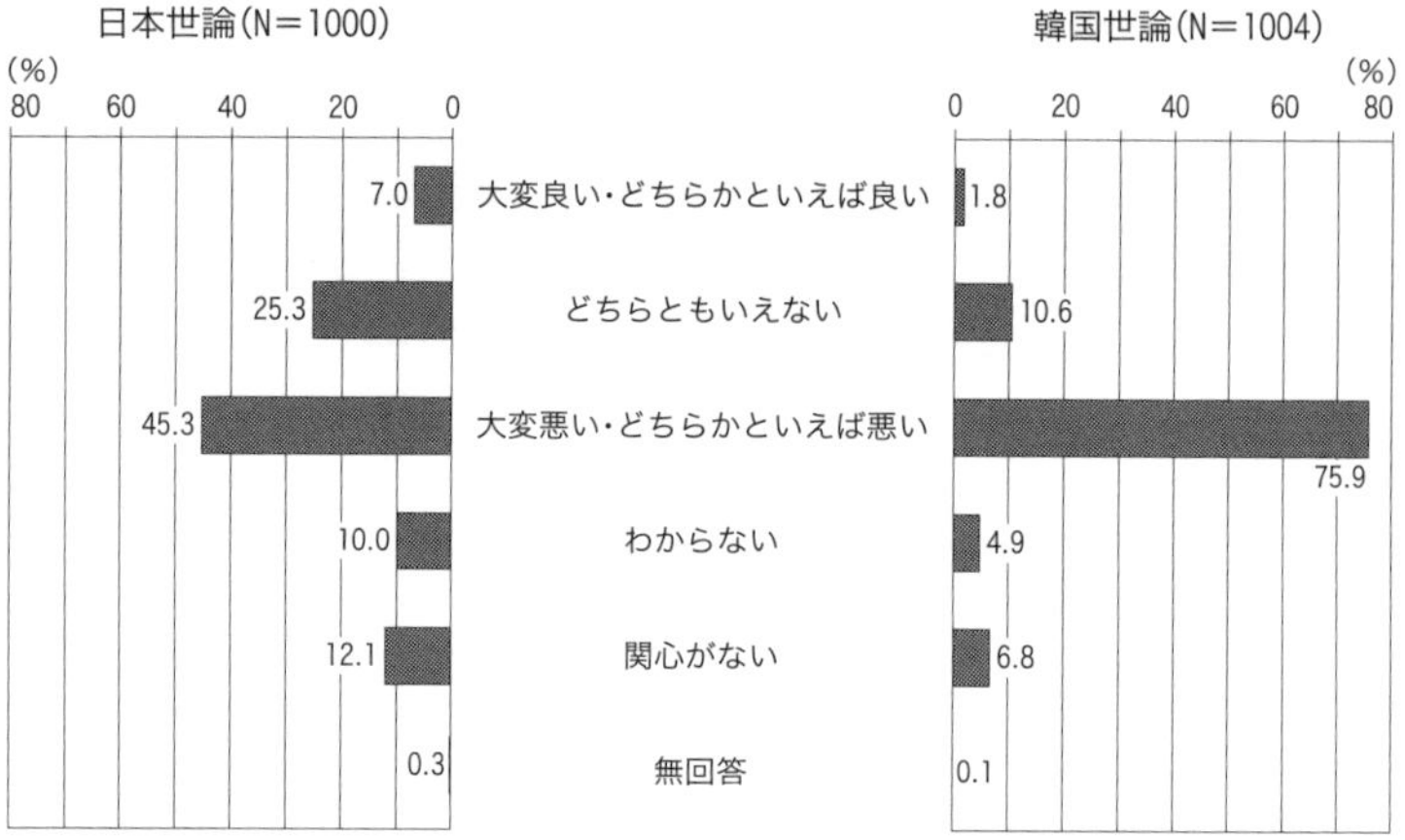

出所　図9に同じ。

図14　相手国へ行きたいか

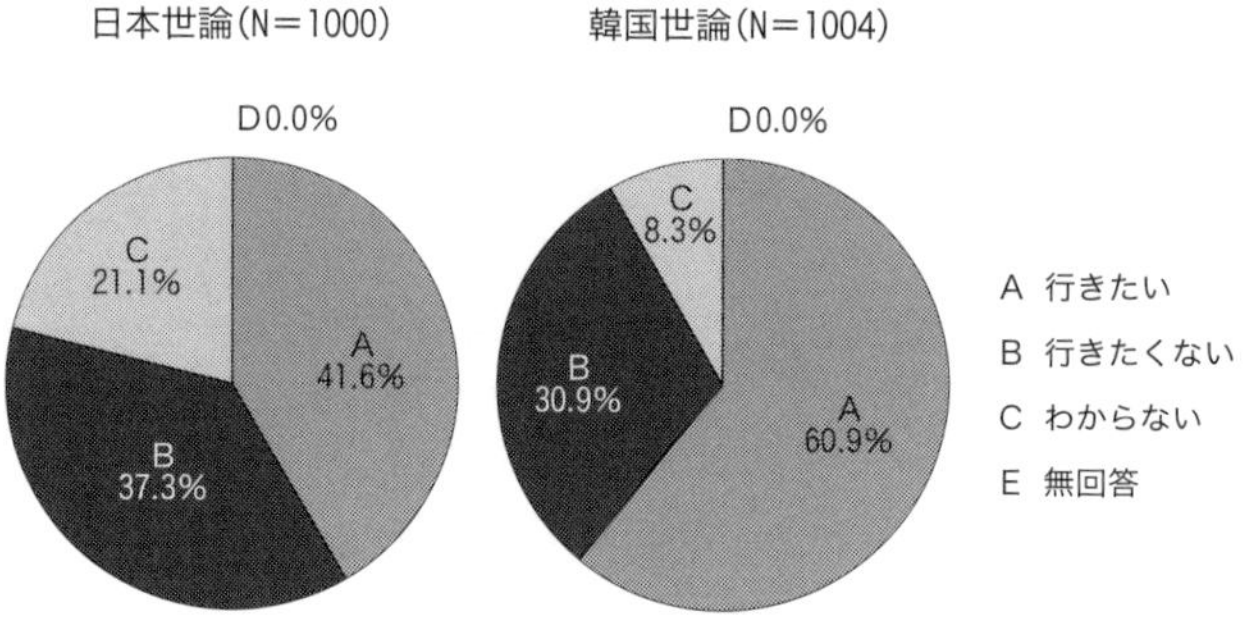

出所　図9に同じ。

図15　民間交流の重要性

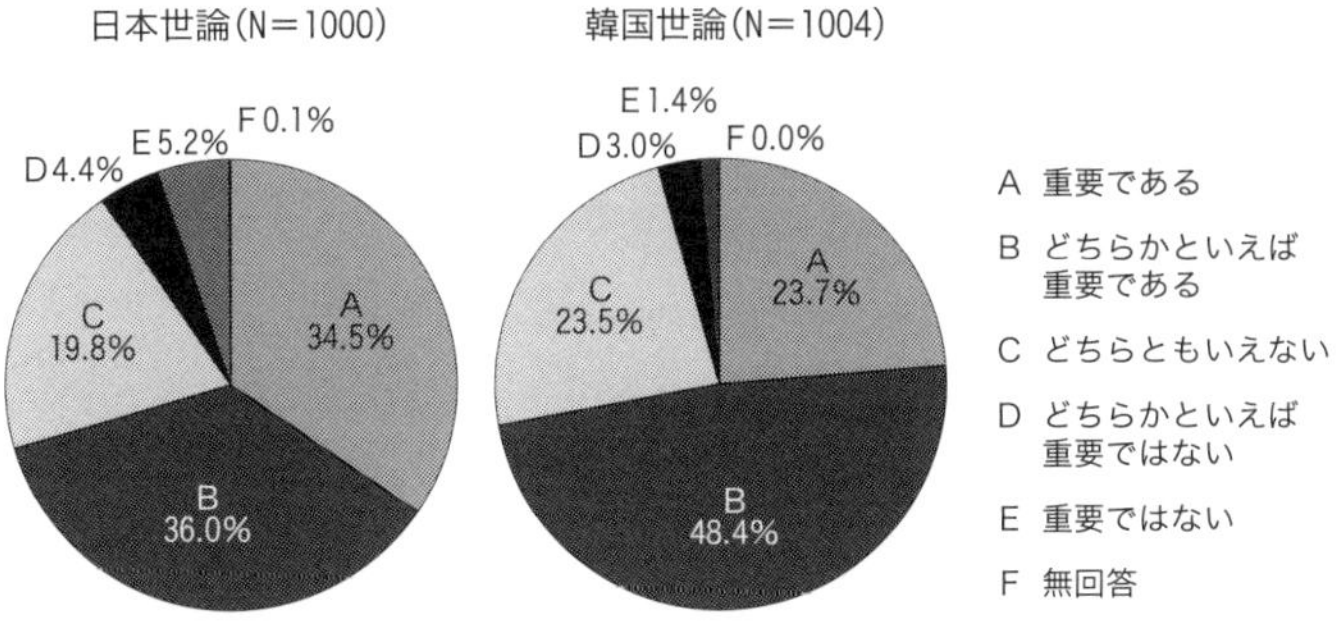

出所　図9に同じ。

図16　日韓関係と歴史問題

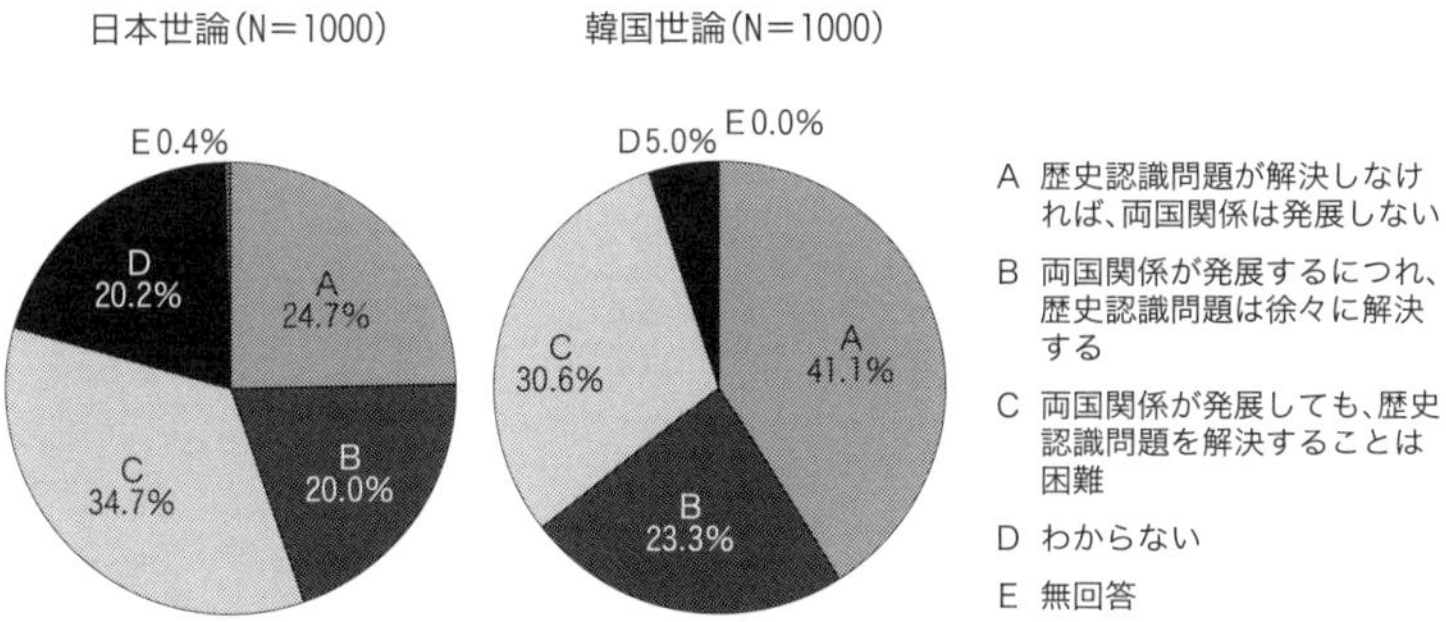

出所　図9に同じ。

す。昨日ソウルで体験されたことを含めて、小倉和夫さんから一言お願いします。

パーセプションが後退しても関係の実態は悪くない

小倉(和)　ありがとうございます。私もたまたまこの『読売新聞』の世論調査のコメントも求められましたので、詳細に読ませていただきました。言論ＮＰＯの調査結果も詳細に読みました。僕はいま小針先生が言われたことに同じような印象を大体持ちました。最大の問題は、やはり日本の対韓感情が悪化していることと、それを果たして韓国側は本当にシリアスな問題として見ているのかということが、韓国の友人として考えれば最大の問題ではないかと思います。

他方、この世論調査を見たり分析したりするときに考えなくてはいけないのは、実態とパーセプションの違いですね。日韓関係の実態と、日韓関係についてどう思うか、それをどう感じているかは別だということですね。これをよく間違う人が多いので。日韓関係の実態は、決して悪くなってばかりではないと私は思うのです。もちろん政治外交関係は悪くなっているといえば悪くなっているのですが、政治外交関係といってもリーダーが会う頻度とか、外交の対話の広がりとか、深さとか、相互の信頼関係とか、そういうことを全部含めて見ますと悪くなっていることは事実で、実態が悪いことは事実ですが、しかし、いろんな対話の広がりがないということでもない面も無視してはいけない。けれども全体として見ると政治的関係は悪くなっていると考えていいと思うのです。

ただ、経済関係から見れば、ご承知のとおり貿易は十兆円の規模になっているし、韓国の対日投資などは大体この五〜六年で四〜五倍くらいになっていると思います。七億ドルぐらいになっていますから。観光などの人の往来も、五百万人以上です。そういう意味で文化とかスポーツ、そして韓国のテレビドラマは相変わらず毎日やっていますし、J－POPも、ゴルフも野球も、韓国人が日本で活躍しているわけです。日韓関係の実態がどうなっているかをみんなわかった上で物事を言っているのかどうかにつきましては、ちょっと私は疑問があって、やはり、実態とパーセプションを分けないといけません。パーセプションが政治に影響する、世論に影響することは非常に大事なので、実態がいいからまあいいんだとばかり言ってられませんし、また政治外交関係に確かに非常に深刻な事態が起こっていることはわかりますが、政治外交関係が全てを動かしているわけではない。そこのところは、ちょっと韓国側のペースに引きずられ過ぎているのではないかと思います。政治の占める意味が、日本と韓国では違うということに目を向けるべきです。ですからパーセプションが悪いというのは事実ですが、実態の面に目を向けないといけないと思っています。事実、経済面では、ガーナとか豪州、ミャンマーで、日

韓の経済人が共同でいろいろなことをやっていますから、そういう面は無視できないと思うのですね。

第二は、この世論調査を見るときによく考えなくてはいけないのは、相関関係と因果関係は別だということですね。ここを間違う人が非常に多くて、相関関係があるから因果関係だと思い込む人があるのですが、相関関係があるからそれが因果関係になっているというわけではないのです。例えば日韓に悪感情があるとか、日韓関係がよくないということと、両首脳が話をしないし政治的な緊張もあること――この二つの間に相関関係があるとしても、それのどちらかが原因であり、結果であるというわけでは必ずしもないかもしれないのです。

どういう意味かというと、いま私は、東アジアで起こっていることはパワーシフトといいますか、メガシフトといいますか、力関係の大きな変化です。市民の一人一人がそれを感じ取っているわけでは必ずしもないと思うのですが、それは間接的に国民感情に影響している。ですから、個人個人の理由から自殺する人の数がふえるわけではなくて、社会的な現象として自殺する人がふえるように、東アジアにおけるパワーシフトが背景にある、すなわち、パワーシフトが個々人の意識をこえて人々に影響していると私は思うのですが、国民感情の問題と関係悪化の問題をすぐ結びつけて、それは相関関係があるのは事実としても、本当に因果関係があるのか、よほど慎重に考えないといけない。相関関係と因果関係は分けて考える必要があると私は思っております。

もう一つは、この世論調査の中で、小針先生も指摘されましたけれども、非常にポジティブな面もあるのですね。私が特に非常にポジティブな面だと思ったのは、韓国人の日本人に対しての見方です。それは言論NPOの統計の中にあるのですけれども、日本人に対してどういう印象を持っているかというときに、日本人は親切だと、それから日本人は勤勉であるとか、そういうポジティブな評価は非常に高いのですね。

小針　すみません、ここでは取り上げませんでしたが、そのような調査結果もあるんですね。そうですね、はい。

小倉(和)　ところが日本人に韓国人の性格をどう思いますかと聞くと、みんなよくわからないというような回答が多くて、あまり韓国人についてポジティブな評価はないのですね。何を私が申し上げたいかというと、韓国人は「日本」を嫌いなのですが、しかし、みんな「日本人」のよさを認めているのですね。ですから、日本人と日本というのをある程度無意識のうちに区別している。ところが日本人は、韓国人のことをよくわからないから、韓国という国と韓国人をごちゃまぜにしてしまう傾向があるのですね。しかし韓国人と韓国は別であって、韓国人は、そこのところをよくわかっているのではないかという気もちょっとしたのですが。何でこんなことを申し上げるかというと、この世論調査のポジティブな側面も大事だと思うからです。

それからもう一つポジティブな側面は、日韓経済関係はもうライバルではなくて、お互いに提携、共同してやる関係だという側面ですね。これは今度の世論調査で、非常に前に出ていますね。今まではは、むしろ相手国の経済発展は他者にとって脅威ではないかということを言う人が多かったので

私と韓国——心の韓国、韓国の心——小倉和夫

四十年程前のことだが、日劇で行われた「韓国伝統芸能の夕べ」の演目の一つにパンソリがあった。白衣と黒い帽子をつけた男が打つ太鼓にあわせてチマチョゴリの女性が歌う歌曲。時にはすすり泣き、時には怒り叫び、時には爆笑をさそう、歌と語り。その独特のリズムと庶民的な哀歓に心打たれた。

一九九七年、韓国に赴任するにあたって、韓国を知的な次元だけではなく、感性で理解するための一助として、パンソリを習うことにした。テキストもなく、楽譜もない上、俗語や古語の豊富なパンソリの習得は、その独特な声の出し方とあいまって困難を極めた。

ある日、大使館で仕事をしていると、窓の外から、パンソリの歌と太鼓が聞こえる。「春香伝」の有名な箇所——妓生を母にもつ春香が、非道な役人のいうことを聞かないために牢獄につながれ、髪を振り乱しながら、愛しい恋人に思いをはせて叫ぶ箇所——の一節だ。窓からそっとうかがうと、何と、慰安婦のデモ隊の人たちだ。日本大使がパンソリを習っていることを知ってか知らずか、実に「粋なこと」をやるデモ隊だと苦笑したが、同時に、韓国の人々の心の奥にひそむ「恨」(ハン)を本当に理解するには、あの人達と一緒にパンソリを歌うことも必要かもしれないと思った瞬間だった。そして、いよいよ韓国を離れる際の送別会の席上、韓国有数のパンソリの歌い手と一緒に、「春香伝」の、その有名な部分を合唱した。そこには、哀惜と反抗と恨み、そして、いくばくかのやるせなさや訴えもこもっているように思えたものだった。

すけれど、今回の世論調査では、お互いの経済発展は、お互いにとって相互利益になると考える人のパーセントが上がっているのです。これは非常にいいことであって、経済的なライバル関係から、むしろ共生、共同の関係にしようという世論の動きだと思うのです。

もう一ついい面は、今度の世論調査をよく見ると、ちょっと小針さんが触れられましたが、日本人が韓国の文化に対して持っている関心は非常に高いですね。日本人が韓国の文化に対して、本当に理解しようと思っているかどうかは別ですが、文化に対する関心は非常に高い。これは、やはり非常にいいことではないかと思うのです。韓国人の日本に対する関心は、文学とか映画とかどれをとっても二〇%ぐらいでそんなに高くないですけれども、日本人の場合はある場合で五〇%を超えています。これは質問の仕方にもよるのでしょうが、こうした世論調査のポジティブな面にも目を向けるべきではないかと思っております。

先ほどのパワーシフトの影響の問題、これはまた後ほどいろいろ御議論もあるでしょうからそのときにお話しするとして、私がとりあえずこの世論調査について感じていることを申し上げると、そんなところです。

小針　ありがとうございます。いま実態とパーセプションというお話があったんですけれども、午前中の議論の中で韓国がなぜ変わったとかという部分、例えば黒田さんが取り上げてくれた話の中で言うと、前までは韓国政府が、日韓関係はそうは言っても大事なんだと言って、落としどころみたいなことが常に念頭にあったという話がありました。ところが、今は落としどころがないと。

恐らく先ほど出たロッテホテルでの自衛隊行事の突然の拒否なんかも、何らかの形で韓国政府が介入したのならば中止はなかったかもしれません。そうすると実態もやはり悪くなっている部分もあるんじゃないかなという気もします。まず、個別的な実態をどう見るか、特に首脳同士の関係なんかも、黒田さんや若宮さんにお話をいただきたいと思います。

それからあともう一つは、先ほど日本と日本人という区別を小倉大使がされたのですけれども、私も量的調査をすると、韓国人が持つイメージとして低く出る順番は「日本」、「日本人」、「日本文化」です。つまり、「日本文化」はすごく高い評価が出るようなデータとなることがあります。午前中はどちらかというと、思想や思考といったことも入っていましたけれども、基本的には政治・外交面で韓国は変わった、変わらなかったという話をしていましたので、様々な側面から見る必要があるのではないかと思います。ただいまの小倉大使の話を受けて一言、二言お願いします。

客観的でなく「べき論」で日本を見る韓国人

小倉(紀)　今おっしゃった、日本よりも韓国の方がちゃんと見ている、つまり日本国と日本人を区別しているとおっしゃったんですけど、私はちょっとそれに対して違う考えを持っています。韓国の場合はやはり国是というか、国の根本があって、それを守りたいという意識、つまりこれは抗日ですね。あるいは克日、日本を克服すると言ってもいいかもしれないけれども、それと実態がかなり乖離していて、それが表れているんじゃないかなと思うんです。例えばこのＮＰＯの**図10**のところ、日本が平和主義であるというのは低い。これは新しく出てきた認識ではなくて、昔からそうですけどね、自由主義も低い。つまり、平和でもないし自由でもない。国家主義であり、民族主義であり、軍国主義であり、そこが非常に高くなっているわけですけれども、これは昔から日本の実態を見ているのではなくて、日本をこう見たいという像にかなり影響されている。私の教え子が韓国の大学で勉強したりすると、政治外交史の授業でも、日本に憲法九条があることを教授は一切言わなかったということをよく聞きますから。要するに見たい日本、日本に対してはこういうふうに見なくてはいけないという枠組みがあって、それとは違う日本の文化や人の振る舞いは実態を見ているという、そういうことではないかという気がします。

それに比べると、日本はかなりそのギャップがなくて、李明博さんや朴槿恵さんが変なことを言ったりすると悪くなる。でもそうじゃないとよくなるという、かなりリアルに、正直に反映されていると思うんですよね。

小倉(和)　誤解がないように申し上げると、私はこの世論調査の結果としての意見を申し上げたので、この世論調査が本当に実態をどこまで反映しているかは難しい問題があります。ただ、世論調査の結果として見るとそういう点が出ているということです。

私の言っていることと小倉（紀）先生が言われたこととは必ずしも矛盾しないと思います。というのは、こういうことだと思うのです。韓国人にとって、日本という国を客観的に見ることは極めて難しいと思うのです。しかし日本人とつき合うことは韓国人もしょっちゅう機会があるわけですから。そうしているうちに、ああ、日本人というのは優しいなと思うことは、プロセスとして別にそれほど難しいことではないと思うのですね。日本という「国」に対しては、これはなかなかそう簡単にパーセプションを変えることはできない。それを客観的に見てくれというときに、実は最近行なわれたセミナーでもある韓国人が次のように言っていたのです。韓国人は日本を軍国主義だと言っているけれども、もっと客観的に見てもらわなくては困るということを日本人は言われる。そのとおりである。しかし韓国人は、客観的に見ることができないのだと言うのですね。なぜかというと、韓国は非常に深い傷跡を過去に持っている。傷跡を持っている人は、そもそも客観的に相手を見るということ自体が、夫婦関係でもそうですけど、なかなかできないのだと。そこに問題があるのだと。ですから客観的に見るべきであるというのはそのとおりだが、客観的に見ることができないその国民的な傷跡を、日本人がどこまで理解した上で話をするのかという点は、これまたちょっと次元が違う問題なのだということをある人が言っていました。その点を考えれば、私の言っていることと、いま小倉（紀）先生が言われたことは別に特に矛盾していることではないと思います。

若宮　『ムクゲノ花ガ咲キマシタ』という小説があったじゃないですか。あれは一九九三年で、金辰明という作家です。小倉さんが大使だったころじゃないですか。あらすじを説明すれば、南北朝鮮がひそかに核を共同開発して、「ムクゲノ花ガ咲キマシタ」というのを南北をつなぐ暗号にした。この暗号を交わして確認したら核を撃つと。それで初めて撃ったのが、あれは一九九〇年代末の設定ですね、日本が憲法改正して自衛隊が専守防衛でなくなっているんです。それで、自衛隊が竹島を取りに来る。竹島を占拠したというときに、「ムクゲノ花ガ咲キマシタ」の信号が交わされて、日本に向けて核を撃つ。ただし、本土ではなくて、本土を飛び越して無人島へ、どこか、南鳥島かなんかへ撃つんですね。それで、日本はもうびっくりして停戦を申し入れるという、こういうストーリーですよね。

僕は少し前に金辰明にインタビューしたんです。推理小説もどきのストーリーはなかなか面白いんですが、僕は基本的に荒唐無稽な小説ではないか、特に日本が武力で独島を取りに行くというのはいくら何でもないだろうと言ったんですね。ところが彼は、いやいや、二十年後にはそういうことになると、自信をもって言うんです。それはなぜかというと、あの小説を書いたのは二十年前だけど、あのころには全然考えられもしなかった状況に今なっているじゃないかと。あのころ日本の教科書にはなかった独島、竹島が最近はもう全ての教科書に出てきて「日本の固有の領土だ」と書いているじゃないか。軍事力は日本の方が強いから、こうやって教育していけば、力で取り返せとなる。憲法も改正して軍事力も強化すると言っているじゃないか。安倍さんはああいう状況じゃないか、と言うんですね。いくら反論しても、なかなか納得しなかった。

ところが一方で彼は、自分は反日じゃない、日本人は大好きだと言うわけですよ。日本にもしばしば行くけど非常に優しいし、道を聞いたって親切に教えてくれるし、何かと言えばごめんなさいと言う、こういう日本人はすばらしいと思っている。だけど、日本という国を、総体としては信用できない。なぜならと言って、彼は『皇太子妃拉致事件』という、雅子さまを誘拐してしまう刺激的な小説も書いてますが、あのテーマは閔妃暗殺のことです。閔妃をあれだけ惨殺し、しかも凌辱までして焼き殺したにもかかわらず、そのことを日本はちっとも反省どころか明らかにしないじゃないか。国民は何も知らないじゃないか、と責める。小説では誘拐された雅子様がその歴史に目覚めてしまうという展開のようですが、とにかく歴史に対する反省が見られないのはけしからん。そのことと個人として非常に優しい、いい人だというのは、別だと考えているんですね。

それで、確かに国家というものを客観視するのは難しい。今度の集団的自衛権の件でも、日本国内のメディアでさえ評価が真っ二つに分かれるわけですから、韓国から見て何が客観なのかは非常に難しいと思うんですね。ただでさえ古い傷がある。そうすると、例えば日本では集団的自衛権に関する批判にしても、今すぐ危険だというのではなく、蟻の一穴で危ないと書いているんだけど、韓国や中国からすれば昔の体験がオーバーラップするわけだから、いよいよ危ないと見えちゃう。客観視することの難しさかなと思いますね。

小針　日本人の韓国に対する見方は後でかなり時間をとりたいので、先に韓国人の日本に対する見方の話で言うと、黒田さんがこの前のコラム(『産経新聞』二〇一四年四月五日付)で、テレビ局の勉強会に出たときのお話を紹介していました。〈日本の反韓感情の実情を詳しく紹介した際、週刊誌などのいささか大げさな韓国たたきキャンペーンについて「あれは日ごろの韓国メディアの反日報道と似ていて、いわば日本の韓国化みたいで見苦しい」と〝自己批判〟したところ「日本の韓国化とはひどいじゃないですか」と叱られた。韓国のテレビは最近、日本の沖ノ鳥島での事故を「日本の領土野欲(野心)がついに大事故を引き起こしました!」と伝えていた。歴史がらみのニュースでは決まって「反省を知らない日本…」という修飾語がつく〉とお書きでしたよね。韓国のメディアはなぜそのように、基本として日本について非常に悪い修飾をつけるとか、そういう体質を持っているのでしょうか。

黒田 それは、小倉教授がおっしゃったことと同じだと思いますけどね。僕は以前から書いてきましたが、要するに「べき論」の国ですからね。歴史認識も、あるべき歴史認識ですからそうなっちゃうんです。

特に韓国における世論調査の場合、日本絡みでの回答はある種の建前論的な部分が相当ある。こういう質問に対してはこう答えなきゃいけないというのが、一つあると思いますね。いわば「反日条件反射」的なものがあるのと、もう一つは、日本における韓国情報と比べるとはるかに韓国内では日本情報は多様で日常的に無数に存在している。だから日本人に対する親近感であるとか、それこそ日本はやはり先進国であるとか、日本の物はいいとか、日本に学べ論というのは一方では相当昔からあって、今も続いているわけですよ。その両面が調査には出ていると思う。だから、肯定的に出ているところは本音ですが、否定的に出ているところは建前です。端的に言うとそう見ればいいと思いますね。

若宮 それが、黒田さんの言うところの「昼は反日、夜は親日」になるわけね。

日本で「嫌韓」を拡散させた韓国メディアの日常的「反日」

黒田　そうですね。後で話になると思うんですけど、僕は正直言って韓国の反日論とか、韓国における反日の動きよりも、日本での反韓の動きの方がはるかに関心があって、それはなぜかなと。たとえば、僕は韓国に生活しているんで韓国の中における反日、あるいは反日情報というのは日常の一局面にすぎないんですね。メディアにおいても部分です。だからある意味じゃ、ちょっと雑な言い方になるけど、またやっているのかとか相変わらずだなとか、だからコリア・ウォッチャーとか在韓日本人の我々は相当免疫ができているわけですね。だからどこかそんなに深刻に考えないところがあるんだけど、いま日本の方で韓国の反日現象を非常に深刻に受け取っているという面がある。昔はそんなに関心もなかったし気にしなかったと思うんですが、それが変わったんですね。

それはなぜかと考えたら、一つの背景はやっぱりメディア状況の変化、とくにネット時代ということがある。日本の世論が、新聞とか一般のテレビではないところでの韓国情報を多数入手するようになった。それは韓国のメディアが日本語バージョンで日本に送り込んでいるネタですよ。それをネタに、韓国は何だ、一年中反日をやっているじゃないかと。日本のやることなすことにイチャモンをつけ、いつも足を引っ張っていると。これが何で友好国か、こんな国と仲よくする必要はねえ、もう断交だと、こうなってますよね。韓国メディアの反日情報がもとになっているから、韓国にとっては自業自得だから、韓国に対しては少し反日報道というか、反日情報は自制してくれと僕はいつも思うんだけど、それがいま大量に日本社会に入って、それが反韓感情の大きな背景になっている。日本の反韓ムードがネットから始まったというのは、そのことを物語っているわけですね。ネット右翼という話にもつながりますが。

したがって日本人の反応は、その限りでは僕は正しいと思いますよ。僕ら韓国に三十年もいて、毎日、メディアを通じて、商売だから反日現象に接しているわけだけど、そういう免疫のない日本人からすると、これは何だと怒ると思いますよ。特に安倍以降はすごいですよ。あの韓国マスコミの安倍バッシングは異常ですよ。

それでそのメディアの日本観が特に韓国の場合、影響が大きいわけですが、その韓国メディアの影響が日本にもおよんで、皮肉な話ですが反韓状況の大きな背景になったのだと思う。

小倉(紀)　『マンガ嫌韓流』という漫画が二〇〇五年ぐらいに出てきて、あのころに彼らが語っていたのは、韓国に対する反感だけじゃなくて、日本のメディアに対する反感なんです。メディアを中心とするリベラルな勢力が戦後日本をつくってきて、その人たちがヘゲモニーを握ってきたことに対する反感。つまり日韓は仲よくしなくちゃいけない、日本は贖罪しなくちゃいけない、そういうことをずっと語ることによって自分たちの権力基盤を固めてきた。そして学歴も低くて、毎日汗水垂らして働いて、時給幾らで働いている人たちをそこに入れないで排除したまま、上空で日韓の良好な関係を唱えてきたメインストリームに対する反感。自分たちも中に入れろよと、発言させろよということだと、その嫌韓流の人たちははっきり言っています。これは、日本のヘゲモニーを握っている人たちに対する反感なんだと。

小針　「マスゴミ論」というやつですね。

小倉(紀)　ええ、マスゴミというやつですね。デンパとかマスゴミと言っているやつ。それはある程度合っていて、これまで日本のリベラルな人たちは、やっぱり韓国が理不尽な反日的なことを言うことに対して、こういう表現を使ったら韓国の人には大変失礼だけど、かなり大目に見るというか、まあそれは仕方ないな、傷跡があるんだし、我々もひどいことをしたんだから仕方がないな、という部分があった。相手の言っている論理を、おまえこれは間違っているじゃないかとまともに指摘しなかったということは確かにあると思うんですね。でも日本の三十代、四十代の人たちはそうじゃない。もうまともに、要するに彼らの言葉で言えばガチンコで対決するわけです。韓国人の歴史認識はどこが間違っているかということをね。その違いが、構造的に出てきていると思います。だからおっしゃるように、三十代、四十代の人の歴史認識は完全に間違っているというわけではないんですね。

小針　韓国メディアの『朝鮮日報』や『中央日報』が日本語サイト(電子版)をつくったのは二〇〇〇年頃からですけれども、そこに掲載された不正確な日本論やおかしな韓国社会ネタの記事が、いわゆる「嫌韓」のブログなどにコピー&ペーストされて、結果的に「嫌韓」が拡散された側面がありますす。したがって、もう二〇〇〇年代の初めぐらいから「嫌韓」のムードはあるわけですよ。

だからツールの問題としては、確かにインターネットの発達に伴って拡散してきた面があるわけですね。ただ、この一〜二年はもうインターネットだけじゃなくて、複数の有力な週刊誌メディアが毎週のようにかなり大きく「嫌韓」ネタを書いています。二〇一三年十月〜二〇一四年三月の間、ある夕刊紙でメイン見出しに「嫌韓」あるいは「嫌中」が登場した割合が七九・六％に達したという調査結果もあるそうです（『毎日新聞』二〇一四年七月十日付）。そうすると、「嫌韓」の質も大分違ってきているような気がしましてね。

週刊誌報道などから最近の日本人の「嫌韓」を分析してみると、韓国の司法判断をめぐって、これを「難癖」あるいは「無法」と受け止めて、異議申し立てをする記事が非常に多いですね。これまで韓国メディアが何を言っても、それをまともには相手にしなかったようなところがありました。ところが、具体的に申しあげると、元慰安婦問題で韓国政府が日本との間で解決努力をしていないのは違憲とした憲法裁判所判断（二〇一一年八月）、靖国神社への放火を認めた中国人容疑者を日本に引き渡さないことにしたソウル高裁決定（二〇一三年一月）、対馬から韓国人窃盗団によって盗まれた仏像に対して返還を差し止めた大田地裁判決（同年二月）、戦時中の韓国人元徴用工への賠償命令を日本企業へ下したソウル高裁判決（同七月）などですね。また、慰安婦の碑・像建立をめぐる海外での動き、日本海／東海呼称問題、韓国政府による福島など八県の水産物輸入禁止措置、「明治日本の産業革命遺産」の世界文化遺産推薦候補への韓国政府の反対表明などは、日本への「難癖」と受け止められています。

つまり、韓国が「民」（メディアなど）ばかりか「官」までが「無法」や「難癖」に抵触していると受け止められた点は、日本社会の法規範性に照らして、衝撃度が大きいのではないでしょうか。朴大統領の日本関係発言、「セウォル号」事件の「官フィア」が、さらにこれを助長したと、私は見ています。

黒田 そういうことは過去にもあったんだけど、そんなに日本の方で大きく報道しなかったし、あまり気にもしなかったということがあるんじゃないかな。

小倉（紀） だから見方によれば、日韓は体制を共有しているし、これからパートナーとしてやらなくちゃいけないといったときに、これほど法治がない、法治が徹底されていない、自分たちと価値観が全然違う、民主主義と資本主義は同じだと言っているけれどもやり方も全然違うということに対する拒否反応ですね。韓国を普通の日本人が知ってから十年ぐらいたったときにこの反応が強く出てきた。関心のない相手には拒否反応はありませんから、これから韓国をどのようにパートナーとしていくかという過程、プロセスなのかもしれないと理解することもできますよね。

黒田 一つ追加で、僕も同じような感じがあるんだけど、当初日本における嫌韓、反韓について韓国でもしょっちゅう質問された。「黒田さんはどう考える、日本の方が大変じゃない」と言うから、「それは韓国にとっての有名税だよ」と。だから日本の反韓ブームはあなた方にとってはうれしいことで、喜びなさいと。日本人が韓国に関心なくて、あんなケチなやろうとかどうでもいい相手と思っておれば反韓もありませんとね。したがって反韓ブームも韓流ブームの一環であり、反韓も韓流から発生したんだと言っているんです。やっぱり韓国の存在が大きく目に付くようになったから気になるし、しかも急に大きくなったわけだから、何だ、あいつらはというような、嫉妬もあるし、警戒心もある。そういう構造が一番大きな背景だと思う。韓国の存在が大きくなったせいだと思いますよ。

若宮 私も似たようなことをよく言うんです。日本人は中国を嫌いでも、ああいうヘイトスピーチみたいなのは、中国に対してはないわけですよ。幾つか理由はあるんでしょうけど、一つは韓流ブームの存在ですね。韓国が大きくなったというだけじゃなくて、ある種日本人の、ちょっとオーバーに言えば還流ドラマの俳優やK-POPのスターが日本人の憧れになっちゃった。BIGBANGだとか「東方神起」に始まる、女性なら「少女時代」とかいろいろあるけど、特に男の、ペ・ヨンジュンに始まる俳優、それからK-POPの男の、非常にソース顔の、イケメンの格好いい男。それがどんどんメディアに入ってくるということに、すごいカルチャーショックというか何というか。

黒田 韓国は意気揚々、意気軒昂なのに対し日本の方は停滞、沈滞感でしたから。隣の成金を見るような心理ですかね。

若宮 嫉妬ですね。昔は何だかんだ言って下に見ていたものが、いつの間にか日本の女たちが特にキャーキャー言っているということに、嫉妬がある。それは中国に対してはないわけです。いま黒田さんも言ったように、一方では日本のことをぼろくそに言われるのに何か日本人があこがれて留学生もふえちゃうしということへの、複雑な心理の裏返しではないか。

韓国に対する日本人の経済的な剝奪感

小倉(和) そう、僕は御両者のおっしゃっているとおりだと思います。やっぱりある種の、言葉は別にして相互依存関係が文化とかそういう面で非常に出てきているのですね。経済もそうです。同時に、日韓の相対的な力関係が変化しています。その両方が一緒に来ると、反感になるのです。アメリカの反日・嫌日がそうでした。日本が一九八〇年代に力が出てきた、同時に日米間の相互依存関係が非常に深まった。そのときに反日・嫌日の動きがありました。リビジョニストとよばれる人が出てきた。あのときも今と同じように、日本は価値観をシェアしていないではないかといわれました。あのときのアメリカの対日批判と、韓国についての今の批判は非常に似ているところがある。それはなぜそうなるかというと、相互依存関係がいろんな意味、広い意味で深まって、同時に相対的に力関係が変化したからです。そのときが、一番危ないのです。今おっしゃった点は、まさにそういうことが現れていると思いますね。

金子 中国では今も韓流ブームが高い状態で持続しています。中国人の韓流ブームが起きたのは、日本で「宮廷女官チャングムの誓い」がはやるよりもすこし前。大陸の中国人も、香港の広場に面した高層ビルの壁面スクリーンを見る香港人も、チャングムを食い入るように見ていた。今年春の全国人民代表大会でも、記者会見で韓流ドラマのスターに引っかけた質問がしょっちゅう出てくる。汚職摘発の責任者をしている王岐山という党中央規律検査委員会の書記が、昨年大ヒットした韓ドラ「星から来たあなた」を「毎日見ている」と言い、その魅力について「欧米のものまねでなく、伝統文化が背景にあるからだ」などと評論して、それがまたメディアで話題になるという状況です。

若宮 それはポジティブに出てくるわけですか。

金子 はい。習近平主席が訪韓したときも、同行した彭麗媛夫人が、「星から…」で主役のト・ミンジュン教授を演じたキム・ヒョンスについて「夫の若いころに似ている」と言ってのろけた。それも中国の新聞で大きく取り上げられた。キム・ヒョンスの恋人役のチョン・ジヒョンのCM効果で韓国製化粧品のシェアが中国市場で急拡大した。香港市場でも韓国製化粧品のシェアが日本製を抜いて一位になった。韓流ブームは続いている。なぜかというと、中国側には韓国に対する歴史的な宗主国意識がある分、心理的余裕があるのでしょう。その点が対日関係と違う。

小倉(紀) それとやはり韓国と中国は、経済的に双方に剥奪感がないですよね。日本はやっぱり剥奪されているという感覚がある。特に二十代、三十代の人たちが就職できないのはいろんな要因が複雑に絡まっているけれども、要するに中国や韓国にいろんなものが取られちゃっている。それで自分たちがこんなに貧困化しているという認識。それが正しいかどうかは別にして、そういう認識が明らかにありますよね。剥奪されているという感じ。中国には、それはないですよね。韓国によって剥奪されているというのはありませんから。

黒田　そうなの？

小倉（紀）　いや、すごいですよ。

黒田　僕は日本にいないからわからないけれど、そんな感じがあるんですか。逆に韓国人は日本のモノが大好きですから、日本から何か剝奪している感じなんか全くありませんがね。

小倉（紀）　日本の家電メーカーは軒並みだめになっちゃったでしょう。そこでリストラされたり、クビがかかっちゃってる。明日クビになるかもしれないという人たちが、どれだけたくさんいるかということですよね。その人たちが仮想敵としてサムスンを設定したときに、サムスンというのが韓国の精神の本丸だとすれば、韓国が悪い、韓国精神が悪い、そういう話になりますよ。

小倉（和）　それはおっしゃるとおりですけれど、ただ、その現象は最近ちょっと変わってきたと思います。中期的に見ると確かにそうなんですが、今や日本と韓国は第三国で争うときには一緒にやらないと損だと、現場の経済人は、そちらの方に動いています。ですから今おっしゃる剝奪感というのは若干、中国についてはあると思いますが、韓国についてはかなり変わってきていると思います。

小此木　そのとおりだと思うんですが、それは企業人の間の話ですよね。一般の庶民にとっては競争しているというイメージなんですよね。

小倉（和）　ああ、そういう意味ですか。一般庶民のイメージとしてですね。

小此木　ええ、むしろ何か自分たちの持っていたものを、奪われたように感じるところがあると思うんです。実際には、競争と協力の両面、つまり得をしている側面もあるんですがね。競争しながら協力し、協力しながら競争するというのが、日韓経済関係の大きな特徴ですよね。企業レベルでいえば、小倉さんの指摘するように、新しい協力の側面も大きくなっている。

黒田　何と言えばいいのかな、つまり日本の企業というか、経済でも、日本はむしろ韓国でもうかっているという現実があるわけでしょう。それで実際の貿易収支とか、あるいは資本収支なんかは当然としても、例えば日本文化は大量に韓国に浸透して相当な支持を受けており人気はあるわけです。朝日新聞とともにアサヒビールは一番人気ですからね。だから剝奪感というのは何だろう。反日以外の韓国の実情が日本では知られていないということなの？

小此木　そうですね。得をしているという印象がなぜ希薄なんですかね。黒田さんは昔からいっていましたね。日本人は「お得意さんを大切にしろ」ってね。本当はわかってもらわないと困るんですがね。自分たちが派遣労働者の地位に甘んじているのは、韓国企業が日本企業の持分を奪っているからだとか、特権を持つ連中がいるからだとか、そういうような感情的な反発がありますね。在日韓国人に対するヘイト・スピーチもそうですよ。

大局的に見れば、成功の代償なんですがね。政治的対立にもかかわらず、安全保障その他の観点から、日本はやっぱり韓国を支援してきたでしょう。朴正煕の時代から、さまざまな形で韓国との経済関係が拡大した。日本型の経済開発だから、当然、韓国に日本的な産業構造が形成された。製鉄所ができて、セメント工場ができ、造船所ができて、最後は自動車工場までできるわけでしょう。

結局、日本が持っているものと同じものができるわけですね。それらは競合せざるを得ない。

黒田　まあ、もちろんそうだけれども。

小此木　成功の代償というのはそういう意味です。

黒田　もちろんそういうのはあるけれど、日本の対韓黒字は結構まだ大きいし。それから稼ぎ頭の住友化学をはじめ、最近は東レがそうですが、合弁における日本企業の、韓国での寄与は相当ですよ。

小此木　冷静に考えればその通りですよ。だけど、失われた十年とか二十年を気にする人たちは、その原因の一つを韓国や中国の台頭に求めるんですよ。

小倉(和)　小此木先生のおっしゃることはそういう面もあるけれど、でも私は、剝奪感があったのは、直接韓国に職を奪われたといったことよりも、第三国で日本の自動車市場がどんどん韓国に奪われている、あるいは家電でも同じといったことが問題とされていた、すなわち第三国でどんどん日本の強みだった市場を韓国が取っているというところから来ていたと思うのです。そうした剝奪感はそのとおりだけれども、変わってきていると私が申し上げたのはまさに第三国の市場で、ライバルではあっても、少しずつそれが、一緒にやらないとだめな時期になってきたという意識が、かなり出てきているということも事実だと思うのです。

小此木　なるほど。それはそのとおりですね。それこそ我々が期待すべき先進的な現象だと思います。私も講演会なんかで説明するときに、サムスンのスマートフォン「ギャラクシー」を見せて、

「これは日本ではあまり売れてない。日韓関係がよくないから売れていないけど、でも世界では一番よく売れているスマートフォンです」と言うんです。「サムスン製だからこれは韓国製だと、皆さんそう思うでしょう。だけど、その素材や部品の半分以上は日本製です。だから、結果的には、これは日韓の合作ですよ。これが売れれば日本の素材や部品産業企業ももうかるんです」と。これが新しい日韓の国際分業なんだということですよね。もちろん、そのために潰れる日本の会社も出てくるでしょう。それが企業間の協力と競争です。

小倉(紀)　でも、韓国はそこにとどまっていない。日本側が「ではこのぐらいでいいですね」と考える線を乗り越えて、いま韓国が考えているのは「部品を一〇〇%韓国製にしたい」ということですよね。恐らく日本側の剝奪感を持っている人は、韓国は必ずそうするだろう、できるだろうと考えている。なぜなら韓国人は日本人と文化が違うから。あの人たちは日本人と徹底的に違う人たちだから、どんな手段を使ってでも、汚い手段を使ってでも自分たちの有利に必ずするであろうし、できるだろう。そういう考え方を持っている。ここが、一番危ないところだと思うんですよね。

小此木　猜疑心ですね。しかし、企業間の競争は日韓間に限らずそういうものでしょう。日本だって同じことをやってきましたよ。やがて韓国の部品産業が日本にも進出してくるでしょう。日本はその上を行かなくっちゃね。

小倉(紀)　ええ。

金子　私は経済がよくなれば政治的関係もよくなると信じたいけれども、例えば台湾で行った住民のアイデンティティー調査で、あなたは台湾人か、中国人かとたずねると台湾人だと答える人の割合がずっと上がり続け、四割を超している。中国人でもあり、台湾人でもあるという割合はなだらかに下がって三割。中国人だという人はほとんどいない。一方、中国大陸への輸出量で比べると、韓国、台湾、日本の順です。日本はどんどん下がっていますが、韓国と台湾は増えている。つまり、台湾では中国大陸との経済関係が強まっているのに、台湾人アイデンティティーが高まっている。これは中国の台頭がソフトパワーによるというより、軍事力を全面に出す傾向があるためでしょう。経済関係が強くなると脅威も強まると感じて、統一指向と反対に台湾人アイデンティティーが高まるという関係になっています。政治的活動ではおとなしい台湾の大学生が議会の議場を占拠して、中台の関税自由化交渉を止めるという「太陽花（ひまわり）学生運動」が起きました。日本植民地時代に日本語教育を受けた親日世代はもうほとんどいなくなりましたが、台湾語ではない標準中国語で教育を受けてきた世代が、強い中国人アイデンティティーを持たない。大陸の政権が共産主義だからだという説明ができると思いますが、それなら韓国人はなぜ共産中国への猜疑心がないのかがわからなくなります。

ハイレベルで始まった歴史摩擦のピラミッド的拡大

金子　台湾の嫌中派が中国に脅威を感じるのと同じように、日本の嫌韓派の人たちは、韓国に対して何か敵意を感じているのではないですか。経済分野からの敵意ではなく、歴史意識が日本に対する敵対意識として発信されるためにナーバスになっている。

小針　私はちょっと前に、『週刊文春』を材料にして、そこに出ている韓国関連記事はどういう分野が多いのかを分析したことがあるんです（『「接近」から「回避」へ変容する日本人の対韓認識」『東亜』第五五七号、二〇一三年十一月）。そうすると経済的な剝奪感に関係する記事よりも、圧倒的に韓国の無法性や難癖に絡む部類の記事が多いことがわかりました。他の週刊誌を含めて、李明博政権期よりも、朴槿恵政権になってからのものが多いです。しかも、朴槿恵さん本人の姿勢、いわゆる「告げ口外交」とか。この大統領の言動が日本人の対韓感情に与えた影響は、すごく大きいんじゃないかと思うんですね。盧武鉉さんのときも、日本絡みで一言二言あるときに言いましたが、それをずっと続けて言うわけじゃなかったんです。ところが、朴槿恵さんはずっとやっているわけですよね、この辺に関しても議論をしたいなと思うんですが。いかがですか。

小此木　朴槿恵政権ははじめからそんなに反日だったわけじゃないと思いますがね。はっきりしていたのは、中国との関係を重視して、改善しようとしていたことですね。もともと朴槿恵さんは中国との関係が深かったけれども、李明博時代に中国との関係が悪くなり過ぎていましたから、それを何とかするところから始まったと思いますよ。韓国哨戒艦の沈没や延坪島砲撃事件などがあり、金正日が三回も中国を訪問しました。だから、李明博政権の中国政策を立て直すというか、それと差別化するというか、ともかく中国との関係を改善するというのは、選挙運動のときからの一つの売りだったわけですよね。

だけど、ただ中国との関係を建て直すことだけではなくて、外交の優先順位の再編成が意図されていたのではないかと思うんですね。朴槿恵大統領の就任演説もそうでしたが、尹炳世外務部長官が記者会見のときに、韓国外交にとって一番重要なのは米国であり、次が中国で、日本は三番目だと明示して問題になりましたね。韓国メディアも、そんなことを言うのは外交的におかしいじゃないかと批判しました。それがどのぐらい計画的なものであったかどうかは別として、中国重視の裏返しとして日本軽視があったことは否定できない。いかにも素人臭い外交でした。そういった優先順位の再編と歴史摩擦が重なったところに、今回の日韓対立の特徴があると思うんです。

歴史論争も、朴槿恵大統領の就任式の祝いに麻生副総理が行ったときからだから、非常に早い段階で二つの政権の高いレベルで始まりましたね。安倍首相の国会での「侵略の定義」発言なんかも含めて、最初の二カ月ぐらいの間に火を噴きました。一方で中国重視の政策が進行していて、他方で歴史論争が始まるという状況が早い段階で設定されてしまったんです。これは非常に不幸なことだったと思うんだけど、どこまでが意図的なものなのかというと、よくわからないですね。結果的にそうなっただけなのかもしれない。

いずれにしろ、今回の歴史摩擦の特徴は非常に高いレベルで論争が始まって、上から下に降ってくるような感じで、ピラミッド的に拡大したことでしょう。下の方でいくらそれをカバーしようと思っても、できないわけですよ。上がケンカを始めて、それが官僚機構を拘束した。メディアもそれを煽ったわけですから。国民感情が悪化していくに決まっているわけでね。それをじゃあ、日韓の市民交流でそれを立て直せるかというと、そう簡単ではないという状況が、早い段階でできてしまった。

小針　それが、入り口の部分ですよね。

小此木　そう。

小倉(和)　僕も非常に近い見方をしているのです。やはり力関係が変化しつつあって、韓国の一つの外交目標は日本との対等関係、日本というものをもっと相対化するということだと思うのです。これは主観的なものもあるけれども、客観情勢がそういうふうに現政権を押しやっていると思うのです。

ところが問題は、相対化するとはどういうことかというと、日本と韓国がもっと対等関係になるということなのです。つまり昔は日本が経済協力を行なったりして、その間、韓国が歴史問題を言うと日本はまあまあしょうがないなと外交問題として処理してきた。ところが今対等関係といわれると、日本の場合は、それは現在における対等と思うわけです。現在の時点で韓国と日本が対等になることと思う。ところが韓国は、過去も含めて対等になりたいのです。そこが問題なのです。つまり対等という意味は、今この時点で対等であるだけではなく、過去に対等ではなかった時代のことも含めて、そのコンペンセーション（補償）も含めて対等にならないと、本当の対等にならないと思っているわけです。だから今の力関係の変化がどうして過去の問題にこんなに力を及ぼすかというと、対等の意味が違うからです。過去も含めての対等なのです。そこが違うところなのです。

黒田 だから日韓併合も最初から無効だったと言え、認めろでしょう。

若宮 そこまで韓国政府は本気では言いませんけどね。ただ、安倍政権との出会いでは、麻生、朴槿恵会談が悲劇の始まりだと言う人が多いですね。あれは大統領の就任式。安倍さんが就任式に来るオプションもあったと思うんだけど、ちょっとリスクも大きいということで見送られ、副総理の麻生さんが来た。副総理だから形はいいんだけど、そこで就任式の後に青瓦台で会談したわけです。儀礼的なお祝いのための会談なんだけど、そこで朴槿恵さんが、歴史認識についてしっかりお願いしますというようなことを言ったんでしょう。それに対して、いや、歴史認識は国によって違うという話を、ちょっと自分の方が年も上だし、兄貴分であるという雰囲気で、麻生さんのああいう雰囲気でやってしまった。そのときに、「アメリカ合衆国では、いまだに南部諸州では南北戦争のことを侵略と教えているんだから、まして国が違えば歴史観が違うのは当然だ」ということまで言った。あとから韓国の新聞に出ましたが、同席者はみな認めている。そこで座が凍りついたという人が多いんです。アメリカ人がいたら大変だったでしょう。それの数日後に三一節があったというのも不幸でした。

朴さんは三一節で「加害者と被害者の歴史的立場は千年の歴史が流れても変わらない」とやってしまった。麻生さんの発言は青瓦台でブリーフィングもしなかったら、オープンになってなかったから、朴槿恵さんの発言が「ええっ？」という感じになって、これがまた日本に火をつけた。非常に不幸な始まり方をしたと思うんですよね。

そのあと、安倍さんは侵略について定義は定まっていないというようなことを言ってしまう。元々安倍さんは村山談話、河野談話をもう一度見直したいと言っていた。前の政権のときにそれができなかったのは、靖国参拝と並んで非常に残念だという趣旨のことを言って総裁選に出て、勝っている。そのことをみんな韓国人は知っているわけですよね、報道で。だから就任後に少し抑えた表現をしたところで、もう本音はそうなんだということになっているから、善意に報道しない。何か言えば、本音はこういうことだと書かれる。そういう形で始まっちゃったので、安倍さんとしては多分、その後いろいろ発言の修正もしたし、これ以上何を求めるんだということなんだけど、韓国の人とすればもう一つすっきりしないぞという状態が続いちゃった。

朴槿恵さんももう少し率直にそういうことを、例えば日本のメディアを相手に、日本の国民を相手に言ったらどうかと思いますよ。もう少しわかりやすく。そういうことを僕も周辺の人にはさんざん言うんだけれども、そういう機会を持たないままあっちこっちで、外国で、意図的に言いつけ外交をしているのかどうかわからないけど、日本について聞かれれば歴史のことを話す。そういうことで結局、就任後一年半たっても、現時点で日本のメディアと一回も会っていない。会見もしなければ、個別にもしていない。それどころか、日本人とほとんど会っていないでしょ。東京都の舛添知事に会ったぐらいで、それも相変わらず「歴史認識を」と注文したと報じられるだけだから、ほとんどメッセージがない。

黒田 いや、それは国内メディアについてもそうだからね。

若宮 だけどまあ、国内は一応やったじゃないですか。

黒田 一回だけ記者会見したけれども、もともと彼女はメディアが好きじゃないですからね。彼女は「清く正しく美しく」という完璧主義者でいつもちゃんと整っていなければならないんです。だからメディアに会って〝突っ込み〟で迫られるのが嫌いなんだ。僕は過去、何回か会いインタビューも数回しましたが、笑顔や立ち居振るまいは最高ですが、話の中身はいまいち面白くなかったですね。

「反日」で始まった朴槿恵政権の位置付け

小倉（和） 僕はちょっと黒田さんにお聞きしたいのですが、日本は、民主党政権が出た後の保守政権ですから、保守党のアイデンティティが何かということを従来以上に、ばっと打ち出さなくてはいけないわけです。ところが韓国も、金大中さん以来そういう政権があった。それで李明博がどこまで意識していたかというのは微妙な問題がありますけれども、李明博政権と朴槿恵政権は、やはり保守政権としてのアイデンティティを出さざるを得ない。なぜならば、その前相当長期にわたって民主勢力といいますか、その勢力が政権をとった、こうした政権交代の余波が出てきている。そこが影響しているという面はないでしょうか。

黒田　僕は午前中（第一章）の話でも言ったんですが、要するに「韓国の一つの終わり」だという話をしたんです。僕らが考えた韓国というのは、朴正煕以降の韓国というか朴正煕が作った韓国だったんですが、それがもう賞味期限が切れたんだという話をしたんです。それで若宮さんは、いや、それはもうYS（金泳三）のときに民主化からそうじゃないのと言うんだけど、それはまだプロセスでしたね。その後、金大中あるいは盧武鉉の時代があって、それを経てあらためて保守政権の李明博そして今度、朴槿恵がなったからフィードバックの期待があったわけでしょう。僕なんか、特にそうですよ。大統領選でもヨイショしましたからね、随分。李明博も朴槿恵も朴正煕の申し子じゃないですか。だけど、それにもかかわらずこれは何だと。あなた、お父さんのことをどう考えているのとか、このところそんなことばかり書いている気がしますね。

それで朴槿恵の反日が、つまり麻生に会ったから反日になったのか、あるいは中国と接近したいために反日ポーズをとったのかよくわからんですが、言えることはね、特に初期の彼女は、よく言われているけれども国民から親日とみられている父親がらみのトラウマね、これをクリーンアップしたいということだったと思いますよ、とりあえずね。

小此木　親日トラウマでしょう。

黒田　そうそう親日トラウマですね。だから割とみんな誤解しているんだけど、最初中国に行って安重根の記念館を建ててくれとか、その後西安の光復軍の記念碑を建ててくれという話をしたでしょう。あれは別に、反日をやりたくてやったわけじゃないと思いますよ。僕はハルピンの安重根というのは、実は同じく満洲を舞台にして父・朴正熙とは歴史的に微妙な関係ですよね。片や反日・愛国で片や親日。これは娘にとってはつらい。だから僕はみそぎだと言うんだけど、彼女は安重根記念館でみそぎをしようとしたんです。彼女からするとやっぱり私は、お父さんとは違って愛国者であるというパフォーマンス、国内向けね。そこからスタートしたと思うんですよ。ことさら日本を意識したわけじゃないと思いますよ。

ところが僕は、それが結果的には彼女の誤算だったと思います。彼女は、北の問題で中国を利用しようと思っているわけでしょう。対中接近の一番のポイントはそこなんだけど、結果的に習近平の反日キャンペーンに利用されてしまった。その後の韓中首脳会談なんか、典型的にそうだと思いますよ。僕は、中国相手に日本問題とくに歴史を持ち出したのは朴槿恵の誤算だと言っているんですけどね。

小此木 そこのところは重要ですね。朴正熙の娘としては「親日」はアキレス腱ですよ。だから、みそぎであれなんであれ、「反日」のポーズで民族主義者として自己証明しようとしたということでしょうね。それが思わぬ方向に行ってしまった。しかし、いまとなっては誰も彼女が「親日」だとは思わない。だから、二〇一五年を前にして、そろそろ方向転換も可能になるかもしれないということになりませんか。昨年の今頃もそんな議論をしたんですが、安倍総理が靖国神社を参拝されて、その期待が雲散霧消してしまいました。今回は何とかして欲しいですね。

小倉(紀) 東アジアの歴史を書きかえたいという勢力が、中国、北朝鮮、韓国と三つある。この中で韓国だけが東アジアの歴史を書き直す意思があるのかないのかがわからない。そのように評価されてしまうという恐怖心を朴槿恵大統領は持っている。政権の正統性の問題ですね。つまり国家をどれだけ豊かにしたかとか、国家がどれだけ民主的になっているか、という意味での正当性ではなくて、儒教的な意味での正統性でで評価されてしまうという東アジアの状況があります。しかも、三国の国是がみんな抗日です。そういう意味では、韓国が一番遅れをとっているわけですね。経済発展で言えば韓国が一番先を言っているけれども、歴史の書き直しという意味では韓国が一番日本と妥協しているわけですから。そこのところを修正しようと思ったんだと思うのです。

若宮　そこはすごく不幸だったですよね。安倍政権という相手が、たまたまパートナーになってしまったと。

小倉（紀）　そうですね。

若宮　そうでなければ、もう少しやりようがあったんだろうけど。それで安倍さんからすれば、相手は朴正熙の娘だから、安倍さんにとってはおじいさん（岸信介）が非常にある意味、かわいがったという意識だと思うんですよ。それで、さんざん協力したじゃないかと。だからわかってくれるだろうと思って、おじいさんとお父さんが仲よかったみたいなこともちょろっと言いましたよね。ところが、それが朴さんには迷惑なわけです。朴槿恵にすればまさにそこはトラウマがあった。というか、安倍さんもおじいさんの名誉回復を常に考えていますが、朴槿恵さんも父親の名誉回復というか、別におやじは心から親日でやったんじゃないんだぞ、と言いたいんでしょう。朴正熙は国のためを思えばこそ、あのときの状況でああいうふうにしただけのことで、今さらおじいさんと仲よかったなんて言われても困る、と。やっぱり、すごくプライドが高い人だと思うんですよ。そこにもってきて、就任式に来てとんでもない説教を聞かされたということで、すごくプライドを傷つけられた。しかも女性大統領でしょう。初めての女性で、そこはすごく意識していると思うんですよ。日本は私をなめるのか、と。それが、僕は強いと思いますね。

小此木 それに、いい忘れましたが、春季例大祭がありました。麻生さんは帰国後に靖国神社を参拝したからね。

若宮 そう、それでもう完全にね。

小倉(紀) 麻生さんの後、中国の誰でしたか、女性が朴槿恵新大統領を大変高く持ち上げて。

小針 ええ、副首相級の劉延東国務委員(女性)を、朴槿恵大統領就任式に中国は送ったのです。劉延東さんは青瓦台の執務室で朴槿恵さんを見るなり駆け寄って、「あなたは韓国だけでなく、アジア女性のリーダーです!」と手を握りしめるオーバーアクションをしたそうです。面会中、劉延東さんは胡錦濤国家主席(当時)の祝賀メッセージと習近平の親書を手渡した以外は、朴槿恵さんを褒めちぎるだけで、中国側の自慢話など一切しなかったとか。麻生さんが米国の南北戦争を引き合いに「同じ国でも歴史認識は違うのだから、日韓間で違って当たり前だ」という持論を展開し、朴槿恵さんの顔が怒りに変わっていた直後であっただけに、中国にとっては効果が抜群だったわけです。

若宮　そうそう、そうなんです。就任式では中国と対照的でしたね。

金子　中国が韓国の反日外交に足並みをそろえる点に、もっと注意すべきです。まるで江沢民政権の時代に戻ったようです。戦後五十年の一九九五年、金泳三大統領が「歴史立て直し」と言いました。金泳三氏は、文民政治家が軍人政治家より優れていることを示す手段として、歴史立て直しを持ち出してきた。日韓併合が非合法であることを日本に認めさせて、謝罪させようとした。その当時、中国は天安門事件鎮圧後に登場した江沢民政権で、共産党独裁を維持しようとして猛烈にナショナリズムをあおり、愛国主義教育運動という、大衆受けのする反日ナショナリズム運動をやっていた。江沢民は中国国家主席として初めて訪韓しましたが、金泳三の歴史立て直しに合わせて「中国も南京大虐殺を許さない」というおみやげを持参した。ソウルの共同記者会見で歴史共闘の勢いをつけ、大阪のアジア太平洋経済協力会議（ＡＰＥＣ）首脳会議にやってきた。「村山談話」の出た後です。

若宮　その直前に、江藤隆美総務庁長官の発言というのがあったんですね。日韓併合ではよいこともした、という。

黒田　第一次歴史共闘。

金子　でも江藤隆美発言には裏がありませんか。日韓併合が合法かどうかという問題に、村山首相は参議院で「合法」と答弁しています。金泳三大統領がこれに反発して日韓外交が行き詰まっていた。そういうタイミングで、江藤総務長官が閣議後のオフレコ懇談で話した「妄言」がなぜかメディアに流れ、ひともめして江藤辞任で決着した。結果的には、日韓併合合法論の首相見解が国会議事録に残り、金泳三大統領は日本閣僚罷免という実績を残した。金泳三は日本閣僚罷免を口実にして日韓併合非合法論のホコをおさめたという外交ゲームにも見えます。

来年は戦後七十年。中国と韓国の歴史認識共闘の動きが激しくなりますが、その背後には、台湾問題がある。中国の習近平主席は思想的には江沢民元主席に近いので、やはり歴史カードを持ち出してきた。全人代で九月三日を抗日戦争勝利記念日、十二月十三日を南京大虐殺追悼日とする国家記念日を法制化した。法律で定めた意味は大きい。これから毎年、日本との戦争の記憶を中国人の頭に焼き付けるのです。習主席は九月三日の戦勝記念日の演説で、「南京大虐殺の犠牲者は三十万人」と言い、中国人の集団的記憶にした。犠牲者三十万人という数字を認めない日本の首相は歴史を否定するものと見なされるでしょう。「集団的記憶」という運動論は、米国の韓国系、中国系の政治団体がやっている従軍慰安婦記念碑建設運動に共通するものでしょう。中国人従軍慰安婦の史料公開、中国人強制労働の訴訟受理などで中国は韓国の民間運動をバックアップしている。

戦後五十年の時、中国は台湾総統選の行方に危機感を持っていた。直接選挙が導入された総統選で、親日的な李登輝が優勢だった。中国は台湾海峡にミサイルを打ち込んで威嚇したが、米国が空母機動部隊を派遣して対抗し、李登輝が勝った。中国が歴史問題で日本を非難した背景には、親日的な台湾世論への威嚇があります。今年、日清戦争敗北七十七年を記念したのは台湾を失った恨み、戦勝六十九年祝賀は台湾光復。尖閣諸島に公船を出しているのも、中国にとっては台湾省奪回の布石。二〇一六年の台湾総統選挙で野党候補が当選しないよう韓国の反日運動を利用して、台湾、中国の反日感情を盛り上げようとしている側面も感じられる。韓国人には関心がないかもしれませんが。

小針　今の計画的というのは、麻生さんの話かと思ったけど、そうじゃなくて。

金子　また戦後五十年の時と同じことが起きるぞと考えている人たちが当然いると思う。

小針　かなり先まで予知して。

蒸し返される外交当局のケリのつけ方

若宮　そうかな、そこまで考えたとは思いませんけどね。そういえば、たまたま最近面白いものを見ました。吉田茂が総理をやめてかなりたったころ、テレビ番組に出たのを録画したものなんです。昭和四十年、一九六五年の七月ですから、日韓条約ができて間もない放映なんですよ。日韓条約ができてよかったですねという話なんだけど、そこから李承晩とは相性が悪かったみたいな話を率直にして、それで彼は「朝鮮総督府は本当に一生懸命努力してやったんだ。だけど、どうしてあれが朝鮮の人々に理解できなかったのか、ようわかりませんな」と、そういう話をしきりにするわけですよね。

小倉（和）　それは誰がですか。

若宮　吉田さんが。それで、「あれはまことに善意なんだ。善意なんだけど、それがわかってくれなかった」ということをしきりに言うんですね。それはアメリカの占領政策も似たようなところがあって、あるいはベトナム、ベトナム戦争のころだから、アメリカもベトナムは善意なんだけどもなかなかみたいなこととちょっと重ねてね。とにかく、朝鮮でやったことは善意だと。ただ、最後に「それがなぜ理解されなかったかについては、これから研究しなきゃいけませんな」みたいなことも言ってます。麻生さんの感覚は、やっぱりそれだと思うんですよ。だから創氏改名は彼らが望んだことで、それをやってあげたんだという発言もしている。

ちょっと戦後の日韓関係をおさらいさせてもらいますが、吉田政権で始まった日韓交渉は一九五四年に久保田貫一郎という日本側首席代表の発言で決裂するわけですよね。日本は朝鮮に膨大な予算を投入して様々な施設をつくるなど貢献し、それをみな放棄して帰ってきたんだから、植民地支配による賠償というならその分を相殺すべきだ、と主張した。「よいこともした」という典型的な発言で、韓国側は席を立ったわけですが、吉田内閣では「当然のことを言ったまで」と突っ張った。ところが、李承晩はかんかんですし、いわゆる「李承晩ライン」によって日本漁船が次々に捕まる状態が続いている。これではにっちもさっちも行かないというわけで、岸信介首相の時代に久保田発言を撤回して交渉を再開させたわけです。この辺までが戦後の日韓関係の第一期としましょう。

そして朴正熙の時代になってから第二期がはじまります。交渉が進み、椎名悦三郎外相がソウルへ行って「不幸な期間があったのはまことに遺憾であり深く反省する」とやって、交渉は一気に大詰めに向かって妥結に至る。ですが、これは「反共」同盟的な妥協の産物で、条約そのものには過去の反省めいたことは一切書いてないし、佐藤栄作首相の談話にもまったくそんな部分はない。保守政治の本音は吉田時代とあまり変わってないわけです。だから韓国で反対が渦巻いたんだけど、朴政権はそれを抑えて経済成長へまっしぐら。その成果は上がったけれど、日韓は片や軍事政権、片や反省のない保守政権で、互いにいやな部分を我慢して手を握ったわけだから、時にその矛盾が噴き出てしまう。それが金大中さんの拉致事件とか、歴史教科書事件でした。

ところが、冷戦が終わって世界情勢が変わるとともに韓国が民主化され、日韓関係は第三期に移ります。ちょうど八八年のソウル五輪のころですね。日本の政治構造や歴史認識も変わってきた。一九九三年に慰安婦問題で河野官房長官談話が出されたのに続き、細川護熙首相が創氏改名などを具体的にあげて植民地支配を明確に謝罪する。あるいは村山談話が一九九五年に出てくるわけですね。そして九八年の金大中、小渕の共同宣言でそれがピークに達する。民主化された国と、反省する国という風に劇的に変わるわけです。サッカーのワールドカップ共催も成功し、韓流ブームも始まるわけです。

これでめでたしかと思ったら、どっこいそうではなかった。黒田さんの表現を借りれば向うがNGO国家になったという民主化のせいもあるのですが、日本では実は第三期から村山談話とか細川発言に反発する動きが根強くあり、自民党のそういうグループには安倍さんらも加わっていた。アンチ村山、アンチ河野の人たちが根強くいて、いつの間にかいまの政権をつくっている。

韓国だけじゃない、日中国交正常化のときにやや曖昧にされた問題も、それが村山談話で完結すればよかったんだけど、それを見直すとか言い出した。国民にも嫌韓、嫌中の空気が強まったのが今日《こんにち》の状況で、いわば第四期じゃないかと思います。背景には中国の台頭や、日韓の力の平準化、あるいは北朝鮮をめぐる拉致事件の展開などがありましたが、日韓も日中も互いのナショナリズムが共鳴しあって、面倒な時代になってしまった。

小倉(紀) 日本側も、その戦後の日本の歴史を守るという側ではなくて、やはり書き直すという勢力ですから、それが全く逆の方向で書き直すという。

小針 修正主義。

若宮 そうそう。

黒田 若宮さんは日本側に問題があるような言い方だけど、例えば一九六五年の日韓条約ですか、僕は双方よくやったと思いますよ。あれは当時のある種の落としどころでしょう。いま慰安婦問題で、河野談話が問題になっているじゃないですか。それで安倍の方で検証問題をやって、その検証報告書が出て、その報告書の内容をごらんになったと思うけれども、当事者の河野自身が完璧であると言っているように内容は事実そのとおりですよ。要するに外交として、お互い最後は呼吸を合わせて、日本も韓国の言い分を聞いてあげてまとめたわけでしょう。韓国はどういう形にしろ強制性を認めてくれれば、それでいいということでしょう。外交レベルで文言まで調整し合って、それでまとめたわけですよね。その河野談話をいま韓国のメディアは官民挙げて、まるですごいすばらしい談話のごとく持ち上げて維持しろ、守れと言っているでしょう。

小此木 やっとわかってくれた。

黒田 そうすると本来ならそこでけりがついてるわけじゃないですか。そこでなぜけりがつかなかったかというのは、これは全的に韓国側の事情ですよ。結果的に日本はだまされたんですよ。

若宮 僕は半分はまったくそのとおりだと思いますよ。韓国はよくないですよ。それは僕も言ってるんですよ。いま河野談話をこれだけ評価する、村山談話をこれだけ評価するんだったら、そのとき何でもっと評価しないのか。それと、アジア女性基金を一生懸命推進したのは村山、河野ですよと。それをぐじゃぐじゃ言い出して葬っちゃったのは、韓国も問題じゃないかと、僕もそれは言ってるんですよ。

だけど一方で、日本で河野談話にけちをつけ、あれはただの売春婦だ、あんなものに謝る必要はないみたいな言論がしきりになされるじゃないですか。それが、向うをひどく刺激する。向うもこっちを刺激するという相互作用で、こういうことになっちゃったわけですよ。僕は日本だけ責めてるんじゃないんですよ。

小倉(紀) 河野談話というのが韓国で評価されているのは、日本での解釈と違って、募集時の強制性があったと認めたものだというので評価しているわけですよね。実際の談話自体には実はそのことは書かれていないわけですが。

黒田 当時韓国のメディアはそれでも不満だという報道をしていましたが、いわば一種の玉虫色の外交決着で韓国政府は納得したんですよ。だから今でもよく覚えていますが、『朝鮮日報』の社説（一九九三年八月五日付）で「もうこれで幕引きにしよう」と書いたのです。慰安婦問題の責任の一半はわれわれにもあり、愉快なものではない、だからこの「恥ずべき過去」の扉はもう閉じようとね。当時は韓国にもまだそのような正論があったんですが、それはそれとして僕は何で韓国側の責任かというと、要するに韓国が朴正熙のつくった韓国じゃなくなったからというわけです。河野談話はYSのときですけど、あのときぐらいまでは舞台裏で話をして、落としどころができたわけですが、今やそれができなくなったということね。

それはなぜかというと、韓国の国家状況が変わったからですね。それを僕は韓国はNGO社会になったといってるわけです。イコール民主化と大きく関係するんですけども、端的に言って韓国は民主化で国家の権威がなくなったということですよ。圧倒的にNGOが影響力を持つようになったということでしょう。慰安婦問題を蒸し返したのは「挺対協（挺身隊問題対策協議会）」という反日NGOのせいです。政府がNGOをコントロール、説得できなくなっている状況ということですが、これはずっと続く、外交もこれからそうでしょうね。

小此木　前後関係を正確に覚えていないんだけど、アジア女性基金の立ち上げを見て、これで大丈夫かなと。これで収まってくれればいいけども、あの挺対協がオーケーを出しそうもないし、韓国政府は押さえ切れないんじゃないか、と思いましたね。

黒田　それは、河野談話の後ですね。

小此木　ああ、そうか。

黒田　河野談話に対して、それじゃだめだというのがＮＧＯサイドで出たから問題が再燃して、じゃあそれに対して何か対応せんといかんというのでアジア女性基金が出たわけだ。この時も韓国政府は、まあ不満だけれどもとりあえずは納得だったでしょう、最初は。

若宮　だって、日韓で調整してたんだから。それからアジア女性基金は河野談話がだめだと言われたから作ったわけではない。河野談話の結果として、当然しかるべき対策を考えるということだったんですよ。アジア女性基金はその結果、できた。韓国政府はそれでいいと言ったわけです。

小此木　うん。だけど黒田さん、そのとき思ったでしょう。これで本当に決着つくかなと。

黒田　民主化というかＮＧＯの強さは印象的でしたからね。アジア女性基金には日本の進歩派の親韓的ＮＧＯが関与していたのですが、それが韓国のＮＧＯに批判されましたね。

小此木　そうでしょう。だから要するに韓国政府は、この問題を取り扱うだけの当事者能力を持っていなかった。その印象が強く残っていますね。

黒田　そう、そのとおり。

小此木　見切り発車する日本側に対しても、ちょっと不安感を持ったけどな。

小倉(和)　黒田さんの言われた問題ですが、実はもう少し長い歴史の中で考えると、また中国も入れて考えるとすると、要するに外交当局が裏でいろいろ双方考えながらお互い話し合って、この辺で行こうと、両方一〇〇％ではないけれども、まあこれで行こうじゃないかと言ってやれる時期は過ぎたということでしょう。それはもちろんネット時代になったとか民主化されたとかいう問題もあるけども、もう一つは、大統領や首相の外交問題における権威が落ちたということもあるのではないでしょうか。昔はそれが一言、要するにそうは言ってもこれで行くんだと言えば、みんなある程度しゃあないなというところがあった。政治決着は可能だったのです。それはなぜかというと、トップの権威というもの、そこは崩してはいけないということがあった。そのトップの権威というのは、今やフラジャイルになっていますから。そこが、問題を難しくしている一つの理由だと思います。

日本は国内的に歴史清算をしたのか

小倉(和) ただ、少し話がそれますが、いま慰安婦問題の話が出たので申し上げたいことがあります。過去の克服と言ったときに私は日本の方にも大きな問題があると思うのは、日本にとって最大の過去の克服の証拠というのは何かと言われたら、日本が自由で民主で平等な社会をつくったこと、豊かさも入れていいのですけれども、それをつくった、ということが過去を克服した最大の証拠ですよと、日本はもっとはっきり言うべきだと思います。また、そうであるべきだと思うのです。しかし、日本は果たして平和で民主で自由で平等な社会を本当に一〇〇%つくり上げたのか。かなりつくり上げたけども……。過去の問題についていえば、例えば共産党を弾圧した、社会主義者を弾圧した、その歴史はどこに行ったのかという問題を考える必要があるでしょう。この点についていえば、村山談話が、日本の国民のことも書いていることにもっと注意を払うべきです。対外的意味だけではなくて対内的意味があります。要するに戦前の治安維持法から始まった自由と平等の弾圧について、一体日本政府なり日本国民がどういう反省をしたかといったら、そこはややあいまいなところがないか、問題です。

ですから、私は自由と民主と平等の社会をつくり上げたという証拠を日本が示すためにも、日本自身が戦前の日本の国内における自由と弾圧を反省するということを、きちんとやらないといけないと思います。それをやった上で、おまえも反省すべき点があると韓国なり、中国に言えばそれは説得力があります。過去の話というのは、私に言わしめればやはり一つのリトマス試験紙で、日本が本当に自由と民主と平等の社会をつくることにコミットしているかを、自分自身に対して示す一つの証拠であるはずだと。過去の克服というのは、日本自身にとってこそ大切なのではないでしょうか。ところがそこが第二次大戦後、いろんな理由からいささかいいかげんにされてきた。そこに問題の核心があるのではないでしょうか。

実は韓国だって、自分の歴史についてよくわかっているか疑問です。中国だってそうです。この間、習近平が韓国の大学で演説しましたね。四百年前に中韓両国は日本に対して一緒に戦ったじゃないかと言うのです。しかしちょっと待ってくれといいたくなりますね。そのさらに三百年前は、元寇であんた方は一緒になって日本を侵略したじゃないかと。侵略したのみならず、日本人を拉致したりしているわけです。そういう歴史というものを、中国の指導者は意識に持っていないのではないか。豊臣秀吉にしても、三別抄や農民反乱と秀吉の侵攻との関係はどうだったのか。そういうことは、韓国人はほとんど知らないのではないか。

つまり、中国も韓国も自分自身の歴史の認識が十分ではないのではないか。特に中国です。私は随分北京の本屋に行って買ったけれども、一冊としてちゃんとした歴史の書いてある本はないといえる。客観的な分析の本です。特に第一次大戦以降の、共産党が出てからの歴史です。これは大きな問題であります。元寇だってそうです。ところがそれを言えるためには、やっぱり日本自身がきちんと反省をすべきところは反省しないといけない。そこのところが、第二次大戦後かなり曖昧にされてきた。過去の克服というのは、最終的には日本が第二次大戦後の生きざまを世界に自信をもって示すことができるかどうか、その一点にかかっていると思います。

小針 日本国内のことを含めてですね。

小倉(和) そう。それができれば、堂々と言えばいいのです。そのかわりこっちも、チベット問題などについて「事と次第では」とか何とか言えばいいのです。ところがそれを言えないのは過去の問題があるからではなくて、日本が、自分自身の国内のことについて反省を十分していないからなのです。

だから日本自身がその辺の歴史認識をきちんとやっておかないといけないのであって、私が村山談話を高く買っているのは、初めて国内の問題を言っているからです。村山談話は実はこういうことを言っているのですよ、だからあなた方も、天安門事件だとか文化大革命と具体的に言うかどうかは別ですが、自分自身の歴史認識をきちんとやってくださいと言えるかどうかが、私は最後の大きな問題だと思うのです。

金子 その年、先ほど申し上げたようにAPEC大阪会議があり、議長が村山首相。中国は江沢民主席、韓国が金泳三大統領。この時点で中韓は村山談話をあまり評価していなかったけれど、ほかの参加国の首脳は村山談話を高く評価して、中韓側につかなかった。

小針 つかなかったというのは、中韓側につかなかったという意味ですね。

金子 村山首相に対して東南アジアからの拍手が大きかった。やはり村山談話がなければそうはならなかった。当時、プレスセンターにいて安堵感を感じたのを思い出します。

小倉(和) そうでしたか。

金子 村山談話は大事にするべきです。こういうものを先人が苦労して一つ一つ積み重ねてきているのに、次の世代が、あっけなくそれを壊してしまう。昔のことが十分引き継ぎされていないと思う。

黒田 小倉大使のおっしゃったことですけど、つまり端的に言えば日本が歴史清算をしていないから、そこが対外的に説得がないという話ですが、いわゆる歴史清算という言葉も韓国的で妙なんだけど、つまり過去の反省といいますか、清算の仕方というのはいろいろあると思うんですね。僕は日本がそれは不十分だと、必ずしも思わないんですけどね。それは戦後の現在までの日本のあり方を見れば、明らかにそれは反省されているわけであって。まあ不十分というのは量の問題だから、人によって見方は違うと思うんですけど、僕は結構してきたんじゃないのかと思いますが。

もう一つ、この前安倍がどこかで、ドイツの新聞のインタビューで言ったという話で、要するに質問されて、ドイツと比べていろいろ戦後処理の問題で批判があるがどうだということの答えの中で、要するに日本とドイツは方式の違い、それから特にアジアは日本を含めて貧しかったから、いわゆる謝罪とか反省ということもさることながら、経済支援、経済協力でその国が発展することもその方式の一つではないかといったようなことを言ったんですが、非常にいいことを言ったと思います。つまりヨーロッパにおけるドイツの対応の仕方と、日本、アジアにおける日本はやり方は違っていいと。

小倉(和) うん、それは違う、それは本当だと思いますよ。特にヨーロッパでは、フランスにしろ、イギリスにしろ、ドイツが戦争をした近隣の相手は戦後も多く民主主義国家ですね。ですから中国のような共産主義国家で、抗日で出てきた国家と、それから朴正熙政権の軍事国家に囲まれた日本とはシチュエーションが違うわけです。しかし、私はそれだからこそ民主主義の原点に返らなくてはいけないというふうに強く思うのは、なぜかというと、やっぱり将来に向けて日本の対韓、対中外交の柱は何かというと、もちろん経済的な繁栄やＥＰＡとかも大事ですけれども、やはり同じ価値を共有するということではないかと思うからです。一〇〇％は共有できないかもしれません。けれども、同じような価値を共有していく国になっていくということではないかと。それが平和と安定に一番つながるのではないかと考えれば、自由、民主、平等は一番大事な価値観ではないのかと。それを韓国とどのようにシェアしていくかを考え、また中国とどうシェアしていくかを考えたときには、やはり日本のそういう部分についての反省なり何なりは、国内においても重要です。私が非常に不思議に思っているのは、慰安婦、慰安婦と言うけれども、日本人の慰安婦はどうなったのかと。戦争で非常に苦労し、非常に苦しい思いをした女性も少なくなかったはずです。映画がありましたよね。日本の慰安婦の小説でも、よく知られたものがありましたね。朝鮮半島での話ですね。日本人の奥さんがくじを引くのですね。米軍がこれから進駐してくるので慰安婦になってもよいという人は手を挙げてくれと言うと誰も手を挙げないから、じゃあくじしましょうと。くじをして、何人かの人が引くのですね。結果的には米軍が来てもそういうことは必要なかったのですが、引いて赤いのが当たった人は、あいつは慰安婦になる女になったんだといって、後で相当みんなから白い目でみられるのですね。そういう日本人もいたわけです。そういうことをどう現在の日本人が考えるのかということは、いま誰もあまり言っていません。そういう問題があったことを日本は巧妙に、胸の中におさめて生きてきたともいえます。胸の中におさめて生きてきたんだから、あんたも胸の中におさめて生きてくれよと言うのもいいかもしれませんが、そこのところは民主社会のあり方と関係して難しい問題ですね。

何を私が申し上げたいかというと、日本の生きざまの問題を真剣に考えた上でないと、過去の問題を韓国や中国と話ができないということです。

歴史認識を相手国に向かって叫ぶ指導者と特殊性

小針　今むしろ対外的な歴史清算というよりも、国内的な歴史清算の話を小倉元大使はされましたよね。それでいま朴槿恵さんは「正しい歴史認識」という言葉を就任以来日本に対してずっと言っている。でもそれをずっと言い続けることで、結果的にハードルを高くしてしまうのは、にっちもさっちもいかなくなっちゃう可能性があると思うんですが。この辺はどう思われますか。

小倉(和)　僕は大体歴史認識といった言葉を政治家が、しかも外交的に相手に向かって言うというのは、常識をいささか欠いていると思うのです。世界の歴史を見ればそんなことを言っていては成熟した関係はむずかしい。

ただ、そうひらき直ることもできないので、何を私どもは考えたらいいかというと、成功した例を考えるべきです。例えば日本とベトナムで何が起こったか。私がベトナムにいたとき、一時、日本は何百万人殺したと言われました。最初にベトナムに行ったとき、第二次大戦中日本軍が進駐してきて、米《こめ》を強制的に供出させたので何百万人も死んだんだと言うのです。向こうの外務大臣が言うのです、一九九二年頃の話です。それで僕は、それはそれとしていろいろ議論しましょうと言って、そもそも日本が来たからやっと共産党政権ができたのではないかと言いました。その前は、フランスが弾圧していましたから。要するに日本軍が進駐して、全部牢獄から政治犯を出したのです。

そういうことも、ちゃんと歴史の認識として覚えていなくてはいけないのではないかと。そう言うと、いやいや、共産党員のうち何人かは残っていたと先方は言っていましたが、いずれにしても、そうした過去を乗り越えました、日本とベトナムは。

それから、日本とモンゴルもそうですね。一九七一年に日本とモンゴルが国交正常化するときに何が起こったかというと、先方は、戦争の賠償をせよと言うのです。いわゆるノモンハン「事件」ですね。謝れ、賠償金を出せと。その後、国交正常化しても一時は随分しっくりいかなかった。しかし一九九〇年代以降、見事にうまくいくようになりましたね。それはなぜか、日本と台湾もそうですが、なぜ日本とあの国は過去を克服できたのだろうかということを、もうちょっと日本人は勉強した方がいいと思います。第三国に対しても、あたかも日本は日韓、日中で何も過去を克服していないと思われているけれども、アジアを広く見ればそうではないのです。ベトナムとかモンゴルとか、台湾とか、過去を克服している例もあるから、そこでは過去を克服してこうなった、何が起こったかということを分析して、それをもう少し世間に知らせるような努力もするべきではないかなと思います。

黒田 いま小倉大使のお話で日本のことをおっしゃるんだけど、僕は日韓関係においては韓国の方の問題点というか、韓国の特殊性、特異性ということを近年、痛感するんですよ。というのは、さっきおっしゃったように、例えばベトナムだったらフランスあるいはアメリカとの関係ですね。インドネシアだったらオランダとの関係、インドだったらイギリスとの関係ですが、そういう他地域の支配、被支配の関係における清算の問題と日韓を比べた場合に、僕は、日本はよくやったと思いますよ。ところがそれを韓国は評価しない。むしろ今なお「何もしていない」などと言いつのっている。それは韓国人の歴史認識の問題が我々と違うという問題だと思うんですね。だから日本に対する歴史清算を追及する姿勢というか、その根底にあるのは、小倉さんはそれを普遍的なものと評価されるかわかりませんが、僕はちょっとつき合い切れない。今の日本における反韓の一つの背景には、それがあると思いますよ。韓国人の歴史認識に対する強い違和感ですね。

小此木　いや、だからね、慰安婦問題を含めて歴史問題で我々が相手にしているのは何なのか、それを正確に認識しなければいけないでしょうね。韓国の何なんだといえば、やはり朱子学的な伝統文化だと思いますよ。正統性や正義をとことんまで追求し、歴史を正さなければいけないというような。

黒田　あるべき歴史を追求する。

小此木　これは、執拗に追求しますよね。それは黒田さんの言うとおり、韓国的なものだと思いますね。

それから、豊かになれば何とかなると思っていたらそうでもなくて、やっぱり韓国は分断国家であり、そのナショナリズムが相当に強烈ですね。それがまだまだ南北が統一するまでは続くんだと考えると、我々が直面しているもの、慰安婦問題の背後にあるものと言っても良いですが、それは大変なものなんだということになるんですよね。

若宮 そもそも「小中華」だと思ってきた朝鮮には、華夷秩序の中で日本より上位だという意識が強かったわけでしょ。そういう国を日本が併合してしまったのは、オランダがインドネシアを支配したとか、イギリスがインドを支配したのとは根本的に違うと思うんです。朱子学的な「あるべき歴史」にはそこがかかわってくる。

黒田 解決はあり得ないということになっちゃう。

小此木 それが、悲観論の根拠ですね。私は、だから正面対決は避けたほうがよいと言っているんですがね。泥沼の消耗戦になります。ほとんど勝ち目がない。しかも、それに勝っても得るものがほとんどない。だから、迂回して、できるだけ問題を小さくし、共同で管理できるような方向に誘導して行くのがよいと言うんですが、最近は誰も聞いてくれませんね。

黒田 外交的な、その時々の妥協というのはあるけれども。

小此木 韓国には、NGOをコントロールできる政府はそもそも生まれないだろうという見通しですね。

小倉(和) でも黒田さん、確かにそれはよくわかりますよ。私は韓国に三十年いたわけではなく、三年しかいなかったけれども、おっしゃることは、よくわかります。しかし、他方において若い人の作文、韓国の高校生の作文を読んだりしてみると、我々とはちょっと意識が変わってきているのではないかと思います。

例えば、私は、日韓のサッカーを見に行ったのです。随分前ですが、そのとき、韓国の高校生で日本チームを応援している人がいるのです。僕はびっくりして「あなた、ちょっとサイドを間違っているのではないか、向こうだよ、韓国は」と言ったら「いやいや、私は日本チームを応援しているというより、中田という選手を応援しているのだ。彼がいるチームを応援しているのだ」と、こう言うわけです。

韓国の高校生の作文を読むと、日韓関係はよかったり悪かったりするが、しかし、問題は交流だというのです。交流には二つ条件があると言っているのです。持続性と、それから市民の責任意識だと。単なる楽しい交流ではだめだと。市民が責任を持った交流の、持続性です。高校二年生が言っているのです。

小倉(紀) いや、だからNGO国家というものがある。そしてその持続性と責任というのがあるわけですね。NGOとは何なのかということを考える必要がある。韓国のNGOというのは、朝鮮王朝時代の士大夫の役割をしている人たちなんですね。つまり王は悪いこともするし、揺れてしまう存在であると。天理つまり正義とくっついているのは自分たち士大夫である。だから士大夫が王をコントロールすべきだ、というのが朱子学の考えです。そういう勢力が今やNGOになっている。昔の士大夫が今のNGOです。ですからNGOの人たちは、正当性と正統性と道徳性にしか関心がないんですよ。

ということは、ふつうの韓国人もそういう意識を持っている。つまり韓国で言う「市民」という意識ですよね。そういうものを持っているから、政府は常にNGOを恐怖するし、NGOにコントロールされてしまうという、そういう構造になってしまっているのは確かなんですね。

では、韓国の歴史認識が無限に日本に何かを追求するのをやめさせる一つのきっかけは何か。小此木先生がおっしゃったように、やっぱり北に対する過去の清算だと思います。いま韓国政府とNGOが一番恐怖しているのは、日本と韓国がこのラインで妥協してしまったときに、北朝鮮から、なぜもっと上のラインまで引っ張れなかったのか、韓国はやはり親日だ、と言われるということを一番恐怖しているんだと思うんです。ですから日本と北朝鮮があるラインで、歴史問題で妥協した、となれば、韓国もある程度安心できるようになる。

若宮 小泉訪朝のときの「平壌宣言」を読むと、日韓条約の線でいいと言っている。それ以上賠償でなければだめだとかは言わなかったわけですよね。

小倉(紀) 経済協力と。

若宮 経済協力でいいと。まさに韓国は安心できるというか、まあ日本も安心できる線だったわけですよね。別の拉致問題というのが出てきちゃったんだけど、例えば慰安婦問題とかその他の問題で日朝協議がこじれるということは、多分ないと思うんですよね。だから僕は、今おっしゃったのはそんなに難しい話じゃないと思うんですよ。

小此木 そうね、一九六五年よりはずっとやりやすくなっているわけだから。金丸訪朝も、小泉訪朝も、思わぬ陥穽にあって、失敗に終わりました。結局、北朝鮮の核開発問題と拉致問題を解決できなかった。

小倉(紀) イシューはたくさん出てきていますよね。慰安婦の問題も。北朝鮮も主張しています し。ただ、それをパッケージにしてこのようだというのが出せればいい。

若宮 歴史認識を朴槿恵政府が執拗に言うというのは、じゃあ具体的に何を言っているかというと、そんなにないんですよ。慰安婦問題の解決と、村山談話をちゃんと継承しろと。継承しろというのは、これ以上謝れということじゃないんですよ。ただ、村山談話を見直すとかその種の曖昧な発言があるから、継承をきちんとしろと。靖国のことは言ってるんだけど、安倍さんが参拝したあとの正月以降、実は朴槿恵は靖国に行くなとか言ってないんですよね。もちろんまた行けば話はひっくり返るでしょうが。だから歴史認識と言うときに、僕は韓国の求める一〇〇%なんてそんなことは無理な話なんで、それは韓国だってわかっているだろうと思います。さっきも言いましたが、よりによって私が大統領になったら、なんで村山談話も河野談話も踏みにじるんだ、と怒っているわけだから。

慰安婦問題の扱われ方

若宮 それから慰安婦問題はNGOが絶対だと黒田さんはおっしゃるけど、向こうも最近、今までの法的責任論だけじゃどうも無理だというのはわかってきていて、NGOの中にも動揺があるし、政府は明らかに、何か手が打てるものなら打ちたいと思っている。打てるかどうかはわかりませんよ。だけど、それには日本が乗ってこなきゃ無理なんで。日本は日本で、あんたのところはそんなこと言ったって、全然責任を持たないでＮＧＯの言いなりじゃないかと思っている限り妥協できない。韓国も、韓国が妥協する以上は安倍さんが降りてきてくれなければ無理だと。何かアジア女性基金に準ずるような方式でやってくれなければ妥協のしようがないという、そのあたりだと思うんですよ。だから、本当はそんな難しい話じゃないと僕は思うんだけど。

小倉(和)　ただ、どうですかね、難しい話ではないかもしれないのですが、僕はさっきの道徳性ということを心配しているのです。というのは、黒田さんも言われたとおり、今のＮＧＯは非常に道徳性を重んじますね。倫理的なことを言うのです。

慰安婦問題などにしても、その背後にある日本の思想や道徳観は何かとか、自由民主党政権の思想は何かとか、そういう話にまで及ぶところに困難がある。そこが難しいところですね。

若宮　いや、おっしゃるのはわかる。だから実際は難しいとは思うんだけど、考え方次第ではやれるということを言ってるんで。マスコミも少し変わってきてる。朴裕河さんが最近、「第三の道」を求めるシンポジウムをやって、それが結構、きちんと報道されたりしました。

小倉(紀)　最近韓国で朴裕河さんが攻撃されていますよね。そのことについて、ある人から先日聞いた話ですが、朴裕河さんがあれだけ攻撃されたのは、結局何が問題だったかというと、『帝国の慰安婦』という本を書いたことではなくて、『帝国の慰安婦』をきっかけにして『朝鮮日報』、『東亜日報』、『中央日報』が、慰安婦問題をもうこの辺で決着、けりをつけた方がいいんじゃないか、我が方にも何か間違いがあるんじゃないかということを言いだしたことだというのです。それで挺対協が怒っている。逆にいえば、挺対協はなぜそんなに追い詰められているのか。それは一言で言えば、挺対協がこの二十年の間頑なに妥協しない運動をしている間に、慰安婦の人たちはほとんど死んでしまったではないか、あと五十人しか残っていないじゃないか、という話が韓国の中で最近出てきて、これに一番敏感に反応しているんです。つまり、自分たちが道徳性の側だったのが、今逆になりつつあるという心理ですね。

若宮　だから必ずしも今までの挺対協だけの強硬論ではないという状況も生まれてきている。それをうまく日本側が捉えて、こっちも手を差し伸べるようなことをすれば。

小此木　それは、どこかの団体でうまく手を差し伸べるしかないですよね。しかし、そのためには、韓国政府も責任を持って介入し、泥をかぶってでも問題を解決するという覚悟を持ってくれないとね。

若宮　民主党政権の末期と李明博政権の末期に、斎藤勁官房副長官が動いてぎりぎりまで打開策が模索されましたが、時すでに遅すぎた。ましてや安倍政権になると、なかなかそういう発想にならない。

小倉(紀)　つまり挺対協が失敗したという認識が、どんどんいま韓国の中で広がりつつあるのに対して、過剰に反応している。

金子　中国吉林省の文書館の史料の中の、従軍慰安婦関係部分をインターネットで公開し始めた。

世界記憶遺産に申請するといっている。韓国のNGO運動に対する支援を中国が国策としてやるのですね。文書には、出先部隊の司令部から慰安所を開設した女将あてに送金したという手紙がある。戦犯の供述調書もあるが、公開された原文は住所、氏名くらいで、中国語訳文は「中国人と朝鮮人婦女子を拉致した」ととても抽象的。いつどこでだれの指示で拉致したのか、それがない。その本人は、日本に帰還していますが、日本側もずっと触らなかったのでしょう。いきなりそういう書類が出てきても、どこまで事実かどうかわからない。世界遺産にするというのですから、日本側もそれを手に入れて、事実はどうだったか調べるべきではないですか。今の流れは、日本と韓国だけの論争に中国という応援団が入ってきている。ちょっと考えた方がいいと思う。

若宮　安倍さんが去年の国連演説で、女性を大事にすることを日本政府の大きな政策の柱として打ち出しましたね、女性の人権というか尊厳というか。それでいま、世界のあちこちで行なわれている戦争における性暴力を予防したりするために、日本はODAを出すというようなことまで言ったわけです。そのときに韓国ではふざけるな、慰安婦問題をほったらかしにして、何が女性の人権かという反応が多かったんだけども、僕は、いや、そういう言い方はしない方がいいと言ったんです。安倍さん、結構ですね、女性の人権に取り組むのは大変結構ですし、もし世界でそういう問題があるなら韓国だって一緒に協力しましょうと、そのぐらい言えばいいじゃないかと。だけど、それだけ女性の人権が大事なら、やっぱり遠い世界の将来の話よりも、まさにいま問題になって世界でも注目している女性の人権の問題、すでに傷つけた問題について何とかする方が先でしょう。いや、先でなくてもいいから同時にやったらどうですか。それについては、韓国政府としても協力しましょうと、そう言えば安倍さんの顔も立つし、未来志向的に過去の問題を片づけられるんじゃないかと思うんです。そういう発想がお互いちょっとでもあれば、いいんじゃないかと。

黒田 つまり、第三次外交決着ですね。それはやってもいいですよ、韓国が自国のNGOを説得できればですが。

若宮 そう、そういうことをしないとだめなんですよ。互いに相手をやり込めて、自分の正しいことで決着しようと思っている限り、僕はできないと思いますよ。

小倉(紀) わかりました。韓国が安倍首相の顔を立てるかどうかはわかりませんが。

小針 それではここで休み時間をとります。あとは、提言のようなものを頂きたいと思います。グローバルの中でどう考えるかとか、日朝の話もあればぜひ含めて頂きたいと思います。

第三章　提　言——日本人と韓国人は何をすべきか

パワーシフトの変化で「なぜ日本だけしていけないのか」を

小倉(紀)　それでは一番最後の、この本の肝となるかもしれない部分、つまり日韓両政権に対する提言に入ります。政権だけではなく、国民に対してでも結構です。特に、二〇一五年を目前にした今の段階で政権同士がこれだけ完全にそっぽを向いてしまっているのを、やはり正していかなくてはいけないと思うんです。それに対して、今までの分析とは違って提言、構想というようなものを含めて、ぜひお話しいただきたいと思います。御自由に、どなたからでもよろしいんですけれども。

小倉(和)　ちょっとお聞きしたいんですが、小倉（紀）先生に。つまり何をやるべきかという話のときにどの次元で我々は話をするのか、ちょっとクリアにしておいていただいた方がいいと思うのです。午前中に触れられたのかもしれませんが、国際政治を見ると明らかにパワーシフトがいま起こっていますね。どういうパワーシフトが起こっておって、それをどう認識するか、その中で日韓関係をどう持っていったらいいかという話があり、それと、今度は、日韓の現状にかんがみて市民としては何をやるべきかという話は、相互に連動はしているけれども次元が若干違うと思うのです。だから何をすべきかの話のときに、そういう客観情勢を踏まえて、国としてどういうような政策を打ち出していくのがいいのだろうかという話と、市民レベルで何をやっていったらいいのだろうかという話を分けないと、話がおかしくなりかねないと思うのです。前の話というのは、午前中に大分もうやられたのですか。

小倉(紀) そうです、午前中に。まず国際情勢、次に市民というふうに分けないで、個人個人でお話しされるときに、その二つの角度を分けて言っていただければいいと思いますけれども。

小針 総合的な政策提言みたいなものも、考えるということですよね。

小倉(紀) 何でも結構です。それぞれのお立場から。

小倉(和) 私は午前中出席していないので、そういう意味で国際情勢一般と関係する部分も少しふれますと、やっぱりさっき申し上げたように、明らかに東アジアにおいては力関係の変化、多くの人はこれをパワーシフトと言うし、韓国人の中にメガトレンドと言う人もいるのですが、要するに力関係の変化が起こっている。これは明らかに韓国の経済的な力、それから政治的な力もある程度それに伴って、また韓流ブームもあって、韓国の力が相対的には増えています。もちろん中国の台頭もあります。それからロシアとしては、やはりアジアにおいて中国への牽制も考えなければならない一方、中国と協調もするという動きが出ています。アメリカはアメリカで、実はアジアの問題は、ますますイランとかアフガニスタンとか、クリミアの問題と、頭の中で連動していると思うのです。

そういう中で日本として何をなすべきかというときに、韓国だけを、朝鮮半島だけを頭に置きますと、やはり韓国を対等なパートナーとして認めるということを、単なる言葉の上だけではなくて、もう少し強く前面に打ち出していく必要があるのではないかと思うのです。だから過去の清算ということも、そういう中で考えましょうという姿勢を出していくことが望ましい。具体的には、例えば対等という意味は、同じ問題を抱えている国だというふうにお互いを理解し合うこと、つまり、どっちが兄貴でどっちが弟とかではなくてですね。例えば女性の問題とか不登校の問題、外国人受け入れの問題とか、いろんな問題が非常に似てきています。そういう問題についてもう少し、対話と対策を共同で考えていくようなことが大事です。それから対等である以上は、石油の備蓄まで行くかどうかは別ですが、共同事業をもっとやっていくこと、第三国における協力などを、行なっていくことが大事だと思うのです。

もう一つは、やはり北朝鮮の問題ですね。私は、今のパワーシフトの現状を見ると、明らかに日本と北はこれから一定のところまで進まないと東アジアの力のバランスがおかしくなると思います。

それが一つですね。

もう一つ、中国の対外政策を見ますと四つぐらいの次元があって、大国であるということを世界に認知させようということもありますし、それから第三世界、ＢＲＩＣｓですね、そういうものの一員としていろんな意味で発言しようということもありますが、中国は最近「周辺外交」という言葉を使っていることにも注目すべきです。この周辺外交、それから「新中華秩序」ということも言う人がいます。必ずしも政府が言っているわけではないですけれども。そういうものを見ていると、やはり周辺諸国に対しては、なるべく中国に対して経済的依存度を高めさせる、特に台湾、韓国、東南アジアが対象です。そうすることによって中華圏、ある意味では中華経済圏をつくり上げて、そこが中国の政治的な影響力の下に置かれるという形に持っていきたいというのが、中国の周辺外交の特徴だと思うのです。

したがって一つの日本の政策は、それに対応することでしょう。韓国にもその辺はわかってもらった上で、日本も東南アジアや北などとの経済関係を密接にしなくてはいけない。中国の経済的な周辺外交に対処するためには、やはりアジアに対する新たな経済外交を展開する必要があるのではないかと思います。これは、韓国にも言っておかないといけない話ではないかと思うのです。

そういう力関係のバランスが微妙に変わってきているのですから、日本は新しい形のアジア外交を展開していかないといけないのではないかと思うのです。

ただ、その際に一つ、特にこの本の出版の時期を考えると集団的な安全保障の問題ですね。これは非常に大きな問題で、私もこの話をすると長くなりますから、一つだけ申し上げたいのは、イエスと言える日本こそノーと言える日本だということを、日本は考えるべきだと思うのです。どういうことかというと、アメリカに対してイエスと言えなければ、アメリカに対してノーと言えないのです。

いま歯止め論というのがありますが、歯止め論の一つの大きなポイントは、結局日本はアメリカの言いなりになるのではないかということなのですね。しかしアメリカの言いなりにならないため、すなわち時としてノーと言えるためには、アメリカに対して肝腎なときにイエスと言えなかったらノーも言えないのです。イエスと言えるから、イエスと言わないでノーと言うので意味があるのです。そこのところの認識が非常に間違っている人がいて、僕は現代の安全保障論の中で最大の欠点の一つは、友好的にアメリカにノーと言うためには、アメリカにイエスと言える日本にならなくてはだめだと。それは、論理的にそうなのですよ。そこのところを、もう少しわかりやすく説明しないといけないと思うのですが。

もう一つは、やっぱり韓国や中国ができることを日本がなぜしていけないのですかということです。これは、もっとはっきり言うべきだと思うのです。これから集団安全保障体制をつくるというのは、韓国や中国が今やれること、あるいはやっていること、やってきたことの十分の一にもなっていないわけです。そのことに対して中国や韓国にもっと理解を求める努力をするためには、中国や韓国がベトナム戦争で何をしてきたのか、朝鮮戦争で何をしてきたのか、今日《こんにち》何をしているのか、そういう過程の中で一体集団的な安全保障を彼ら自身はどういうふうに考えてやってきたのかと。それと日本との間をちゃんと冷静に比べるという、そういうこともやってもらわないと困ります。単にコップの中のあらしのような議論ばかりをしていても、国際情勢、国際社会では通用しない。今の日本において行なわれている議論の九割近くは、国際社会では通用し難い議論ですね。ですから国際社会の中において議論するためには、いま言ったようにはっきりアメリカなり、中国や韓国に対しても説明できるものにならなくてはいけないと思うのです。

市民のレベルでは、何をやるべきかというのは難しいのですが、さっきから議論になっている国と国民を分けるような、つまり多様性社会、韓国も日本も、多様性のある社会を目指しているのだということを市民一人一人がよく自覚することが大切だと思います。このことが何を意味するかというと、いろいろな各種の交流の増加、第三国も入れてもいいのですけれども、それが大事です。国と国民との意識を分離して、日本国と日本国民を分けてもらうためには、やはり交流の増進が非常に大事です。それをやったから日韓関係がすぐよくなるとは必ずしも思いませんけれども。長い目で見てやるべきだと思いますね。

もう一つは、日韓関係が戦略的にいかに重要かということの認識が落ちているのではないかと思うのです。日韓関係の戦略的な重要性というのは、今までは一見当たり前だとされてきたと思うのです。今でもかなり、六割とか五割の人は大事だと言っていますけれども、なぜ大事ですかと聞いたら、恐らく必ずしも明確な答えを出せない人が多いのではないかと思うのです。日韓関係がなぜ大事なのか、そこをよく考える必要があるのではないでしょうか。私が常に申し上げているのは、軍事境界線は、軍事ではないですけれども、境界線としては日本にもあると。朝鮮半島の三八度線だけではないと。何を言いたいかというと、日本国内で朝鮮人と韓国人の社会が対立しているわけですね。この問題は非常に大きな問題であって、朝鮮半島の平和と統一というのは日本になぜ大事かといえば、一つは日本に何十万人の朝鮮半島出身者がいるからなのです。そういうことについてもう少し真剣に取り組まなくてはならないと私は思います。

それからアジアの中で、日本のほかは唯一でもないかもしれませんが、民主主義で経済的に発展した国は韓国なのですから、その国と交流を深め中国への対処の仕方も話しあえるはずです。

為政者が認識すべき国家ブランディングの重要性

小倉(和) それから私が申し上げたいのは、世界を見ますと、隣の国の間でですが、イギリスとフランスとか、フランスとドイツとか、アメリカとメキシコとか、過去四百年の間激しい戦争が、小競り合い的な、軍艦がちょっと砲撃をうけたといった程度ではなくて、激しい戦争をしなかった隣国同士は、主な国ではほとんど日本と韓国だけともいえます。つまり秀吉以来、四百年間日本と韓国は戦争をしていないのです。これは、逆にみんな忘れていることですね。四百年間隣の国で戦争をしなかった国は、世界の主な国でほとんどないと。このことは大事にしようと思うべきです。

ですから日韓の間で不戦の誓いを行なうということもできるでしょう。四百年間私たちは戦争してこなかった。植民地とかそういう反省は、反省として、不戦の誓いというものを、打ち出すべきではないかと思っているのです。

また、交流についてですが、実は交流の効果を測定したことがあります。韓国においてです。つまり、日韓間で交流していろいろな意味で日本についての知識がふえる、そうすると、韓国人の対日観はよくなるのかどうかといったことを調べてみますと面白いことに、ある一定限度までは知識がふえても、それほど好感度に影響はないのですね。しかし、ある一定の限度を超えて知識がふえると、好感度に非常に影響を及ぼす。ですから、交流するといっても普通の観光程度ではだめなのですね。やはりかなりの知識を注入する。それがまた別途あって、それによって初めて好感度が向上してくるという訳です。

それから交流の効果をさらに詳しくみるために相関関係ではなくてマルチ、多数因子相関関係というややこしいことをやりました。いろいろな交流が日韓関係で行なわれているものについて、誰が行っているのか、誰がそれを見に来ているのか、誰がそこに関与しているのか全部統計をとって、それを全部詳しく一番最新の世論調査方法で調査してみますと、交流するときはターゲティングが大事だ、すなわち、どの層にどういうテーマで交流するかということを、きちんときめておかないといけない。あるAという行事とBという行事で、ほとんど同じ人が行ってる。それではA、Bにお金を出してやる意味は必ずしもないということになりますから、ターゲティングが非常に大事です。日本語を学習する人、市民団体間の交流、あるいは美術家同士とか、そういうターゲティングをして、それに合わせた交流計画をやっていかないと、効果が十分あがらないことがわかってきたのです。これは、ある意味では当たり前のことなのですけれども。

最後に、私がショックを受けたのは、これはベネッセの教育開発センターが行なった統計ですが、日本と韓国の高校生の英語学習の比較なのですが、日韓の高校生が国内で英語をどの程度使用した経験があるかというと、驚くべきことに韓国では英語で書かれた説明書を読んだとか、それから自分で進んで読むとか、あるいは英語で道を尋ねられて答えたとか、英語で日記を書いたとか、インターネットやブログで英語でやったとかというのが大体七〜八割なのです。ところが日本の高校生は、二割です。つまり言語の問題がこれから日韓間で非常に大事だと思います。特に若い人の場合、日本は英語を話さない高校生、大学生が非常に多い。向こうはそうではない。韓国語と日本語でやるというのが一番望ましいですが、そうも簡単にいかないとすると、やはりコミュニケーションにおける言語の問題はこれから日韓間で非常に深刻な問題で、それをどういうふうに克服していくかを考えなくてはいけないのではないかと思いました。ちょっと長くなりまして、すみません。

小倉(紀)　どうもありがとうございます。非常に多岐にわたって、大変具体的なところをお話くださいました。それを受けるというより、まず個人個人のお話をしていただいて、その後まだ時間がありますから、議論をするということでよろしいと思いますが。

小針　ノーと言えるためのイエスと言うスタンス、それは日本だけじゃなくて韓国に対しても非常に言えることですよね。例えば歴史問題に関連して、日本が何かの措置を講じてもこれを良しとして、すぐにイエスと言わないのです。たとえば、河野談話であれ、村山談話であれ、小泉談話であれ、発表当時の韓国メディアは「小さい前進」、「責任回避用の生ぬるい措置」、「不十分だ」、「新味なし」などと冷淡に書いたところが目立ちました。政府も歯切れよく「歓迎」とも言いませんでした。日本の措置に対して韓国側がもっと快くイエスと言っていれば、その後、非常にうまくいっていた要素があったわけです。あるいは朝鮮半島統一をめぐる問題に関しても、例えば日朝間の交渉が進展すると、韓国の政府やメディアは妨害するかのような動きを見せることがあるんですよね。安倍政権は北朝鮮との人的往来規制などの日本独自の制裁措置を今年七月四日に一部解除しましたが、これもごく限られた措置の解除に過ぎず、依然として日本独自の制裁措置(貿易の禁止など)が続いているのに(つまり世界で最も厳しい措置を継続させているのに)、韓国メディアなんかは結構大騒ぎしています。今後、韓国が主導的に統一を成し遂げるのであれば、朝鮮半島の緊張緩和につながるような動きには冷静であるべきで、何でもノーと言っていると思われるのは長期的にもよくないわけです。なんでもノーならば、将来的に、韓国主導の朝鮮半島統一に対して協力しようという世論が、日本国民の間では主流にならないでしょうね。

それからいま小倉元大使のお話を聞いて幾つか思ったことで言うと、やはり交流の在り方ですね。量的なことももちろん大切ではあるんですよね。このごろ日本から韓国に行く人が本当に減っていて、中韓間の人的往来が太くなっているのとは対照的に、日韓間と日中間は細くなってきているの

図17　日韓中3カ国間の人的往来数（2013年）

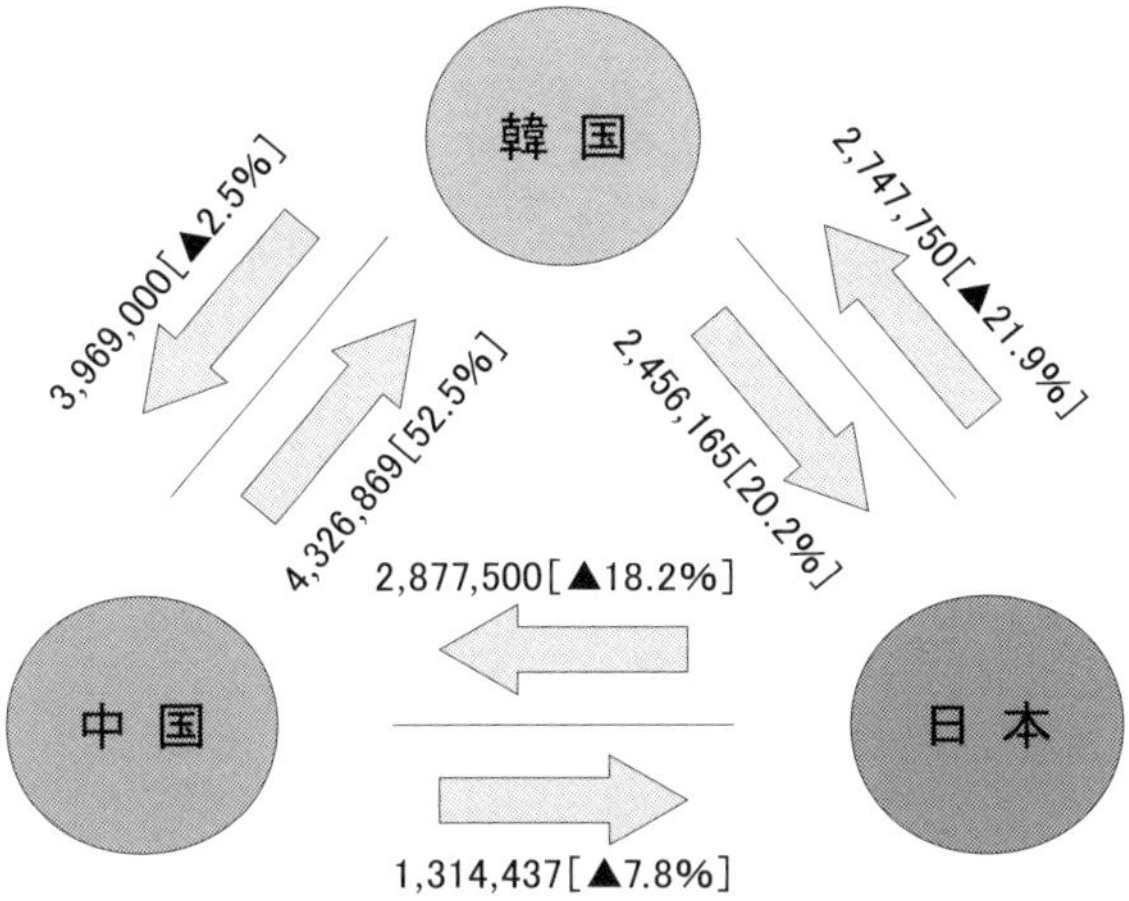

単位：人。実数のカッコ内は前年対比。▲は減。

出所　日本政府観光局、韓国文化観光研究院、中国国家旅游局、国連人口部の各統計資料より着地国基準で小針作成。

です（図17）。大ざっぱに言うと、人の流れは日中間が四百万人、日韓間が五百万人、そして中韓間が八百万人なのです。ただ、量と同時にやはり質も大事です。そのときにちょっと考えることは、交流のプログラムはすごく大切で、例えば前の安倍政権から推進されてきたＪＥＮＥＳＹＳ（Japan-East Asia Network of Exchange for Students and Youths）プログラム（二十一世紀東アジア青少年大交流計画）の効果を追跡調査によって研究者仲間と分析したことがあります。すると、当然といえば当然なのですが、日本への理解度が高いのは、ＪＥＮＥＳＹＳプログラムで訪日経験がある韓国人、個人的な観光旅行等で訪日経験がある韓国人、訪日経験が全くない韓国人の順です。例えば「東日本大震災が発生した時被害をこうむった日本人たちを見てどう思ったか」という質問をして、「日本人たちの被害に共感して胸が痛かった」と答えた人の比率は、プログラムによる訪日経験者九〇%、他による訪日経験者七二%、訪日非経験者五七%の順でした。したがって、交流は量とともに質も大切なんだと思います。

もうひとつ思うことは、国家ブランディングを日本と韓国の当局者はもっと考えるべきだということです。国家ブランディングというのは、国際的な国の評判を高めることを目指した、国のイメージ管理のプロセスのことです。最終的な目標は観光・貿易・海外投資等で競争力のある国家イメージを確立することにあります。自国のイメージに明確な目標を設定し、それを達成するように様々な施策を行っている国もあります。その国家ブランディングを見るときに、人々はどんな要素で国の価値やイメージを認知しているかというと、「有能さ」と「温かさ」ですね。たとえば、台湾は親日的と言われますが、台湾で日本イメージを調査すると、「有能さ」でも、「温かさ」でも、台湾人は日本に対していずれも高い測定値が出ます。一方、日本人が韓国を見るとき、あるいは韓国人が日本を見るとき、いずれも「有能さ」は意外と高いんです。ところが、「温かさ」はともに低い数値が出ます。日本人から見ても、韓国人から見ても、ドイツなどヨーロッパの国々に対しては、「有能さ」も、「温かさ」も、高い数値が出ます。日韓間のお互いの「眺め合い」では決定的に「温かさ」という要素がお互いに欠けているのです。恐らくいろんな要因があるんでしょう。交流のプログラムを組む時にも、「温かさ」重視でやればいいのではないでしょうか。

先に示した世論調査のデータで言うと、相手国の為政者に対しての印象がものすごく悪いですよね。特に「温かさ」という面で言うと、韓国人が安倍さんを見るときも、日本人が朴槿恵さんを見るときもやはりだめだと思うんですね。そうすると、一国の指導者の立ち位置が、どうなんだということです。自民党のある元幹部は「国のトップは国民のナショナリズムに九〇%は乗ったとしても、一〇%でも相手国の指導者の立場にも立って、二国間関係を考えるべきだ」といったようなことをどこかで言っていました。朴槿恵さんを見ていると、自国中心での立ち位置でしかないですね。朴槿恵さんはもう少し国家ブランディングも考えて発言しないと。

日本人の韓国観にとって、韓流ブームというのは革命的な好転をもたらした面があった。ある意味では韓国のいわゆる対日パブリック・ディプロマシーは非常に成功していたわけです。今から十年ぐらい前ですよね。そのおかげで盧武鉉政権下で日韓間の政治外交関係が悪化しても、日本人の対韓感情が総体としてそれほど落ち込まなかった。でも、朴槿恵政権の現在、当時得られたパブリック・ディプロマシーの効果は、今の韓国の為政者によって大分後退させたところがあります。日本もクールジャパンと言っていますが、その言葉もちょっとわかりにくいところがありますね。

寛容度が狭まった韓国メディアへの苦言

小倉(紀) これから日韓関係をどうすべきか。黒田さん、いかがですか。朴正熙に戻せ。朴正熙時代の韓国を取り戻す、ということですか。

黒田　例えばその前提として、僕は韓国にいるので、韓国の状況の変化を感じるわけね。一つは、メディアの問題は決定的に大きい。日本以上に韓国の場合はメディアの影響が大きいと思いますが、例えば先ほど小倉大使も多様性の問題ということですね。それは当然お互い相手を見る、理解する際の多様性、あるいは多角性が絶対的に必要ですけど、やっぱり韓国はそういう意味では、むしろ非常に狭くなったと思いますね。

というのは、日本ではいま反韓本が大流行で出てますけど、以前は韓国批判の本でも、韓国にある意味では関心を持ってくれたわけだから、それを韓国の出版界は結構翻訳していましたね。僕の本も、一九八〇年代はそうですけど。ところがその後、例えば僕の経験で言うと一九九九年に書いた『韓国人の歴史観』は出版されなかった。あれは翻訳した外語大の教授がいて出版社に持っていって、最初オーケーと言ったのが後で最終的な企画会議の結果、それを出すと何か出版社への攻撃が相当あるかも知らんとなってやめるということになったんです。近年日本における韓国批判、いろんな意味のね、その本が韓国では非常に出なくなりましたね。

小倉(紀)　韓国の翻訳ですか。

黒田　そう、韓国で。

小倉(紀)　それは、あまり翻訳する意味もないものだからじゃないですか。

黒田　いや、僕の本など韓国人の歴史観に堂々と挑戦しているのですからね。

小倉（紀） 中身のある批判本だったら意味がありますが。もちろん黒田さんの本は意味がありますよね。

黒田 批判本には、中身のあるやつもあるし、ないやつもあるんだけど、それはいろんな意味で、日本人あるいは日本社会で韓国をこう見ているんだとか、昔だったらつまらん本でも結構出ていましたけどね。韓国は今なお歴史がらみでは異論に聞く耳は持たないという感じが非常にありますね。

小針 小室直樹の『韓国の悲劇――誰も書かなかった真実』（一九八五年）なんか、すごく売れましたよ。

黒田 当時はそうでしょう。もちろんその後、韓国自身のある種の成長つまり大きく強い国になったからかもしれないけども、もういちいち日本の本にお世話になる必要はないということがあるように思う。全体としては批判は聞きたくないという印象ですね。

小此木 だけど小説の翻訳本なんか、ぼんぼん売れているでしょう。

黒田 うん、それは村上春樹や東野圭吾など小説やビジネスもの、ハウツーものは売れているんだけど、韓国に対する注文とか批判というやつは、昔と比べたら相当やっぱり。

小此木 日本人の意見を聞こうという気がなくなってきたのかもしれない。

黒田 そう。もう言われたくないという雰囲気ですね。

小此木 評価が下がっているしね。

黒田 それもある過渡期なのかなと思ったりもするんですが。

——韓流ブームと言われたときも、日本では——小社でも韓国文学の翻訳本を幾つか出しましたが、ほとんど売れません。そこそこ書評に出ても、売れませんね。

黒田　昔から日本の方ではダメですね。韓流ブームでも本は売れない。

——日本では、韓国に関心を持ってきているように見えても、ほとんど読者の手がのびないんですね。

小倉（紀）　韓国の小説は、全然売れないですから。

黒田　とくに小説は売れないですね。これも昔からですが、別に差別的という問題ではないと思います。日本人には面白くないからですよ。

小此木　映画が売れるんだからね。

小倉（紀）　日本の小説は、韓国で一年間に数百点も翻訳されている。ただ、これはほとんどライトノベルだそうです。韓国のものは年間に大体十〜二十冊ていど日本で翻訳出版されて、これはほとんど売れない。

黒田　圧倒的に売れているのが東野圭吾で推理物ですが、あれはすごいですね、日本の小説は物語性があって面白いんです。しかし韓国の小説はそれが弱いから日本では売れない。

出版の問題で言えば、大きな背景としてはやっぱり日本における韓国の存在感と、韓国における日本の存在感の違い、情報量の違いだと思いますね。韓国でのハルキ人気など、彼が描く小説の世界が、ライフスタイルとして読者の憧れになっている。それはそれとして、一方ではあまり日本人の耳に痛い話は聞きたくないとか、苦言を呈した場合はもうそれはいいやとか、そういう一般的な雰囲気があるように思うんですけど。若宮さん、どうです。若宮さんは甘い苦言ですが。

小倉(紀)　黒田さんのものは、苦い苦言だから。

若宮　僕は、黒田さんの書くものは、そのとおりだと思うことが多いのだけど、そこまで言っちゃあ身もふたもないというか、聞く耳持たれないだろうと思うことも多い。僕は甘い苦言と言われるけれども、自ら日本のこともかえりみつつ、相手もくすぐりつつ文句を言っていかないと聞いてくれないだろうなと思うんです。そのせいか、それなりにあっちこっちから声がかかって、韓国をかなり批判しているんだけど、いいことを言ってくれたみたいな感じはやっぱりあるんですよね。

小針　それは、韓国の新聞に書いたものですか。

若宮　新聞に書いたり、いろんなところで呼ばれたりするんだけど。最近、実は『ハンギョレ』から新聞社の読者向けの講座に呼ばれて「安倍外交の背景と問題点」について話をしてくれと頼まれました。実は、すごくしゃべりにくいですよね。僕なんかは安倍政権に批判的だし、そういう話を期待されているのかもしれないが、韓国で日本の首相の悪口ばかり言うのはどうかと思うし、韓国の過剰な安倍批判には的外れのことも多い。

そこで、あえて「安倍さんの気持ちを代弁すれば」という話をしたんです。①日本にも自尊心がある。近代史の負の部分ばかり攻撃せず、少しは光の部分も認めてほしい、②過去の謝罪は十分にしてきたから、もういいでしょう、③日本は独立国として普通の国になりたいだけ。軍国主義に戻したいなんて考えもしない、④韓国の安全は、在日米軍を支える日本の協力なしにありえない、⑤

日本は一党独裁の中国よりもまともな国。韓国が中国とばかり仲良くするのは理解に苦しむ――の五項目。結構きつい話をしながら、「いえ、これは安倍さんの考えですよ」というと、その度に笑いが起こる。

司会者から「若宮さんはどの程度賛成か」と聞かれたから「半分は賛成だ」と。反対の部分はこれこれだとも話しましたが、ずいぶん安倍擁護というか、日本を理解してほしいと話したわけです。反日色の強い『ハンギョレ』の読者だから反発があるかと思ったら、じっと聞いてくれて「こういう話は聞いたことがなかった」と喜んでくれた。だから決して聞く耳を持たないわけじゃないと思いましたね。

黒田 いや、若宮さんは朝日新聞イメージと「良心的日本人」の代表になっているので、耳を傾けたふりをしているんですよ。『ハンギョレ』をはじめマスコミには安倍理解の話はまったく出ないじゃないですか。

若宮 いや、『ハンギョレ』は私の話を大きく記事にしましたよ。それで新聞論調が変わるとまでうぬぼれてはいませんが、少なくとも無視したわけではない。

小針 日本に絡んで「こういう話は聞いたことがなかった」という反応は多いです。それはファクトを客観的に伝える報道が多くないからだと思います。過去に対して謝罪してきたファクトすら、韓国メディアは色メガネで論評してきた。「公人の公人」とはいえ、韓国紙は見出しで「安倍」と呼び捨てして報じるのも悪意が感じられますよ。

小倉（和） 日本についての事柄について、韓国社会でも聞く耳を持つという意味の寛容度が高まったとすれば、歓迎すべきことでしょう。寛容度については、さっき黒田さんが言われた点、すなわち日本人が書いた韓国批判のものが売れないとか翻訳しないとかということが、韓国社会の寛容度の問題と直接結びついているのか考えてみる必要がありますね。もちろん関係している、あるいはその一環でもあるかもしれません。しかし本当にそうかどうかちょっと僕には疑問があります。

例えば最近の日韓間の会合で、こういうことがあったのです。日韓両方の知識人や実業家などが集まっていたら、ある韓国人がこう言い出したのです。私は親日派と言われていると。韓国で親日というのは皆さん御案内のとおり禁句なわけで、あちらこちらからいじめられていると。しかし、自分はもう意に介さないのだと。なぜなら、もう慣れたと。慣れっこになったからだと。そこまでは、別に当たり前の発言なのです。ところが、そこからこの人はこういうことを言ったのです。韓国人は自らを反省していないと。大体植民地になったと言ったって、それは韓国側の責任だってあるのだと。韓国人が歴史を見て歴史認識を言うなら、韓国人が自分自身をどう見ているかということについての認識はどうなっているのか、と。この会議の冒頭に僕が「己を知ることは他人を知ることより難しい」と言ったものだからそれに引っかけて、まさにそうだと。だから韓国人は果たして自分がわかっているのかと、隣の韓国の政治家に食ってかかって、あなた方は日韓関係上の問題についていろいろなことを言っているけれども、自分のことが本当にわかっているのかと。自分のこともわからないで、他人のことを言う権利があるのかということを韓国人が言っていました。

しかも、これは公開の席です。ちゃんと聴衆もいて、全部インターネットで発信されているわけです。私はもちろん、それに似たシーンは今までも見たことはありますけれども、それは大体クローズドセッションでした。今度はオープンセッションで、みんな何百人と前にいるのです。ネットで発信されているわけです。そこですらそういうことを言ったという人がいたので、後で別の韓国人に聞いてみると、いや、ああいうことを言ったって別にいいんだよと。それは、そこに来た人は大体リーズナブルな人が多いからでしょうが。そういうことがあっても、果たして社会の寛容度が本当に狭くなってきたといえるのかについては、どうなのでしょうか、黒田さん。

黒田　僕の印象はメディアですね。というのは、日本でいま驚くべき反韓ブームでしょう。これを正確にほとんど伝えないですね、韓国のメディアは。日本人の反韓の背景としては、日本が長期不況で自信がなくなったからだとか、安倍の右傾化政策のせいだとか、みんなそういうふうにならしちゃいますね。反韓は反日のせいだと、恐らくみんな知っていると思うんですよ、記者たちはね。こちらに来ている韓国の記者たちはみんなその状況を知っているんだけど、それをメディアが伝えない。自分たちの反日への自己省察がない。自己批判が苦手な連中ですからね。

自分の価値観・歴史観を他国へ要求すれば歪む

若宮　そういうこともあって、先日、あるシンポジウムではこういう話をしたんです。日韓の間には、いま「特殊ガラスでつくった歪んだガラス窓」がある。その窓を通して見ると、向こうの国の醜いところが非常に拡大されて見えるんです、と。それを通して韓国から日本を見ると、こう見えるんじゃないか。それは、過去の侵略や植民地支配について反省とか謝罪とか、言葉を口にはしてきたけれど、それは上辺だけのごまかしで、実は過去の栄光を美化し、帝国主義の時代を懐かしんでいる二枚舌の国である。戦後は平和国家の道を歩んできたといいばりながら、その看板を平気でいま掛けかえて、富国強兵、軍国主義に戻ろうとする危険な国である。嫌韓の風潮も著しく、竹島独島をいずれ武力で取り返しに来るに違いない、と。

だから日本はおごりの国であり二枚舌の国に見えるんだけど、一方、韓国を日本から見ると甘えの国であり、美容整形の国に見える。つまり、過去の植民地支配に関しては自分たちの非を一切認めず、全てを日本の責任にして自分を美しく見せる国である。被害者の立場を前面に出し、日本に謝罪と反省を求め続けることが国是である。漢江の奇跡に協力したようなことは忘れて、日本の罪を世界に訴えて快感を得る自己本位の国でもある。竹島独島の占拠をこれ見よがしに誇示して、過去に対する報復気分を味わっている国であると。こういうふうに映ると。

このガラス窓の材料は、恨みであったり猜疑心であったり、嫉妬であったり、悪意の材料なんです。だから相当歪んではいるんだけど、ただし、全く根拠がないものかというと、そうでもない。そんな話です。

そこから、我々に必要なのは、この特殊ガラスで鏡をつくって、自分の姿を映して見ることじゃないかと。そこに映った姿を見ながら、我が身を振り返ってみることが必要じゃないかと話したんです。微妙な顔をしてましたが、笑いもあって反発はなかったですね。

ただし、これだけではさみしいので、今度は善意の材料で特殊な窓をつくったらどうかと提案しました。それを通して見れば、相手のいいところもいっぱい見える。日本から韓国を見れば、古来いろんな文化を伝えてくれた一番の隣人であるし、何だかんだ言ってこの百年余り、日本が味わったことのない悲劇をいっぱい味わっている。それは、民族の悲劇ですよね。それは異民族の支配であり、民族の分断であり、内戦ですよね。それは日本が知らないものを百年味わってきながら、それをともあれ克服して今日の繁栄を築いて、自力で民主化も成し遂げた。問題はあったってね、そういう国ではないか。基本的な価値観では日本と最も似た国であるし、経済の協力分野も大きいし、それから何より映画、ポップス、ドラマなど大衆文化では、非常にいま日本人を魅了するものを持っている国じゃないかと。

一方、韓国から日本を見れば、古くから独自の文化も育てつつ、進取の気性があって西洋の近代文化をいち早く取り入れて、アジアに伝播した国じゃないか。それから戦後は何だかんだ言っても韓国の経済成長に協力したし、民主化だって支援した国じゃないか。大震災にもパニックにならず、和の精神で秩序を保つ社会であるということも、韓国でも認めるところじゃないか。漫画、アニメ、ファッションなどで韓国の若者の心を捉えて、多様な食文化も魅力的な国ではないか。そういうことを。

小倉(和) そう言うと韓国人の反論は、韓国は顔は整形しますけど、心は整形しません。日本は心の整形手術をしていますと。

小倉(紀)　今おっしゃった、歪んだというのは、中立的というか、客観的に見ると韓国の方がより歪めているような、ということですね。

若宮　強烈に。

小倉(紀)　歪めているように感じますけどね。事実と違うものを見ている。日本の方が、より韓国に対して事実に近いものを見ているような気がします。私の信頼するある韓国人がよく言うことですが、韓国人というのはとにかく韓国が嫌いなんだと。韓国に対する愛が全然ないというふうに言うんですけど、当たっているかなと思います。愛がないから自国に対する分析もレベルが低いですし、韓国にいられなくなったらすぐ外に出ていくというのもそういうメンタリティが強くあるからだと彼はいう。だからそこのところをとにかく直さないとだめなんだということですね。

私は朴槿恵さんという人が現れたとき、これで韓国がちょっと変わるのかなと思ったのに、また先ほどから出ているように昔の正当性・正統性とか道徳という話を持ち出して、それを国内でやるだけじゃなくて日本にまで要求する。自分の価値観、自分の歴史観を他国に要求する。そういうことをすることによって、日韓関係がこれだけ紛糾してしまったと思うんですね。韓国の人が自分たちの歴史と国土、それから人に対して自信を持ってもっと愛していただかないと、これは根本的に変わらないいんじゃないかなと。

小倉(和)　日本人は、そういうことも必要かなと思って、善意の窓も見ましょうという。韓国人は、善意の窓を見に行かない、彼らをして善意の窓にどうやって行かせるのか。日本人の方は、まだ行かせることは可能だと思うけれど、韓国人をどうやって行かせるのでしょうか。善意の窓に。そこが難しいところですね。どういうふうにしたらよいのか。さっき言ったのと、同じ問題意識なのですけど。

若宮　ただ、さっきもちょっと話に出ましたが、日本は嫌いでも日本人は好きだという人はいっぱいいる。それは、ある意味、善意の窓で見ているわけです。そのことをもっと思い出してもらえばいいんです。それから日本からもデータを出す必要がある。たとえば日本人は本当に戦争が嫌いで、侵略されても命をかけて戦おうという人は非常に少ない。これはちょっと恥ずかしいくらいですが、そういう世論調査のデータを示すと軍国主義批判への回答になる。相手を攻撃するよりも、そういう客観的な発信をもっとすることで善意の窓を思い出してもらうことが必要でしょう。

それから、私がいいたかったのは、むしろ歪曲というか、歪んだガラスの鏡で自分を見てほしいというところですね。小倉（紀）さんは先ほど、客観的に見れば、歪んだ韓国像の方が真実に近いじゃないかと、こう言われましたが、仮にそうだとしても、韓国に対してただ「お前はこうだ」と言っても反感をもたれるだけで聞く耳を持たれない。だから、歪んだ韓国像だと言いながら、言いたいことを相当盛り込んだわけです。

小針　朴槿恵大統領は、でも日本の歪んだ像しか言わないじゃないですか。それが非常に問題じゃないでしょうかね。

若宮　はい、それも言いたかった。善意の窓も忘れないで、と。

国交正常化五十年のプラス面を検証すべきだ

金子　中国人の反日デモは戦前の五四運動から何度も起きているけれども、ある時期から質的に変わった。その転換点は二〇一二年、香港の活動家による尖閣諸島上陸事件です。香港NGOの活動船に香港のフェニックスという衛星テレビ局の記者とカメラが乗り込んで衛星中継をしていた。フェニックスは中国国内で放映を許可された唯一の香港衛星テレビ局で、この時にはじめて、尖閣領土争いの中継映像を国内局に流すことを中国当局が認めました。海上保安庁の巡視船の阻止線を突破して島に上陸する活動家の映像が、「やった、やった」という絶叫調のアナウンスといっしょに、全国の駅や空港などに設置された大型スクリーンに突然、予告もなく流れたのです。この日から中国のテレビ局では、領土問題、歴史問題で日本を批判する番組がダントツの視聴率を稼ぐようになった。中国指導部も領土で日本に妥協することができなくなってしまった。ウクライナ東部の紛争で、プーチンの支持率が高くなり、柔軟な判断ができなくなった。メディアにあおられた世論が一国の政治を動かすという現実が、実は日本にもあります。この前の都知事選挙のときに、若い世代が極右の田母神さんを支持した。ネット上だけの過激な言論が投票行動につながった。

じゃあどうしたらいいのか。いい答えはありませんが、来年の戦後七十年に向けて、中国と韓国が歴史カードを使ったアプローチをすることは目に見えているのですから、状況に追随するだけではなく、過去の議論の積み上げを踏まえた冷静な議論をする準備を急ぐべきです。何が議論の中心になるか。領土だと思います。韓国が独立した時に、竹島の領有権がどうだったか。中国は、カイロ会談で、台湾の返還が決まったときに尖閣諸島もその中に含まれていたと主張するでしょう。ロシアは北方四島は反ファシズム戦争の勝利者に与えられた戦果だと言っている。習近平主席はプーチン大統領と会談するたびに、中露共同で戦勝七十年を祝おうと念押ししています。韓国にも共同祝賀を呼びかけるかもしれない。中国はこれまでも九月十八日の柳条湖事件の日を国恥記念日としていましたが、今年から九月三日の抗日戦勝記念日、十二月十三日の南京大虐殺哀悼の日が加わるので、一年の四分の一はメディアが反日キャンペーンをやっていることになります。

中国は対日関係だけではありません。南シナ海では、例えば西沙諸島でベトナム船に中国の国有石油企業の大型タグボートが体当たりしていますが、そのうちに双方とも引くに引けなくなってくるでしょう。ベトナムでは、反中国のデモ隊が暴走して、台湾資本の工場を焼き討ちしました。中国が領土紛争で強硬なのは、習近平政権の力が強いからではなく、むしろ弱いからでしょう。東シナ海に防空識別圏を設定して、日米の軍用機に異常接近を繰り返しているのも、外部に脅威を作り出して、それに対抗できるというところを見せようとしているのでしょう。とても危ない状況になっている。

黒田　七十周年については、この前、朴槿恵はそれに乗らなかったんですよね。うちの方でも考えていますからと言って、婉曲にその場では断ったね。七十周年というと中国や北朝鮮では解放と言っているんだけど、北朝鮮には提案しているのかな。言ってないよね、中国は。

金子　北朝鮮と、今ものすごく悪いでしょう。

黒田　何も言ってないでしょう、北に。

小此木　今はそういう関係じゃないね。

黒田　それで、韓国だってそこは政治も含めてばかじゃないですからね。一九四五年の八・一五については、非常に彼らも内心忸怩たるところがあるわけじゃないですか。自分たちで勝ち取ったわけじゃないんだから。そこに中国がしゃしゃり出てくることについては、これは相当抵抗感がありますね。

金子　朴大統領が顕彰したい光復軍というのは大韓民国臨時政府の軍隊で、それを。

黒田　それを印象づけようとしているでしょう、中国は。

金子　その光復軍をつくらせたのは中華民国です。中国共産党は、金日成の部隊と中朝連合軍をつくっていた。共産党軍の同盟軍は金日成軍で、国民党軍の同盟軍が光復軍という関係なのに、習主席が朴大統領の希望を受け入れて光復軍の記念施設を作った。韓国は中国に抗日戦争を戦った光復軍が存在し、これが韓国軍の前身となったという歴史的正統性を認めさせたということですし、中国が国民党の支援した光復軍を認めたということは、中国なりの歴史の修正です。そこまでして、しかも、北朝鮮が怒ることを承知のうえで、韓国の正統性を尊重しようとしているということでしょう。

黒田　南北両方に対しそれでコントロールしちゃうということでしょうね。

小倉(紀)　だから先ほど四百年日韓は戦争しなかったという話ですけれども、韓国は戦争をしたという話にしたいわけですね。

金子　そういうことです。

小倉(紀)　日本に対して戦争したという証拠は今まで北側（金日成）にしかなかった。ただ、もう一つは日清戦争のときですね。東学軍は朝鮮政府軍ではなくて日本軍と戦争したと、自分たちは日本と戦争をしたという話に仕立て上げたいと韓国人は思っている。それから光復軍ですよね。これはだから中国としても韓国としても、大変都合のいい形で、正当性・正統性がどちらにあるかということで、北朝鮮に勝利できるという話ですよね。しかし今はそういう分析ではなくて、提言のことを言っていただきたいんですけど。

黒田　僕は来年に向けてということを含めて言えば、韓国での今の流れだと、一九六五年の国交正常化はだめだったんだと、単純に言うと、国交正常化は誤りだったんだということになりつつある。そっちに持っていきたい流れじゃないですか、韓国の国内的には。慰安婦問題とか徴用工問題とか歴史認識問題など全部そうだけども、要するに過去の日韓国交正常化以降五十年の否定だよね。しかしそれは僕は絶対のめない。僕はこの一九六五年以降五十年の、日韓の新しい協力時代があったわけだから、いかにそれがお互いプラスになったのかという。まずそこを検証し評価してもらわないと先に進めませんと。足りなかった、不満だという批判よりもそちらが先じゃないのかと、ずっとそれを言い続けているんですけどね。だから去年の日韓協力委員会のセミナーのときも、会長の南悳祐さんが前にいたんで、こう言ったんです。あなたが一九七七年の経済企画院長官のときに、例の『請求権資金白書』というこんな立派なのを出しているじゃないですかと。僕はそのときぼろぼろのを持ってきて、見せてあげたところ「ああ、そうだったかな」とか言ってましたが、これを復刻して出してくれとお願いした。日韓協力委員会というのはそれを五十周年の記念事業として来年やることだ、それをしてもらわないと、日本の方はもう韓国はいいとなっちゃうよと。請求権資金がいかに韓国の経済発展にプラスしたかを含め、協力関係はいっぱいあったのに、それを全く評価しないという状況では、新たな協力関係なんかあり得ないというのが僕の主張です。

だからまず日韓関係でマイナスや不満の前にどんなプラスがあったのかという、それをセミナーや研究会で検証するなり、あるいは資料を出すとか、それがまず前提だと思いますよ。

相手のビジョンや何を考えているかを知らないと

小此木 韓国外交についていていろいろ議論されましたけども、まだそれを評価するのは早すぎませんかね。確かに野党や反体制派知識人はそもそも一九六五年の日韓条約が間違いだったと批判するでしょうが、日韓条約は父親の大きな功績ですから、朴槿恵大統領はそれを守ろうとするのではありませんか。それに、朴槿恵以後の政権像も外交像もまったく見えてきませんしね。それは韓国外交が試行錯誤の過渡的な段階にあるからだと思います。しかし、試行錯誤の後には、よりバランスの取れた「全方位」的な外交が出現すると思いたいですね。中国傾斜のように見えるものも、このまま一直線に進むとは思いませんよ。韓国にとっては米国も中国も重要だから、両者のうちの一方を選ぶのではなく、両者の間で均衡をとろうとするでしょう。日本と中国の間でも一方を選ぶのではなく、両者をヘッジングする政策をとるでしょう。いまはそう見えないかもしれないが、結局、韓国型の全方位外交に落ち着くだろうと思っています。

しかし、全方位といっても、その中身はまだ固まっていない。早い段階で日韓関係がこうなっちゃっているのは大変不幸なことですし、それは日本外交の失敗でもあると思いますけどね。だけど、まだ取り返しがつかないというほどのことではないんだと思っています。彼らもよく言うじゃないですか、「連米・親中・用日」とかね。アメリカと連合して、中国と親しく、しかし日本を利用するというような、こういうようなのは、やはり全方位外交ですよ。我々は悪いシナリオを考えるから、韓国は中国と結託して反日政策を継続するだろうと考える。でも、周辺の一国に対して極端な政策をとり続ければ、それをやる韓国という国が被る被害は尋常ではありません。それに対する批判も激しくなり、政権がもたないと思いますがね。

小倉(和)　僕は、一つのアイデアは、賢人会議という名前は嫌いなのですけれど、ある種のそれに似たフォーラムをつくって議論してみることも必要かと思うのです。それはどういうことかというと、日韓関係自体を議論するのではないのです。これは中国に対しても言えることですけれども、一体日本はどういう社会を目指しているのか、韓国はどういう社会を目指しているのか、中国はどういう社会を、中国の場合共産党の独裁があるからこれは難しい問題もありますけれども、韓国と日本だけに限れば、やはり日本人が一体どういう社会をあと十年後、二十年後に、百年後はちょっと別としまして、つくろうとしているのか。そのビジョンですね。日韓関係のビジョンではなくて、日本社会のビジョン、そして韓国は、一体どういう社会をつくろうとしているのか、そのビジョンを語りあうことが必要です。特に韓国については、統一をどう考えるのか、また日本は統一をどう考えるのかということを、あまり外交とか政治の専門家ではない人も入れて、お互いの社会のビジョンを理解し合えるようなエクササイズを幾つかのレベルでやってみるということが重要な時期に来ていると思うのです。どうでしょうか。

小此木　歴史和解というのは本当に難しい。一方的な謝罪や報復では和解になりません。だから、そのつど妥協していくしかないんだけど、単なる妥協では先が見えません。「妥協＋相互理解」が必要なんですよね。それにちょっとした知恵ですね。それらを総合したものが「和解」だと思っています。相手が何を考えているかわからないのでは手の打ちようがない。最近も、韓国の論説委員クラスの人たちとの会合があったんですけどね、そうしたら、日本は何を考えているんだとまじめに質問するんですね。大陸との関係をどう考えているのかとか、一生懸命に妄想するわけですね。

若宮　わからないところがありますからね。

小此木　いかに対話が不足しているかということですよ。いや、日本人が考えているのは韓国人が考えているのと大差ないですよ､と言いました。我々は資源のない国だから､当然貿易立国でやっていかなきゃいけないし、その場合には先進的な技術が必要だし、平和な環境も必要だ。周辺で軍事的な危機が起きちゃ困るんだと。日本人も韓国人と同じように、人権を尊重して、民主的な価値観を守りたいと。日韓のどこが違うのかと。そう言われると、そこで、自分が考えていることが妄想だとわかるみたいなんですね。だから、そういう対話が必要なんですよね。

あるいは、今日も議論されていますが、韓国は中国をどういうふうに考えているのか。日本の側に妄想があるかもしれません。あるいは、日本人が何を心配しているのかを正確かつ丁寧に説明しなければいけない。両国の中国観を突き合わせてみるとか、アメリカ観を突き合わせてみるとか、そういうような対話の努力が絶対に必要だと思うんですね。始末に悪いのは、猜疑心と嫉妬心です。それが取り除かれれば、落ちつくところに落ちつくんだから。

先ほども話しましたけれど、私は日韓関係が相当大きなターニングポイントに来ていると思っています。だから日韓はどういう形で交流していくべきか、共通の目標とか、共通の利益とか、共通の課題とか、すなわち両国関係の「共通分母」を探す努力を、双方が一生懸命やるべきだと思うんですね。最後には、共通の戦略まで行かなきゃいけないと思うんですよ。

先ほど小倉大使が言ったことで、私はまだそこまで行っていませんよと言ったんだけども、日韓の経済関係は確かに相互依存が非常に複雑化して、先進化していると思うんですね。産業内の生産工程の共有まで始まっていますからね。しかも、広域経済圏をつくっていくという共同の利益もあるわけですから、そういったルールづくりを共同でやっていくとか、あるいは日韓共同で第三国の資源開発やインフラ整備を進めるというようなことが重要になってくると思います。そういう事例が多くなってきました。それが、どんどん広がっていくだろうと思うんですよね。

黒田　ちょっと一つ追加ね。僕は朴正熙がつくった韓国の賞味期限ということを言ったんだけど、その賞味というのは日本にとっての韓国の味わいだよね。韓国の価値といってもいい。それが相当もう期限が切れたと思うんですが、だからといって相手がなくなるわけではないし、隣に存在し続けるわけです。日本も引っ越しするわけにいかない。それに韓国は大きくなってその存在感はますます大きく気になる存在になるでしょう。その中で新たな味わい、味わいどころがあるのかを、五十周年で再検証したい。今おっしゃった、一つは相互依存的経済というのがある。それから安保というのは、中国の浮上があるから、この点でもどのように味わえるかということね。それともう一つ韓国自身の対外的存在感が国際的にも広がり強まっているので、これをほっておくのはもったいない。これは何とか利用、活用できないかとね。韓国では日本に対し〝用日論〟といってますが、こちらは〝用韓論〟ですね。

小針　国際的用韓論。

黒田　それも含めて、この民族は海外含めて八千万だから、決して小さくない。

小此木　それができたら素晴らしいね。私には考え付きませんでしたが、これからは海外の韓国人コミュニティどう付き合うかというのも面白いテーマになりそうだね。これまでは観察していただけ。踏み込んだら面白いでしょうね。これまでやられていないから。

若宮　日韓で経済の共同プロジェクトみたいなのをやっている人たちの話を聞くと、やっぱり非常に韓国の突破力だとか、エネルギッシュなので、トップダウンでわっと行ける。日本はぐずぐずしてる、それはそれでいいところもあるんだけど。それは、非常にメリットとしていい組み合わせだというのは意外と多いんですよね。

小此木　日本の商社が韓国の建設会社やエネルギー会社なんかと結んで、第三国で開発する場合、日本側としては資金的に余裕があるし、リスクを分担できるんですよね。韓国側もその利点に気が付いてきた。

若宮　タイアップすると、結構やっていますよね。それとちょっと戻るんだけど、黒田さんのその日韓条約の再評価というか、検証をするのも僕は必要だと思うんですよ。来年は、金子さんが言うように七十年であると同時に日韓は五十年。だから韓国は、その光復七十年と日韓条約五十年の狭間で非常に難しい年なんでしょうけども。日韓条約は、僕も基本的には今日非常に評価されるべきだと思うんだけど、やっぱりあの時代に非常戒厳令までやって民を抑えてつくった条約というところに無理はあったわけで。だけどそれは、その後のいろんな努力なりで克服した部分もあるわけだし。

それで、もう一つ日韓条約を補完する意味で大きな意味を持ったのは、金大中、小渕共同宣言だと私は思っているんですよね。これは内容的にも、村山談話を踏まえて、日本が要するに日韓条約のときに明確にしなかった歴史認識を盛り込んで、韓国には申しわけなかったと言うと同時に、それを韓国側が、金大中が受け入れて評価して、これから善隣友好と和解の道を一緒に歩もうということが盛り込まれた。そういう意味で、内容的にも非常に補完的だし、日韓条約のころ弾圧されていた反体制の象徴みたいな人が出した共同宣言ですから、そういう意味でも非常に意味があったと思うんです。僕はあの宣言は「日韓条約に魂を入れた」と言っているんです。

ところが、ほとんど日本でも韓国でも忘れられているし、この言論NPOの調査で見ても、小渕さんなんて名前は韓国で誰も知らないわけですよね。村山さんも意外に低いんだけど、小渕さんに至っては、「オブチ、フー?」ですよね。だからもう一度そこも一緒くたに見てこの五十年をレビューして、難しいと思うけども、できれば五十年に安倍、朴槿恵で新しい何がしかのものを出すというのが、おさまりはいいと思いますけどね。

黒田　ちょっと待って、若宮さんの話でちょっと欠けているのがある。一九九八年の小渕、金大中共同声明というのは、僕が半分評価するのは、金大中が韓国の首脳として初めて「戦後日本の国際貢献を評価する」と言ったんだね。それはいいんだけど、さっき言った国交正常化後日本の協力が、あるいは日韓関係が韓国の発展にプラスしたということを、なぜ声明で言わないのかと。ここですよ。

小倉(和)　国会演説では言いましたよ。

黒田　いや声明ではっきり入れてほしかった。だから、公式には韓国側からそのことは一回も出ていないということですよ。

小倉(和)　ただ、国会演説はそこを言って、そのときに全員起立していましたよ。日本側がね。ただ双方合意の文書では、サンキューというのはなかなか書きにくいから。

黒田　サンキューを言わなくたってお互いにプラスしたでもいい。

小此木　いや、だから当時の与えられた条件の下では、六五年体制は成功した体制なんですよ。それを否定する必要はない。その後に進展したのは、それに不足していた部分を補う作業だったと思いますよ。冷戦時代の第一イニシアティブも、ポスト冷戦時代の第二イニシアティブも、現在でもやっぱり必要なんですよ。今日的な意味を失っていないんですよ。だけど、その上に新しいものを考えていかなくちゃいけない。

小倉(紀)　それを二〇一五年、まあどういう政権がいるかちょっとわかりませんけど、安倍、朴槿恵でできますか。

韓国との付き合いが日本人に価値あると思えるか

小倉(紀)　それともう一つは、二〇一五年はね、要するに日韓をよくしようという勢力だけじゃなくて、いろんな人たちがいろんなことを考えて活動すると思うんですね。例えば二〇一〇年には、日韓関係をよくしようという人たちだと思いますけれども、日韓併合条約が無効であり不法であるという、そういう千人以上の署名を集めましたし。またそれと似たような、一九六五年の条約ももう一度結び直せという人たちもいるでしょうし。いろんな、特に日韓関係をもう一度書き直したい人たちの勢力の方が、声が強くなってきたんじゃないかなと思うんですけれども。それに対して何か有効なメッセージを、日本と韓国のど真ん中で結ぶことができるんでしょうか。

黒田　ちょっと待って、もう一つそれと関連するんだけど来年に向けて、つまり我々は何か韓国の価値というか、日本にとっての価値を探そうという話で、それで協力できないかという話でしょう。ところが僕は日本に来て感じるのは、今の反韓ムードあるいは反韓世論の広がりの中ではだいじょうぶかなと思いますね。つまり日本での現状というのは、こんなに日本が韓国によっておとしめられ、国際的に罵倒されながら、それでも韓国の価値を一生懸命見出してつき合おうなんてことは、する必要があるのかという声が出てますね。端的に言えば国交断絶論が出たり、要するに遠ざけようと。あまりつき合いたくないという遠韓、避韓みたいな雰囲気が相当あるんじゃないですか。

小倉(紀)　ありますね。

黒田　その中で、いや、そうじゃないんだと。それでも韓国にいいところがあるよとか、つき合いがいがあるよとか、日本にとって価値があるんだということを、日本の世論にどれだけアピールできるかですね。

小倉(和)　それは、非常に難しい問題だと思います。しかし僕は、それはできるし、やるべきだと思います。というのは、私は日韓間の既存のフォーラムでの話に若干違和感を感じているのは、朴槿恵さんと安倍さんがどうしろという話が多すぎることです。ありとあらゆる人が言っているわけです。もちろんそういうことを言うことは良いけれども、やっぱり一人一人の市民のレベルで何ができるかを考えるべきだと思うのです。

例えば非常に些細なことですけれども、どこかの日本の市が名誉市民にするのです、誰か韓国人を。ゴルフのプレーヤーでもいいですよ、誰でもいいですが、それでその人を招待して市民と交流したりできるでしょう。それから翻訳。さっき文学の話が出ましたけれど、講談社がやってる翻訳賞（野間文芸翻訳賞）も韓国訳についてては毎年やっているわけではない。国際交流基金も翻訳賞をやめましたね。どこかの財団がもっと翻訳賞を出してあげると良いですね。

それからＮＧＯもあります。例えば難民をやっている日本のＮＧＯ、これは韓国の難民をやっているＮＧＯともすごく仲が良いのです。どうして仲がいいかというと、韓国が進んでいる部分もあるし、日本の方が進んでいる部分もある。韓国が進んでいるのは難民のダイレクトな受け入れ、これは韓国の方が進んでいる。法制をつくったのは先なのです。第三国からの受け入れのシステムをつくったのは、日本の方が先。ですから、非常に連絡があります。恐らくそういうものを探していくと、必ず他にもあると思うのです。

政府が何をすべきかとか、あるいは、マスコミ批判といったことはどこに行ってもみんな言ってることだから、何も我々が集まって言う必要は、それほどない、それよりもむしろ市民レベルで、小さなことでもいいけれども何ができるかについて言うことが大事だと思うのです。

小倉（紀） ただ、市民レベルの交流の蓄積はこの二十年ずっとあって、私たちはかなり楽観していたというか、いい時代になってきたなと、本当にいい意味で日韓関係がよくなってきたなと思っていた。しかし首脳同士の関係でこれだけ暗転してしまった。今までの蓄積を使い果たしてしまうということを首脳同士が勝手にやっていいのかという、憤りがあるわけです。

小針 すべて台無しになった。

小倉（和） それは理解します。しかし僕の発想からすると、首脳を誰が選んだかという問題があります。民主社会ですから。選んだのは国民なのですね。朴槿恵さんが大統領に就任したのは韓国国民がきめたからです。それから安倍さんは、直接選挙ではないけども、結果的には自民党に多数投票したのは国民です。だから私は、やっぱり首脳のせいというのは、とどのつまり責任は国民にあるはずです。民主社会ですから、最終的には我々一人一人の国民の責任だと。もちろん全部ではありませんが、政策も悪い、パーソナリティの問題とかいろいろあるかもしれませんが、しかしやっぱり国民にも責任があるのです。たしかに小倉（紀）先生がおっしゃるように、民間レベルで今までやってきたことが政治によって水に流されたという面もあります。しかし、だから市民は何もしなくていいということにはならないのです。市民はだからこそもう一歩、もう一歩、もう三歩やるべきだと。

ただ、問題は市民をしてどうやってそれをやる気にさせるかということになってくると、首脳にしっかりしてもらわないととても市民にやる気が出ないから、そういう意味では首脳もちゃんとやってもらわないといけないと思いますが。何とか市民に刺激を与えることが必要と思います。

このあいだ、韓国はソチで期待ほどにはメダルがとれなかったのではないですか。ですから、例えば二〇一八年、平昌での冬季オリンピックにむけて、日本と協力できるのではないかと思います。

小此木 キム・ヨナがとったでしょう。

若宮 銀メダルね。ショートトラックで金メダル、とってないですか、女子が。

小倉(和) いずれにしても、冬季オリンピックを主催しようというのですから、これはよほどみんなが協力しないといけませんね。ソチでの韓国のことはともかく、日本は、札幌と長野と二度冬季五輪をやっていますから、日本の経験をシェアしながら協力しあおうではないかと。そのためには、キム・ヨナさんでも誰でもいいのですが、何か民衆の目に見える形のイベントというか、そういうことをやっているうちに首脳の方も、そろそろということになっていくようにするより、仕方がないのではないかという気がしますが、だめでしょうか。

黒田 いやあ、市民、市民とおっしゃるんだけど、日本ではいわゆる新大久保のコリアンタウンでは反韓デモをやってヘイトスピーチが出れば、それはやっぱりおかしいと言って市民が、親韓デモじゃないけども、バランスをとるデモがあるでしょう。反韓的なヘイトスピーチは法的に取り締まれという声さえ出ますね。しかし韓国では例えば、僕はもう前から言ってるんだけど、日本大使館前のあの慰安婦少女像についてですね、あれはやっぱり失礼だとか、国際関係としてもおかしいとか、そういう自己批判が韓国では一切出ない。韓国の市民というのは、果たして当てにできるのかということがあるじゃないですか。厳しい言い方だけど、彼らが反日愛国主義をいつ脱皮できるかですよ。

小倉(和) だからこそ市民を育てていくというか、それが大事じゃないですか。

小此木 九州大学と釜山大学の「日韓海峡圏カレッジ」というプログラムを三年間やりました。夏休みに九大の一年生の学生たちを五十人連れて釜山大に行くんですよ。向こうで同じような韓国人学生五十人と一緒に一週間の授業を受ける。その後で、次の一週間に韓国の学生五十人を福岡に連れて来て、九州大学でまた授業を受ける。それに加えて、双方の学生が一緒に日本の企業を訪問して、課題発表をする。そういうやり方でやりました。ただし、それに参加したい人は一年間の韓国入門講座をとって、韓国語も勉強しなければいけない。韓国側にもそれを要求するんです。ものすごく効果がありますよ。九州大学と釜山大学だけでなく、日本側の佐賀、長崎、熊本……と韓国側の蔚山、木浦……群山ぐらいまで拡大できれば、本当の海峡圏カレッジになるんですがね。

小倉(和) 例えば日韓の経済協会がやっている高校生交流ですね、あれは競争率六十倍なのです。お金があれば、競争率を少なくとも十倍以下くらいにできればいいのですが。

小此木 もっと補助金を出せればいいんですけどね。もちろん、相当部分を自己負担させることにも意味があるんですが。

小倉(和) 経済界もかなり出しているのでしょうけれど、もっとということでしょう。

小此木 それで、さらに交流したい学生たちは、人数を制限して、春休みに仁川やソウルに連れて行きました。延世大学や高麗大学の学生と英語で交流させる。英語のプレゼンテーションを準備させて、持っていって、向こうに聞いてもらうんですよ。そうすると、学生同士の議論が始まります。

小倉(和) それはいいですね。

小倉(紀) 立命館大学と韓国の東西大学と中国の広東外語外資大で、「キャンパス・アジア」というのをやっていますよ。

小此木 ああ、そうだね。

小倉(紀) ええ、私はこのキャンパス・アジアの外部評価委員をしているんです。去年二年生だった学生が今年三年生になって、各大学十人ずつ選ばれて三カ月ぐらいずつ、中国で学んで、次に韓国で学んで、日本で学んでとずっとやっているんですよ。先日彼らの授業を参観してプレゼンテーションを聞きましたけど、日本人、中国人、韓国人、全員三カ国語ペラペラ。すごいですね。将来が本当にたのしみです。

少し話を戻すと、韓国は次の政権が何になるかわからない、安哲秀になるかどうかもわかりませんし、日本も自民党がもしかして駄目になって、次にもう少しリベラルな政権が出てくるかもしれません。そうしたときには恐らくもう少しよくなると思うんだけれども、その前に、二〇一五年に日韓の間で決定的に反目し合うような、何か重要な宣言だとかメッセージだとかが出てしまうと、それがその後の政権に対して大変重荷、足かせになって、何もできなくなってしまうということがありますよね。それを、やはり防がないといけないと思うわけです。恐らく韓国も次は、今の朴槿恵とは違う性格の政権になりますよね。

小此木　まだ見当がつかないね、誰がなるかね。

対話しないでメッセージとする政治手法はやめよ

小倉（紀）　ただ、次にはもうちょっと未来志向な関係ができるかもしれないのに、今こんなに過去志向ばかりでやっていると、次の政権に対して大変な重荷になってしまうんじゃないかと思うわけです。

小此木　落ちるところまで落ちたら、次に上がってくる。

若宮　いや、李明博でそうなったと思ったんですけどね。

小此木　私もちょっと今は悲観的だね。だから、北京のAPECのころまでに何とかうまく関係を修復していってくれると有り難いんだけど、それを越してしまうとちょっと見通しがつかなくなるんじゃないですか。首脳会談をやったからと言って、すぐに歴史問題が解決するわけじゃないが、それもできないようでは見通しがつかないなぁ。

小倉（和）　こちらは対話しようと言っているわけです。向こうが対話しないと言っているわけでしょう。だから論理から言うと、少なくとも向こうが対話してもいいというところに行ってもらわないといけないのです。私がいつも申し上げているのですが、対話をしないというのは、ある種の無言のコミュニケーションです。対話をしない、黙っているということは、抗議なり、ある種の拒否、不満の表現ですから。つまり対話しないというのは、実は無言の対話をしているのです。向こうは対話をしないことによって一つのメッセージを送っているわけですね。対話をしないことによってメッセージを送るというやり方は、中国もやっているわけです、中国はしょっちゅうそれをやっている。対話しないことによって政治的メッセージを送るというやり方自体は、非民主的だと思います。中国は仕方がないかもしれません。しかし韓国と日本は、何が問題であろうと、対話しないことをもって政治的なメッセージとするという政治手法はやめましょうということを、どこかできちんと言ってもらう必要がありますね。

小倉(紀)　それは大変いいことです。

小針　ここで言うべきですね。

若宮　それは小倉さんなどにどんどん言ってもらいたい。僕は朴槿恵、安倍でやれればいいと本当に思いますよ。最低限、何かね。そうでないと、来年戦後七十年安倍談話というのが出るわけですよね。そうすると、村山談話をもうやめますとは言わないけれども、何かそういう抽象的にも引き継ぐような文言が入れば最大で、間違いなく侵略とか植民地支配なんて言葉は一切使わないですよね。そのときに韓国のメディアは必ず批判する。だからせめて戦後七十年談話を出すまでに、その前に五十年があるわけだから、何らかのことをしないと本当にどうしようもない。

それで中国との方が十一月のＡＰＥＣでの日中首脳会談の方向で動いている。安倍官邸は意外と中国についての方が楽観的というか、一生懸命やっている。これがうまくいけば、韓国はついてくるだろうみたいな感じがちょっと、依然としてありますよね。だけどそれでいいのかなと。ついてくるじゃなくて、やっぱり韓国をうまく、もうちょっと日本も。

小此木　本当についてくるかどうかわかりませんね。日本側は「前提条件なし」と言っていますから。しかし、かりにそれでついてきても、パワーポリティクスでやられたという恨みが残るんですよね。

若宮　ねえ。だからやっぱり日韓条約五十年で、私は慰安婦問題に決着をつけるというのが一番象徴的というか、これをやらないと、何を言葉で言っても成果として出ない。

金子　習近平が七月、ソウルを訪れたときに中韓共同宣言のなかに日中韓協力委員会について言及がありました。日韓首脳会談、日中首脳会談ができないのに日中韓の対話があった。ここにヒントがありませんか。朝鮮半島を対象とした国際的な枠組みの中で、日中韓協力委員会は唯一、経済というグルーバリズムの原理で動く組織です。例えば中国で深刻な大気汚染、ジェット気流に乗った汚染物質が真っ先に落ちるのは朝鮮半島、韓国で排出される汚染物質は日本海を越えてくる。歴史問題、政治問題で硬直した関係を抜機にしてとりあえず緊急対話をする枠組みが必要です。日本も中国も韓国も、リーダーの頭の中をそろそろグローバリズムに切り替える時ではないか。

黒田　ただ、そういう議論は出版のことを考えると、少し雑誌的ですよね。今の議論はね。

若宮 まあね。

黒田 時期的にも。

若宮 この本が出るころはどうなっているのか……ですね。APECで日韓も首脳会談となる可能性だってないわけじゃないですからね。

小倉(紀) あと、二〇一五年の五月あるいは八月までに日朝関係がどれぐらい動くのか、というのがやはり関係してきますね。

小此木 ASEANリージョナルフォーラムが八月にあって、そのときに日朝の外相が接触するでしょう。そうすると日韓の外相も会わざるを得なくなる。日米韓を重視しろとの米国の要請も断りきれないからね。それはいいんですよ。だけど多分彼らは、歴史問題を解決しないまま、日本が北朝鮮や米国を利用して、我々を追い詰めたというふうに思うでしょうね。せめて「一緒に解決しましょう」と言えればいいんだが。

小倉(和) さっき朴槿恵さんと安倍さんの話ばかり出ていましたが、今の韓国の外務大臣も問題だという人も少なくないですよ。

若宮 そうですね。七月に日本大使から国家情報院長になった李丙琪さんが、NSCの会議か何かで直接批判したという話を聞きました。

小倉(和) とにかく話にならないのですよ。朴槿恵さん始め周囲の状況を見てやっているのでしょうけれど。黒田さん、人物の評判は悪いでしょう。

黒田　尹炳世外相ですが、駐韓日本大使と就任以来、一年半の間、一回も正式面会していなかったのが、やっと九月の「日韓お祭り」イベントの際ちょこっと会った。まともな外交としてはあり得ないことですけどね、こういうことは。

若宮　駐日大使が朴さんに通じた大物の李丙琪さんでなくなったのはちょっと痛手だけど、逆に国情院の院長という重いポストになったので、対日外交にも期待している人は、結構いますよね。

小此木　私もそうです。駐日大使には然るべき人が来ればいいわけですから。

小針　そう、李丙琪さんが紹介したんでしょう、朴槿恵さんに尹炳世さんを。それを悔いているという噂話を聞いたことがあります。

小倉(和)　私も思い出しましたが、さっきどなたかが、向こうが一九六五年のやり直しを求めているといわれましたね。新時代だと向こうが意気込んでいるということですが、全斗煥政権がまさにそうだったわけですね。しかしあのときは、日本側はリベラルな鈴木善幸首相、伊東正義大臣でしたね。

黒田　小倉（和）さんは当時、担当課長だった。

小倉(和)　まさに同じ論理ですね。一九六五年は間違っていたというわけです。これは日韓新時代だと、こう来たわけですよね。こっちは何を言っているのだと反論して二年間がたがたして、すったもんだしていたところに中曽根康弘首相が現れて、日韓安保協力を打ち出したので、それで一遍にすっ飛びました。ただ、中曽根さんが出てくる前に、やっぱり瀬島龍三氏とかいろんなルートが動いたわけですね。そういうルートで話し合えば、向こうもわかったと言ってやっていたわけです。ですから今の問題は、朴槿恵さんのところに日本人が行って、実はこのままだったら悪いから、何とかこれでうまくやったらどうですかということをいえる人が今いないでしょう。向こう側にもいないし、こっち側にもいない。

黒田　だから「朴正熙がつくった韓国」は終わったんですよ。根回しができない。

小倉(和)　そう、そういう意味では終わった。まさに終わった、根回しはできない。

小此木　双方に条件が整わない。それができたのはせいぜい盧泰愚政権くらいまででしたね。竹下・金潤煥のラインが残っていた。

小倉(和)　私が一番問題だと思うのは、この世論調査結果を、読売だったか言論NPOのものだったかどちらかを見ると、日韓関係を改善したいとみんな言っているのだけれども同時に今のままでも仕方ないかと思っている人も多いのです。だから、市民は改善したいといいながら、しかし今のままでも仕方がないよと思っているわけで。これでは、市民にみんな頑張れと言っても動かないです。

史実のデータベース化と日本人が書く韓国史本を

小倉(紀)　しかし市民というのは結構賢くて、ちゃんと見ていると思うんですね。いま歴史問題を根本的に解決しようというのがほとんど無理だというのは、正しい判断かなと思いますし。特に朴槿恵さんが「正しい歴史認識」と言っているわけですから。それはもう絶対接点が持てない話ですよね。そうしたときにもう少し大きなレベルで言うと、日本がやるべきことは、先ほど金子さんがおっしゃっていたのと似ているんですが、事実を蓄積すること。歴史認識というのは今、東アジアの中ででたらめになっているわけで。勝手に国家が自分の都合のいい枠組みでつくり上げちゃってでっち上げてしまっているものです。そうではなくて歴史の事実を地道に、何が確かか、何が事実であったかを蓄積して、データベース化する。

ヨーロッパでやったが東アジアでやっていないのは、相手の国や地域の歴史を書くこと、それがないと思うんですよ。日本人が韓国の歴史を書いたり、日本人が東アジア全体の歴史を書いたりという、そういうことがヨーロッパに比べてやられていない。韓国の歴史は韓国人が書いて日本人の歴史は日本人が書くという、そういうやり方が非常にまずい。市民一人一人も大変重要だけれども、何か天才的な人物が日本に現れて、韓国の歴史、大韓民国の歴史あるいは朝鮮半島の歴史をきちんと書く。それが日本で三十万部、五十万部ぐらい売れて、韓国でも翻訳せざるを得なくなって、韓国でも翻訳してみたら五十万部売れちゃったとかね。本当の歴史を書くことが大切です。あるいは歴史だけじゃなくて、思想、文化についてでもですね。韓国人が言っている韓国と実際の韓国は違うんだよということを、誰かが言わないとだめだと思うんですね。中国に対しても同じです。

小倉(和)　それはそうだと思いますが、しかしちょっとお聞きしたいのは、歴史を書くというのは歴史観がないと書けないですね。しかし今の韓国はまだ北朝鮮とも対立していて、マルクス主義的な歴史観に基づく歴史は受け入れないですね。ですから私はまずこの問題が非常に重要で、中国の場合は今度は逆にマルクス史観しか受け入れないわけですね。つまり歴史の本の問題は歴史観の問題になってしまって、堂々めぐりになってしまうおそれがないでしょうか。したがって客観的なものを書けと言ってもなかなか難しい。

小倉(紀) しかし外部から書くという方法がありますね。たとえばドン・オーバードーファーの『二つのコリア——国際政治の中の朝鮮半島』という本がありますね。そういう外国人が書いた本は韓国人も読みますよね。

小倉(和) ところがその外国人がマルクス史観に基づいて書いた韓国史を、韓国が訳してちゃんと出せるかというと、私は非常に疑問があります。

小倉(紀) マルクス史観じゃなくてもいいと思うんですけど、要するに国家という枠組みでつくり上げた歴史でない歴史ですね。

小倉(和) いわゆる普通の歴史の本ではなくて、もうちょっと違う、人物交流史とか、おっしゃる趣旨を生かすのでしたら、ちょっと違う観点からの歴史の本を出してみるとよいかもしれませんね。

小針 『ローマ人の物語』とかああいう発想の、ある程度エンターテインメント的な。

小倉(和) そういうのであれば、私は意味があると思いますね。事実に即したね。

小倉(紀)　事実ですね、ファクトというのは何なのかということ。

小倉(和)　だからそこは歴史観の問題が濃厚に出ないような趣旨の歴史の本をうまく書ければ、それは意味があると思います。普通の本だとやっぱり歴史観が入ってしまうから、なかなかうまくいかないのではないでしょうか。

黒田　小此木さんは政府レベルの日韓歴史共同研究委員会に入っていたでしょう。

小此木　第一次委員会にですが。

黒田　二次では随分それがあって、日本側は実証主義の立場でいろいろ言うものだから、韓国側は、いや問題はそういう事実の問題じゃないんだと言ったという記録が残っていますよ。例えば、あの時代は帝国主義の時代で日本帝国主義が悪かったんだから、その批判と反省に立った上の議論でないとダメだと、はっきり言ってますね。

小倉(紀)　それは、崩されなくてはならない歴史なんですよ。それは、誰かが外側から崩すしかない。その方が韓国人にとっても幸せだということを、やはり認識してもらった方がいいと思います。国家の歴史観にばかりがんじがらめになっていたら不幸せではないですかという、そういうメッセージが大切です。

黒田　いま成均館大学にきている宮嶋博史教授なんかがそれを、韓国側にアピールしていますよね。

小倉(紀)　韓国を知悉した人が、そういうことをどんどんやるべきです。

小倉(和)　例えば韓国を知る十冊の本とか、日本を知る十冊の本とか、それを翻訳して、今おっしゃったような観点を踏まえた上で日本の歴史を自然と、あるいは韓国の歴史を自然と理解できるような、そういう十冊、あるいはシリーズをまずやってみることもよいでしょうね。十冊選び出して、それを翻訳する。そういうことも、やってみる必要があるかもしれない。たしかオーストラリアと日本でそれをやろうとした時期がありましたね。日本のことを韓国人に客観的に見てもらう、客観的に事実をちゃんと見てもらうためにいい本ですね。そういうものをまず選んで幾つか、しかも一冊では無理だから、十冊ぐらい選んで。それを翻訳、出版するために助成をするとか、そのあたりから始めるというアイデアはあり得ると思います。

小倉(紀)　たくさんの人に読んでもらう方がいいですよね。

黒田　前に僕は小倉大使に何かの件で手紙を出したら、返事が来て、要するに歴史問題でオールジャパンはだめだよとおっしゃった。歴史問題では今なお日本側で相当議論が割れているわけでしょう。歴史教科書問題はもちろん、靖国もそう、慰安婦もそう。端的に言えば朝日新聞と産経で割れているのもそうです。その中で、韓国側とどういう議論ができるのかということですが、オールジャパンはだめだとおっしゃる。それは学問として、自由民主主義社会としては正論ですが、ただ韓国側は、基本的にオールコリアでしょう。だから韓国のそういう歴史観自体は昨日、今日できたものじゃないし、基本的には変わらないと思いますよ。そうすると、そういう意味の協力というのは難しいと思う。

小倉(紀)　協力ではありません。韓国側と協力して書くというのは無理ですから。塩野七生さんのような、私はもうちょっと専門的なものがいいと思うけれども、ああいう個性が出てきて、韓国人も読む韓国の歴史。歴史だけじゃなくてもいいんです、外交史でもいいし、韓国の文化でもいいし、そういうものを日本人が書かないといけないと思うんですね。

黒田　そうかな。少なくとも現状は、たとえば若宮さんのような親韓的という意味のいわゆる良心的日本人の著作しか認めないでしょう、韓国は。

小倉(紀)　韓国で出版するんじゃなくて、まず日本で出版して、その後韓国で翻訳をする。面白いものだったら読みますよ。今の嫌韓本は、質が低いから翻訳されないだけですよ。

黒田　そうかな。

小針　韓国はあれですよね、近現代への検定本が出てきているんでしょう。教科書に。

黒田　そうです、最近は検定制度になって複数の教科書が出ています。

小針　そうですすよね。ところが相変わらず全体のは国定ですよね。高校の教科書、近現代史というのは。

黒田　いや、今は「韓国史」ということになっている。

小針　前の韓国史のやつが、それがいま検定になったんですね。

黒田　そうそう。これまでの「国史」というのがなくなったんです。

小針　確かに日本に対してオールコリアかもしれないけども、あれも結構もめているじゃないですか。教科書、歴史家の人たちも。

黒田 主に近現代史ですね。しかし日本関係ではあまり変わりないですね。

小針 植民地支配の部分はちょっと違うじゃないですか。そう言ってますよね。

黒田 言ってるけど、僕が読んだ限り期待外れですね。日本統治時代の近代化現象にはかなり触れるようになりましたが、例えば戦後の六五年以降の日韓関係については、正常化で得たプラスあるいは韓国の経済発展に寄与したというような記述は、例の保守派の新教科書として問題になった、あの教科書にだけ一行出ているだけですね。ほかのは何も出てないですよ。

小倉(紀) データは出てないですか。経済データ。統計学のデータ。

黒田 出てない。日本統治時代に人口が増えたという統計が問題の教科書に出て大騒ぎしていましたね。それにあの教科書の採択は全国約二二〇〇校のうちで三校だけです。

小倉(紀) それでは、ありがとうございました。本日はまる一日かけて、日韓関係の争点に関して徹底的に語っていただきました。二〇一五年の日韓国交正常化五十年を目前にしながら、両国首脳が就任以来いちども会談の機会をつくることができていないという異常な事態を憂慮して、緊急にこの早稲田・鶴巻町に集まっていただきました。保守の黒田勝弘さんとリベラルの若宮啓文さんの韓国認識の激突から始まった座談会でしたが、全体を通して、現在の日韓関係は、国際政治や国内政治のうえでも、歴史認識や民主主義のあり方においても、実に根本的な問題にぶちあたっているのだということが確認できたと思います。それは、一読して溜飲を下げることのできる嫌韓本や、

「左」「右」の狭小な世界認識の枠組みによってスカッと解決できるような単純な問題群なのではなく、もっとずっと複雑で高度な方程式のようなものであることもわかりました。まだまだ個人的に語り尽くせていない論点もあるかと思います。それについては、のちほど「座談会を終えて」という形でエッセイ形式で原稿を書いていただきたいと思っています（本書二五七ページ以降に収録）。本日はお忙しいなか、ほんとうにありがとうございました。

——どうもありがとうございました。

＊二〇一四年七月二十日　於・藤原書店催合庵

第Ⅱ部

日韓国交正常化五十年を目前に

朝日新聞「慰安婦」報道をめぐって　2014.10

慰安婦報道と集合的記憶について

小此木政夫

常々、日本人の韓国論には三種類あると考えてきた。学者の韓国論、ジャーナリストの韓国論、そして運動家の韓国論である。どれが優れているかの問題ではなく、その性質の違いに着目した分類である。

もちろん、一番退屈なのが学者の韓国論だろう。分析が中心だからである。歴史学や政治、経済、社会理論を背景にして、多くのデータを使用して分析するが、分析結果が得られれば、それで満足してしまう。学術的な研究は専門的な世界に属するし、そこで高い評価が得られない研究は一流とは言えない。

それに比べれば、ジャーナリストの韓国論はもっと面白いし、一般社会に属する。何と言っても、現在進行形の現場を取材した結果が記事になる。私もその真似事をして、一九八七年の大統領選挙で盧泰愚と三金（金大中、金泳三、金鍾泌）の選挙戦を追いかけたことがある。とても新鮮な情報が得られることに感激したことを覚えている。

しかし、最後の運動家の韓国論は曲者である。この上なく熱心にナマの情報を追跡するのだが、それを分析したり、報道したりするだけでは満足しない。そのうえに、自分たちなりの特別な目的や使命感を持っているからだ。要するに、正義感に突き動かされた韓国論なのだ。正義感は大切だが、それによって分析が歪められる危険性を伴う。

ただし、世間は運動家の韓国論に多かれ少なかれバイアスがかかっていることを知っている。極端な例をあげれば、成田闘争の農民たちに同情しても、過激派の学生の主張を受け入れることはない。それよりも問題なのは、学者の分析やジャーナリストの報道が運動家の韓国論に侵食されることである。なぜか、その例が少なくない。

一九七〇〜八〇年代には朴正熙や全斗煥の独裁政治が厳しく批判され、民主化運動や三金の活動が賞賛された。金大中拉致事件に関する日本の新聞報道を見てみればよい。独裁政権の誤りは歴然としていたが、韓国論的な視点が存在せず、正義感に駆られた「鬱憤晴らし」のような記事が少なくなかった。日本人の深層心理を見るようであった。

同じようなことが、慰安婦報道にもいえないだろうか。正義感や贖罪感が先行しすぎて、新聞報道が運動家の韓国論になっていたのである。ジャーナリストの韓国論が運動家の韓国論に侵食され、「勇み足」を犯したと言えなくもない。もともと運動家ではないのだから、それを早く訂正しておけば、これほど大きな問題に発展することはなかっただろう。

しかし、だからといって、韓国人が慰安婦の「強制連行」を確信し、日本を糾弾する原因を朝日新聞の報道が作ったかのように批判するのはいかがなものか。なかにはためにするような主張も見られる。それもまた運動家の韓国論だろう。まったく無関係とは言わないが、両者の間の因果関係は希薄である。そんなことを今年の終戦記念日に考えた。

周知のように、日本では八月十五日が「終戦」記念日である。十四日にポツダム宣言を受諾したが、この日に、天皇陛下が玉音放送でその事実を国民に告げたからである。韓国では、この日が解放ないし光復の記念日である。その日に京城駅前広場から南大門路一帯に集まって、太極旗を掲げて万歳を叫んだ群衆の写真がその雰囲気を鮮明に伝えている。

しかし、最近、遅れて読んだ韓国書籍（『八・一五の記憶』と『建国六〇年の再認識』）に考えさせられた。それによれば、京城駅前の群衆の写真は八月十六日のものであり、「その日（八月十五日）のソウルの大通りには誰もいなかった」というのである。八月十五日に玉音放送を聴いた大部分の朝鮮人は、戦争終結にどう反応していいかわからなかった。街角に出て独立万歳を叫ぶ者など皆無であった。数十万人の日本軍も健在であった。

これが典型的な「集合的記憶」（the collective memory）である。厳密な事実そのものではない。思い込み、事後の推定、不都合なものの忘却、そして集団心理まで反映している。事実、八月十五日に、ソウルの中心街が太極旗で埋まったという記憶の方がずっと自然で、理解しやすい。それは事実ではない。しかし、それが事実以上に強烈な何らかの集団体験を土台にしていることは間違いない。

ソウル大学の全相仁教授は、終戦の日、すなわち八月十五日、普通の韓国人にとっては独立したとか、解放されたという感激よりも、「あぁ、戦争が終わった！」との喜びの方が大きかったと指摘している。「これで徴用に行かなくてもいい、松の根を掘らなくてもいい、防空壕を掘らなくてもいい」「これで戦争に引っ張っていかれない」という喜びであったというのである。松の根を掘ったのは、それから油（松根油）を搾るためであった。

確かに、韓国にも「終戦」はあった。しかし、植民地朝鮮人にとっては、戦争そのものの意味が日本人とは異なっていたのである。日本人にとって、それは真珠湾の華々しい戦果から始まって、ミッドウェー海戦での敗北、ガダルカナルやフィリピンでの消耗戦、サイパンや硫黄島での激戦であったが、多くの朝鮮人はそれと無縁であった。朝鮮人にとっての終戦とは、戦闘行為の終結である以上に、徴兵や徴用、すなわち広汎で過酷な戦時動員からの解放だったのである。

日本厚生労働省の統計によれば、終戦時までに徴兵ないし徴用された朝鮮人の軍人軍属は二四万二千人に達し、そのうちの二万二千人が死亡または不明（未帰還）であった。徴兵の開始が遅れたために、実際に戦闘に従事した兵士はそれほど多くなかったが、サイパンや硫黄島などの太平洋の激戦地に派遣され、そこで要塞建設などに従事した者が少なくなかった。

しかし、サハリンや日本本土の鉱山、工場、軍事施設などに動員され、劣悪な条件の下で重労働に従事した朝鮮人労働者の数はさらに広汎であり、その数倍に達したものと推定される。その代表的な例が一九四四年十一月に着工した「松代大本営」（長野県）である。本土決戦用に準備される地下司令部の建設のために、徴用された労働者は当初は朝鮮人七千人・日本人三千人であり、それがやがて各一万人に拡大された。

慰安婦問題が混乱する原因になった「女子挺身隊」も戦時動員の一種である。朝鮮でも、一九四四年三月から官斡旋の「女子（勤労）挺身隊」が徴募されたが、当初から「挺身隊に行くと慰安婦にされる」との噂があったようだ。伝統的な朝鮮では、未婚女性は戸外労働を忌避した。徴募を逃れるために、早期に結婚したり、逃亡したりする女性も少なくなかった。あるいは、働く必要もないのに国民学校の教員になる「良家の子女」もいた。

念のために申し上げるが、私は朝鮮人慰安婦に対する強制連行があったか、なかったかを論じているのではない。事実、率直に言って、例外的にはともかく、組織的かつ計画的な強制連行があったとは考えていない。しかし、戦場で日本軍と行動を共にしたのだから、徴用であれ募集であれ、慰安婦もまたある種の戦時動員であったことは間違いない。

植民地朝鮮人にとっての戦争が、戦闘行為であるよりも、広汎で過酷な戦時動員であったことを考えれば、慰安婦問題に接した韓国人が彼女たちも強制的に連行されたと推測したのは無理のないことだろう。それが「集合的記憶」である。朝日新聞の報道によってではなく、元慰安婦による証言や訴訟によって、瞬間的に、それが確固不動の「事実」になってしまったのである。

慰安婦問題を正面に据えた朴槿恵大統領の光復節演説を聞いて、この問題は竹島／独島問題と同じく、解決不可能になってしまうのではないかとの危惧の念を拭えなかった。日韓の認識レベルのギャップがあまりに大きいからである。朴大統領は「このような問題を正しく解決する時……来年の日韓修好五〇周年も両国民が心から一緒に祝賀できるようになるだろう」と主張するが、それができなければ日韓関係はどうなるのだろうか。

竹島／独島問題も同じだが、正面突破できなければ、周辺から迂回的に接近し、懸案をできるだけ縮小し、その解決を先送りするしかない。もちろん、妥協は和解と同じではない。それに加えて、相互理解のための努力の積み重ねが必要とされる。日本自身のために、それを国民運動にするくらいの覚悟が必要である。

小針 進
メディアは「自らの言動が結果責任を問われる」という自覚があるか

反「アジア女性基金」をすり込んだ朝日新聞

朝日新聞は紙面を通じて、「慰安婦」をめぐる同紙の過去の報道を「点検」する記事を掲載し、「済州島で強制連行した」とする吉田某という日本人男性の証言をめぐる誤報、さらには「慰安婦」と「女子挺身隊」の誤用を認めた(1)。

この「誤報」と「誤用」はあってはならないことだ。「点検」記事をきっかけに、他の紙誌による朝日新聞バッシングなど、様々な議論が起きたのはご存知の通りだ。これはこれで当然だろうが、「朝日叩き」一色にも違和感がある。この報道に関わった同紙記者が教員を務める大学が相次いで脅迫されたが、職場に圧力をかけて本人を窮地に追い込むような行為も許されるはずがない。それでも、「誤報」、「誤用」と同等、あるいはそれ以上に問題だと、私は感じてきたことがあるので、ここで触れておきたい。それは財団法人・女性のためのアジア平和国民基金（アジア女性基金）発足前後の、同紙による「反基金」への世論「誘導」である。

同基金運営審議会委員であった橋本ヒロ子さんは、かつて、「確かに一九九四—一九九七年の半ばまでの朝日新聞データベースを検索してみると、基金に関する否定的な見出しと報道内容がほとんどです。フェミニストの多くは同紙の読者であるとすれば、このような記事は読者に対する『反基金』のすり込みの役割を果たしたと言えるでしょう(2)」と指摘した。

実際に、同基金発足が決まったことを報じた同紙（一九九五年六月十五日付）の第三面を見ると、『灰色決着』見切り発車」「『筋通らぬ金』元慰安婦」「『個人補償』で対立・与党三党」という否定的な見出ししか並んでいない。また、他の日付に目を通しても、「戦後五十年・ごまかしの〝民間基金〟に反対する集会」が「会と催し」欄（同年三月十日付夕刊）に載り、こうした集会の様子が「元慰安婦に対する民間基金構想の撤回求め集会　千代田」（同三月十八日付）、「『民間基金は許せない』　元慰安婦らが都内をデモ行進」（同七月四日付）、「『女性のためのアジア平和国民基金』に市民団体が抗議行動」（同七月十九日付）などと、社会面で小まめに報じられている。オピニオン欄も、「すじが違う民間基金の『見舞金』」（一九九四年八月三十日付「論壇」）、「元慰安婦への民間基金に反対」（一九九五年六月二十一日付「声」）、「『慰安婦』基金事業の抜本的見直しを」（同七月十七日付「論壇」）といった「反基金」の論稿ばかりが目につく。

もちろん、メディアが世の中の不条理や権力の不手際を世に問うのは当然である。また、民主社会では異なる視点を各メディアが提示することも重要なのだから、紙誌によりリベラルか、右派かの編集カラーが出るのもよい。ただし、報道による結果責任もメディアは問われるだろう。これはリベラル紙誌も、右派的な紙誌も同じである。極めてデリケートなテーマを扱う時はなおさらだ。同基金の呼びかけ人で理事だった大沼保昭さん（当時、本務は東大法学部教授）は、「慰安婦」問題に関与したアクターとして、政府、メディア、ＮＧＯの三つを挙げている。[3] それらのアクターの長所と短所をまとめたうえで、「自らの言動が結果責任を問われる」という意識が日韓のＮＧＯとメディアに希薄であるという的を射た指摘をしている。

朝日新聞は二〇一四年八月の「点検」記事では、「反基金」への世論の「誘導」には一切触れていない。八月六日付の「日韓関係　なぜこじれたか」では「アジア女性基金に市民団体反発」という見出しの記事を掲載したが、「自らの言動が結果責任を問われる」という自覚がまったくないものだった。「構想段階から、日韓の支援組織などが『基金は国家賠償ではなく、日本政府の責任をあいまいにしている』と批判しており……」と状況説明をするだけで、自らが「反基金」をすり込んだことへの「点検」は皆無だ。

私見によれば、同基金の韓国での事業が「失敗」に追い込まれていなければ、「慰安婦」問題や日韓間の政治・外交関係はまったく異なる様相を呈していただろうと想像する。同基金の事業が行ってきたことをのちに知り、「日本が官民で『アジア女性基金』に取り組んだことを知り、『米国の基準からすると、日本もそれなりの対応をしてきた』と考えるようになったという」[4]（ある在米韓国人運動家）との声は少なくない。

もちろん、「失敗」を朝日新聞の報道だけに責任を負わせるのは不公平だ。日本政府の態度が、アジア女性基金をして、「国家補償に近い補償をしながらも政府のかかわりを明確に示さなかった」[5]ことにも問題があった。なぜならば、日本政府はその運営経費の全額を負担し、その事業に必要な資金として、設立から解散（二〇〇七年三月）まで約四十八億円を支出したにもかかわらず[6]、補償の主体が「国家」であることが韓国で理解されない一端となったからである。

ともあれ、韓国大手メディアのほとんどが同基金を「法的責任を回避する隠れ蓑」「ごまかし」と批判的に報道してきたのは、在京韓国メディア特派員への影響力が強い朝日新聞が同基金を非好意的に報じてきたことと無関係ではないと思う。同紙だけではないかもしれないが、日本のメディア報道（とくに日本政府の「陰謀論」につながる内容）をそれほどの検証もなしに韓国メディアがそのままキャリーし、結果的に誤った日本像がすり込まれてきた。

韓国メディア報道のあり方にも直結する問題

一九九三年初め、任期切れ直前の盧泰愚大統領（当時）は、演出家浅利慶太さんとの対談で、「慰安婦」問題について「日本の言論機関の方がこの問題を提起し、我が国の国民の反日感情を焚きつけ、国民を憤怒させてしまいました。そうなると韓国の言論も、日本は反省しないと叫び、日本に対して強い態度に出ない政府の対応はひどいとさらに感情論で煽ってきます」[7]と発言した。

したがって、「慰安婦」報道をめぐる騒動は、韓国メディア報道のあり方にも直結する問題である。「慰安婦」問題に関して、韓国メディアが自らの調査報道によって新しい顕著なファクトを明らかにした事例を知らない。「何よりも、この問題を、日本政府をはじめとする関係者に直接取材することなく支援団体からの情報にのみ頼って報道した韓国のメディアの責任は大きいと言わねばなりません」[8]という指摘は韓国でもある。

そもそも、韓国メディアの日本関連報道を見ていると、「座談会を終えて」の拙文でも指摘したように、調査不足の報道、事実関係が誤っている報道、事象を誇張した針小棒大な報道、常套句や余計な修飾語が付加された報道、ナショナリズムをあえて刺激する報道、報道による結果責任を考慮しない報道、受け手の支配的な意見との合致を狙った議題設定機能（the agenda-setting function）を主導する報道、紋切り型の報道が、依然として存在するように思う。

たとえば、二〇一三年七月二十八日のサッカー東アジア・カップの日韓戦で、韓国のサポーターが「歴史を忘れた民族に未来はない」と大書された横断幕を掲げ物議を醸し、大韓サッカー協会は、日本のサポーターが旭日旗を振ったことが発端とする文書を大会主催者に提出する一件があった。この際、朝鮮日報は「朝日新聞、産経新聞、NHKなど日本メディアは一斉にこの内容を報道し『FIFA規定に抵触する可能性がある』と指摘した。しかし、観客席に旭日昇天旗も登場した事実はまったく報道しなかった」[9]と報じた。

ところが、そんなことはなく、一例を挙げれば、毎日新聞は「一方、日本側の応援席では、試合開始時に旭日旗を一時、掲げる場面があり、係員に制止された。旭日旗は韓国では戦前の日本による侵略の象徴とされている。韓国の聯合ニュースは、旭日旗についても『FIFAの規定違反の可能性が大きい』と伝えた(10)」と報じているのだ。些細なことかもしれないが、韓国紙による調査不足の報道、事実関係が誤っている報道と言わざるを得ない。

メディア報道が日韓関係に及ぼす影響は依然として大きい。日本のリベラル紙誌であれ、右派紙誌であれ、韓国の進歩言論であれ、保守言論であれ、その影響力に見合う「結果責任」の意識がもっとあってよいのではないか。

(1)『朝日新聞』二〇一四年八月五日付。

(2) 橋本ヒロ子「新聞報道の中立性――基金アレルギー醸成要因としての一部新聞報道」、大沼保昭・下村満子・和田春樹編『「慰安婦」問題とアジア女性基金』(東信堂、一九九八年)、一九〇頁。

(3) 大沼保昭『「慰安婦」問題とは何だったのか――メディア・NGO・政府の功罪』(中央公論新社、二〇〇七年)、大沼保昭「慰安婦救済を阻んだ日韓メディアの大罪」(『文藝春秋』二〇一四年十一月号)を参照。

(4)『毎日新聞』二〇一四年九月十九日付。

(5) 朴裕河「[転換期の日本から] 今ふたたび「慰安婦」問題を考える (7) 新たな「補償」に出るべき三つの理由(中)」(二〇一二年三月三日)〈http://astand.asahi.com/magazine/wrpolitics/special/2012030200019.html?iref=webronza〉[朝日新聞デジタル WEBRONZA ホームページ]。

（6）女性のためのアジア平和国民基金編『アジア女性基金　オーラルヒストリー』（女性のためのアジア平和国民基金、二〇〇七年）、「慰安婦問題とアジア女性基金／デジタル記念館」〈http://www.awf.or.jp〉［アジア女性基金ホームページ］、「アジア女性基金による事業の概要」〈http://www.mofa.go.jp/mofaj/area/taisen/asia_jk_genjyo.html〉［外務省ホームページ］などを参照。
（7）盧泰愚「日韓摩擦・韓国の責任」（『文藝春秋』一九九三年三月号）三二八頁。
（8）朴裕河「［転換期の日本から］今ふたたび『慰安婦』問題を考える（最終回）――実践可能な解決を目指して」（二〇一二年六月七日）〈http://astand.asahi.com/magazine/wrpolitics/special/2012060600014.html?iref=webronza〉［朝日新聞デジタルWEBRONZAホームページ］。
（9）『朝鮮日報』二〇一三年七月三十日付。
（10）『毎日新聞』二〇一三年七月二十九日付。

日朝関係も視野に入れた考察を

金子秀敏

朝日新聞が過去の従軍慰安婦報道について、発端となった「吉田清治証言」が事実ではなかったことを認めて一部の記事を取り消した。それ以後、いくつかの流れが起きた。

朝日新聞の記事取り消しは、歴史事実の問題である。ただちに首相官邸は、吉田証言の信憑性が崩れたことを理由に河野洋平官房長官談話の謝罪を「名存実亡」とする措置をとった。これは政治問題である。談話を取り消さなかったのは、日韓首脳会談実現への環境を壊さないという外交問題である。立て続けに起きたこの流れを逆方向から見れば、朝日新聞の検証が首相官邸の意向と平仄のあったものに見える。

朝日新聞が記事を取り消すと、雑誌週刊誌メディアが朝日新聞の責任追及に走った。日本の非新聞メディアに特有な、「朝日叩き」現象である。さらにネット媒体上の得体の知れない勢力が、吉田証言を取材した元記者の個人攻撃を始めた。これはネット社会問題である。

この問題が歴史問題として扱われたのは最初だけだった。そこが引っかかる。これでいいのか。もう少し、吉田証言について確認したいことがある。まず、吉田が虚偽証言をした動機である。誰かに頼まれたのか、虚言癖によるものかで、歴史の意味が違ってくる。

歴史捏造には、それなりの知識がいるだろう。吉田が労務報国会下関支部長だったことは事実だという。労務報国会は、戦時総動員体制を支えた大日本産業報国会の下部組織である。では、労務報国会の業務の中に慰安所への労務提供はなかったのか。あったなら、吉田はそこで聞いたうわさ話から虚構をふくらませたのかもしれない。吉田証言だけでなく、労務報国会がなにをしたか、しなかったかを確認しておかないと、検証として不十分ではないか。

こんなことを考えたのは、従軍慰安婦と聞くと、北京の北朝鮮大使館で開かれた奇妙な記者会見を思い出すからだ。一九九二年一月二十三日付け『毎日新聞』朝刊一面に北京支局の同僚記者が書いたベタ記事がある。見出しは「従軍慰安婦問題で日本政府を非難——北朝鮮駐中国大使」となっている。これよりちょうど一年前、平壌で第一回日朝国交正常化交渉が始まっていた。当時、北朝鮮は対外宣伝の窓口として駐中国大使の朱昌駿・労働党中央委員を使った。

中国人記者と北京駐在の外国人記者が広い講堂に集まった。長テーブルの記者席にはイスごとに中国製ミネラルウォーターの小瓶とキャンディーをのせた紙片が並び、欧米記者を驚かせた。英文の配布資料はわら半紙にタイプ印刷したもので、「セックス・スレイブ」という表現があり、それにも驚かされた。この当時はまだその表現を聞いたことがなかった。ロイター通信の女性記者が「ポルノグラフィー!」と肩をすくめた。

会見は大使の朝鮮語を通訳が英語に訳した。毎日新聞の記事は英語からの重訳だが、大使の発言部分は「日本侵略軍は十万〜二十万もの女性を女子挺身隊の名目で慰安婦として従軍させたが、その大部分は朝鮮半島から強制連行したもの。しかし、政治大国を目指す日本政府は、この問題に誠意を持って答えず補償しようとしない」となっている。

「セックス・スレイブ」の部分は記事にはない。同僚記者は記事の後段で、慰安婦への補償問題の提起は、日朝正常化交渉で日本側が李恩恵《リウネ》問題を提起したのに対抗したものだろうと解説している。拉致問題に対抗する慰安婦問題という構図である。一、二年後、朱大使の会見では、日本に「過去の清算」を要求している。

北朝鮮が日朝交渉の初期段階で「過去の清算」を主張する布石として、「挺身隊=慰安婦の強制連行」という筋立てを使った。「セックス・スレイブ」という表現も使われた。

従軍慰安婦に関する日本政府への謝罪要求運動は、韓国の市民団体「挺隊協」や米国の韓国系市民団体の少女像建立運動などがある。この運動の広がりに対する日本側の反発が、朝日新聞の吉田証言関連記事取り消し以後、「朝日叩き」に向った。

だが、韓国だけでなく、北朝鮮も日朝国交正常化交渉のある段階で「慰安婦強制連行の補償」を主張したが、その論理は韓国の挺隊協とよく似ていた。両者の間には直接的にせよ、間接的にせよ、なんらかの組織的な連携があるのだろうか。そうでなくても相手の運動に影響を受けていただろう。日本で従軍慰安婦問題を論じる場合、日韓関係のほかに日朝関係を視野に入れることも忘れてはならないのではないか。

小倉和夫

慰安婦報道問題をめぐって考えたこと

朝日新聞の慰安婦報道問題とその後の多くの報道機関の反応を見ていると、朝日も、その他の多くの報道機関も、いささか「政治的」であり過ぎる気がする。

そもそも、慰安婦問題をこじらせた一つの大きな原因は、この問題を、女性の人権や人間性の角度からとりあげるというよりも、特定の政治、外交問題としてとりあげたところにある。その結果、韓国社会のなかで断層がおこり、日本社会の亀裂が激化し、そして今や日韓間の「対話」の断絶に至ったように見える。

売春やそれに類似する行為には、常に、心と体との間の断絶がともなう。本来、心の動きと連動すべき肉体的行動が、別の動機によって行われる時、大きな断絶が生ずる。しかも、そうした行為が、民族をこえ、国境をこえて行われるとき、そこには、もう一つの「国際的」断絶が生ずる。戦争中に、売春婦や慰安婦として働いた朝鮮半島出身の女性の心情を、日本の軍人の立場から描いた伊藤桂一の次の文章は、そうした断絶を暴き出している。

「彼女（朝鮮の女）たちは、自分の職分というものに忠実だ。もっともこれは、自分に対してであって、客に対してじゃない。自分たちが、内地の女たちよりも、いかに秀れた資質をもっているかということを、売春の行為の上においても認めさせようというわけだ。これは、売春婦に限らず、軍への慰問団にしてもそうだ。——（略）——朝鮮の女たちは、親切だし、よくサービスを心得ているが、何から何まで抱きつくしたつもりでも、まずほとんどの女の情は動いていない。おそろしいくらい冷酷なものだ。」

（伊藤桂一『戦場の旅愁』）

朝鮮女性の民族意識の強さが故に、普通でも客と女との間に存在する心の断絶が、日本人と朝鮮人の間では、一層深くなることをえぐり出した文章である。

慰安婦問題の報道にあっては、「性奴隷」という言葉を使うマスコミも少なくないことに象徴されているように、日本の軍やその関係者を、「動物的」な、残酷な人間集団と見なす傾向がみてとれる。いつの世でも、権力は暗黒の巣窟であり、残虐非道を行なうという「神話」がまかり通りやすい。その過程で、みずからを動物扱いされた人々は、相手を動物の世界まで落としこみたくなるものである。否むしろ、自らの体を動物のように扱うことによって、実は、相手をもその次元に落としこめようとする場合すら存在する。

第二次大戦後まもなく、日本へ密航して来た朝鮮女性が暴れだし、取り調べにあたった日本人の警察官が、これをとりおさえようとすると、女は「今度は、身体検査か！　ヨーシ、見たけりゃ見せてやるぞ！」と言ってスカートを高々とまくりあげるのだが、このシーンを、中薗英助は、生々しく描いた後、同席していた警部補の回想と意見という形で、そうした女の行動に秘められた意味を次のように説明している。

「あるとき、密航者の女を逮捕し、陰部を実際に検査するということをやった。すると女は『ゲー（犬）』とひと声わめいたっきり、平然と股間をひろげつづけた。——（中略）——『ゲー』という韓国語の強烈な侮蔑の言葉は、それこそこっちを人間あつかいしていない、だから股をひろげて見せるくらいは、何でもないという意味だという——」　（中薗英助『密航定期便』）

ここでは、断絶の連鎖とその深まりゆく過程が見てとれる。

朝日新聞の慰安婦報道問題も、実は、日本の報道機関同士、マスコミと読者、ひいては日本社会のなかの断絶、そして、日韓間の知的、心理的断絶を深めた事件ではなかったのか。

朝日という「水に落ちた犬」をさらにひっぱたいたところで、慰安婦問題をめぐって生じている社会的、そして国際的断絶を埋めることに役立つとは思われず、また、水に落ちた犬をさらに苛めている人々を批判してみても、そもそも、慰安婦問題の底に横たわっている深淵をさぐることに役立つことはないであろう。

日韓の間、そして、日本社会自体の内において存在する深い溝は、報道機関自体が、慰安婦問題の「政治色」を強めるような言動を控え、むしろ、時間という懸け橋にたよりながら埋めて行くべきものではなかろうか。

小倉紀蔵
慰安婦問題と「日韓モデル」の危機

韓国で慰安婦問題が突然大きなイシューとなって社会を文字通り震撼させたのは、一九九一年のことであった。そのとき私は韓国に住んでいた。ソウル大学哲学科の大学院生だったのである。当時の韓国社会の様子を鮮明に記憶している。きわめて衝撃度の大きな出来事だったからである。

当時、慰安婦は「挺身隊」と呼ばれていた。当時の韓国で「従軍慰安婦」と「女子挺身隊」が完全に混同されていたという事実は、周知の通りである。

韓国のメディアは連日のようにこの問題を大きく取り上げた。極度にヒステリックで、騒然たる雰囲気だったといってよい。その当時の韓国における共通した認識は、以下のようなものであった。

植民地時代ののどかな農村。畑で父親と母親が作物の手入れをしている。手伝っているのは十三から十五歳くらいに見える女の子だ。植民地支配をされている状況とはいえ、ミクロのレベルでいえば、家族の幸せはそこにたしかにあった。しかし、白昼だしぬけに、そこへ日本の官憲がやってくる。制服を着てサーベルをガチャガチャ鳴らしながらやってきた日本の憲兵が、畑で働く父母に強圧的で命令調の言葉を発し、うむをいわさず暴力的に女の子をトラックの荷台に載せる。狂ったように身を振り乱してそれを阻止しようとする母と、奴隷のように平身低頭して憲兵に懇願する父。しかし憲兵は女の子を載せたトラックとともに無慈悲に立ち去る。荷台で「アボジー（父さん）！オモニー（母さん）！」と泣き叫ぶ女の子。地べたに頭を打ちつけながら「アイゴー！　アイゴー！」と号泣する母親。たましいの抜けた人のように呆然とあぜ道にへたりこむ父親。トラックでは卑しい顔をした憲兵がにやりとほくそ笑む。……やがて女の子は、南洋のどこかの戦場の劣悪な環境で、獣のような兵士たちの性の処理をさせられることになる。

……これは「イメージ」ではない。「認識」であった。最初はたしかに「イメージ」であったのだろう。しかし、やがてそれは確固たる「認識」となって、韓国人全体に共有されることとなった。「挺身隊の強制連行」といえば右記のような「場面」を意味し、それ以外を意味することはなくなった。

特に強い影響力を発揮したのは、テレビというメディアであった。歴史ドラマにおいて右のような場面が描かれることによる影響も大きかったが、「再現場面」と称して、繰り返し繰り返し右のような状況がテレビ画面に登場することが、その当時の韓国人の心象にきわめて強い影響を与えたと思われる。想像を交えて「再現」するのだから、それは「事実」ではない。しかし「創作」ではないので、強い信憑性をともなって人びとの心に印象を与えたはずだ。

このように強烈な「イメージ」ないし「認識」の形成に、朝日新聞の報道がどの程度、いかなる影響を与えたのかはわからない。しかし、朝日新聞という一媒体のみがこのような決定的な「認識」の形成に全面的な役割を果たしたと考えるのは、あまりにも無謀な推論である。むしろ吉田清治氏による「証言」と、それを朝日新聞だけでなく日本の複数の大新聞がオーソライズしたこと、そして元慰安婦に対する韓国側の暫定的な調査による証言が、「吉田証言」に寄り添う形で解釈されたことなどが、複合的に作用して、右のような「再現場面」があたかも「真実」であるかのように信じられてしまったのだと思われる。

そして、いちど形成され信じられた「認識」は、容易に変形されえない。右の「再現場面」は、その後もずっと、韓国人の心象にどっしりと占めつづけているのにちがいない。

私の考えでは、慰安婦問題は「初動」が決定的に悪かった。右のような強烈な「イメージ」が「認識」としてほぼ瞬時に固まってしまい、この「認識」を土台にしてすべての議論が展開されることとなったのだ。冷静に「事実」を掘り返す、という作業よりは、この「認識」に対していかに「復讐」するか、という方向に韓国社会は初期の段階で向かってしまったと考えられる。

その後の慰安婦問題の展開は、周知の通りであるし、私もこの問題に関してはこれまで何度も語ってきたので、それをここで繰り返すことはしない。また、慰安婦問題を含めた歴史認識問題に関して私は、近いうちに藤原書店から本を出すことにしているので、詳しい議論はそちらの書籍で展開することにしたい。

ただ、この場でごく簡単に述べておきたいことは、以下の三点である。

①日本は慰安婦問題の解決に関して、二国間の条約・協定の枠内でできるかぎりの努力をしてきた。もちろん韓国側としては、日本の努力に対しては「不足」であると判断するし、そのことが「不満」でもあろう。その気持ちは充分に理解できる。しかし、今後さらにこの問題の解決を進めていくためには、これまでの日本側の努力を韓国側が認める、という構図の土台の上でのみ可能だと私は考える。もちろん韓国政府はこれまでも河野談話を充分に認めており、尊重している。しかし運動団体はどうだろうか。日本側の努力を一切認めず、最初から今にいたるまで、日本糾弾のみに邁進しつづけているように、私には見える。その妥協を許さぬ頑なな「運動」のさなかに、元慰安婦のハルモニたちの多くはこの世を去ってしまった。この事実を、どう理解するのか。私としては韓国の運動団体を強く批判せざるをえない。

②われわれはこの問題に関する発想を根本から変えなくてはならない。植民地支配への反省も、慰安婦問題への謝罪も、人類の歴史のなかで日本がはじめてなしえたことであった。欧米で、植民地支配の歴史をどう清算するかという学問（ポストコロニアリズムという）が開始されたのは、ようやく一九九〇年代のことである。しかし日本では、一九七〇年代から、左派の歴史学者を中心に、朝鮮への植民地支配に対する強い反省の意識にもとづく学問が花開いた。この分野ではあきらかに

世界をリードしていたのである。また日本政府が公式的に何度も植民地支配に対する謝罪と反省を述べたことは、これまで欧米諸国がなしえなかったことである。慰安婦問題に関しても同様だ。これを「画期的」と呼ぶことは、自国の行為であるので差し控えたいと思う。しかし、客観的にいって、今後の世界のモデルとなるべきことを、日本はこの数十年のあいだにやってきたのである。かつてアジア・アフリカを植民地支配した欧米の諸国家も、戦時における軍隊による性の管理を行った諸国家も、今後、日本のようにこの問題に真摯に向き合い、謝罪と反省をしなくてはならない局面に必ず立つであろう。

③そのときにそれらの諸国が参照すべきなのは、日本と韓国が一九六五年以降展開してきた「日韓モデル」なのである。植民地支配や慰安婦問題に対して日本が謝罪と反省をすることができたのは、日本だけの意志によるものではもちろんない。韓国からの批判を受け、それに応答するかたちで「謝罪と反省のプロジェクト」が進行したわけである（この批判は「まっとうな批判」であって、運動体による「批判のための批判」に応答したわけではない）。だからこれは、厳密にいって、日本と韓国が協働して繰り広げたプロジェクトであるわけだ。これを歴史問題解決のための「日韓モデル」と命名してよいであろう。われわれが銘記すべきなのは、日韓のあいだでこのようなプロジェクトを推進することができた理由は、一九六五年の日韓基本条約という枠組みがあったためであるという事実だ。これは、国交関係をいまだに樹立できていない北朝鮮とのあいだで、平壌宣言以外になんら歴史問題の解決のための糸口がつかめていないことを考えると明白な事実である。

だが、現在、この「一九六五年体制」を改変ないし解体させようという動きが韓国で強くなっている。一九六五年の日韓条約には、日本側からの歴史への反省は一切盛り込まれていなかったわけだから、「一九六五年体制」を根本から変更したいという気持ちが韓国側にあるのは、よく理解できる。事実、この条約は、当時の朴正熙大統領が非常戒厳令の助けを借りてまでしてかろうじて締結したものなのだ。

だが、もし「一九六五年体制」の「改変」ではなく「解消」となった場合、いかなる事態が生じるであろうか。さきほど述べたように、日韓間で営々として築かれてきた歴史の清算のプロジェクト、つまり「日韓モデル」は、「一九六五年体制」という相互信頼の土台のうえにかろうじて構築されえたものである。もしここでこの土台を根本から変更し、解消するというのであれば、この「日韓モデル」もいちどゼロ状態に戻して再びやり直しをせざるをえないだろう。一方で「一九六五年体制」は根本的に変更し、他方で日本による謝罪と反省の歴史はゼロに戻さない、という枠組みは、論理的にいって矛盾なのである。したがって、もし「一九六五年体制」を御破算にしたいのであれば、河野談話や村山談話、菅談話も御破算にしなくてはならないのである。そのときには当然、日韓が数十年にわたって構築してきた「日韓モデル」も泡のように消えてなくなるであろう。つまり、「日韓モデル」はひとことでいって失敗したことになる。

そのときに、日本は何を考えたらよいのであろうか。私の考えでは、それは「日朝モデル」である。日本と北朝鮮のあいだで、歴史の清算に関する新たなモデルを構築するのである。そもそも「一九六五年体制の解消」という強力な願望が韓国から出てくるのは、先にも述べたとおり、日韓条約には「歴史問題の清算」という「思想」が根本的に欠如していたためである。新たな「日朝モデル」は、このことの反省を踏まえて、最初から、慰安婦問題や徴用工の問題などすべてを盛り込み、国交樹立・歴史清算・経済協力を包括的かつ最終的なパッケージとしたものにすべきであろう。このモデルを日本と北朝鮮のあいだで実現できれば、それこそ植民地支配の清算に関する「世界のモデル」になることができるはずだ。そして日朝両国が誇りを持って協働の作業を評価し、両国がリードして世界の歴史問題解決へのモデルを提示する、という壮大な未来を切り開くのである。

「日韓モデル」が失敗に瀕している理由は、一九六五年の条約締結時に日韓双方の政府が歴史問題を二の次にしたこと、そしてその後の日韓協働の歴史清算の作業に対して、韓国側があまりにも過少評価しつづけたことにある。「日朝モデル」はこのことへの省察を充分に行った上で、より生産的な関係構築に邁進すべきであろう。

朝日新聞の悔いと、問題すり替えの罠

若宮啓文

かつて参議院議員に「村上天皇」の異名をとった自民党の実力者がいた。村上正邦氏である。KDD事件で捕えられて服役したが、その後もいまの日本を憂えて活動している。

もともと右派の代表的な政治家でもあるのだが、最近会った折、慰安婦問題について「強制はなかったなどと、バカなことをいうべきではない」「河野談話を取り消そうなどと言うのはけしからん」と怒っていた。

氏は若いころ、福岡県内の炭鉱で働いていた時期がある。いっしょに朝鮮人が大勢働いていたが、彼らが体調を崩して仕事に出てこなかったりすると、すぐに連れ出され、柱にくくりつけられて棒でたたかれ、強引に働かされるのが常だったという。そんなひどい扱いを目の当たりにした氏は「朝鮮人の慰安婦がおかれた状況は推して知るべし」と言うのだ。さすがに原体験をもつ人の言葉には重みがある。

原体験といえば、中国北部で五年ほどの従軍体験をもつ田村泰次郎の小説には、戦場とそこにおける人間を知り抜いた重みがある。そのひとつ「蝗」(一九六四年発表)を読んだ私は、思わず目を覆いたくなった。

主人公の軍曹は戦死者を葬る白木の箱を運ぶついでに、五人の朝鮮人慰安婦を、もとの部隊から前線の部隊へ連れていく任務を与えられた。その途中、別の部隊に出くわすと、こんな会話が交わされる。

「貴様が、引率者か。チョーセン・ピーたちを、すぐ降ろせっ。おれは、ここの高射砲の隊長だ」

「女たちは石部隊専用の者たちです」

「なにっ、文句をいうな。なにも、減るもんじゃあるまいし、ケチケチするな(略)」

「しかし、――」

「しかしも、くそもない。いやなら、ここをとおさないだけだ。絶対に、さきに行かさない。わかったな。通行税だ。気持ちよく払って行け」

チョーセン・ピーとは朝鮮人慰安婦の蔑称である。実は、それまで二か所で同じことがあった。そのたびに彼女らは引きずりおろされ「兵隊達が、つぎつぎと休む間もなく、五名の女たちの肉体に襲いかかった」のだ。軍曹はこんども彼らの要求を飲まざるをえなかった。

さんざん犯されて戻った彼女たちが、こう呟いた。「チキショー、バカニシヤガッテ。アイツラ、アソプナラ、アソプテ、ナゼカネヲハラワナイカ。カネハラワズニ、ナニスルカ」

さらに、これでは終わらない。このあと彼女らの護送にあたっていた兵士たちが「もう辛抱出来んわ。……よその兵隊に使わせて、おいらにだけは使わせんというのは、理屈にあわんな」と迫り、疲れ果ててトラックに横たわる彼女らに襲いかかるのだ。

小説とはいえ、田村ならではの生々しいリアリティーがそこにはある。そこには村上氏が炭鉱で見たもの以上の世界があった。もちろん、これが日常だったわけではない。ふだんは部隊の「専属」として、秩序だって兵士の相手をさせられていた。基本的には対価も得ていたし、中には兵士と気持ちのつながりができたこともあった。同じく中国での軍隊経験が豊富な作家の伊藤桂一は『兵隊たちの陸軍史』(一九六九年)で、こう書いている。

「朝鮮の女たちが、慰安婦として、いかに日本兵たちに献身的であったかは、多少でも野戦経験をもつ者は知っている。しかしそれは多くの場合、日本兵に好意をもったからではなく、慰安婦の立場としての、日本内地の女には負けたくないとする、民族的な面子があったからのようだ。

彼女たちが、いかに献身的であったにせよ、日本兵の情に殉ずる、というような例はほとんどなかった。彼女たちの心底には、本能的、無意識的に、日本への憎悪と抵抗があったのである。」もとより兵士たちも、死と隣り合わせの極限状況の日々だった。その彼らを慰めるのも「お国のため」だったが、その「お国」は本来なら異国だった「お国」である。そして、兵士らには苦難の代償として「名誉」を与えられた。「名誉の戦死」を遂げれば「英霊」として靖国神社に祀られる。恩給や遺族年金も整備されていた。それに引き換え、慰安婦はどんなに「お国」に尽くしても、帰国してからは「不名誉」を隠して生きるしかなかった。二重三重の屈辱はいかばかりだったろう。

さて、問題の吉田証言である。吉田清治という人物は、自分が軍の慰安婦募集係として済州島をトラックで走り回り、若い娘たちを手あたり次第に連れて行ったと「告白」し、話題の人となった。そして朝日新聞はしばしば彼の懺悔を美談のように報じた。証言は「強制連行」の極端な実例として、大きなニュース価値があると考えられたのだが、結果としては二つの意味で間違いを犯してしまった。

一つ目は、彼の証言が作り話だったという、文字通りの間違い。そして二つ目は、彼の証言をプレーアップしたために、慰安婦問題の本質があたかも「強制連行」にあったかのような錯覚、あるいは論理のすり替えを招いてしまったことだ。

では、慰安婦問題の本質はどこにあったのか。それはいみじくも「河野談話」がはっきりと示している。一九九三年八月四日に当時の河野洋平官房長官が出した以下の談話である。

「今次調査の結果、長期に、かつ広範な地域にわたって慰安所が設置され、数多くの慰安婦が存在したことが認められた。慰安所は、当時の軍当局の要請により設営されたものであり、慰安所の設置、管理及び慰安婦の移送については、旧日本軍が直接あるいは間接にこれに関与した。慰安婦の募集については、軍の要請を受けた業者が主としてこれに当たったが、その場合も、甘言、強圧による等、本人たちの意思に反して集められた事例が数多くあり、更に、官憲等が直接これに加担したこともあったことが明らかになった。また、慰安所における生活は、強制的な状況の下での痛ましいものであった。

なお、戦地に移送された慰安婦の出身地については、日本を別とすれば、朝鮮半島が大きな比重を占めていたが、当時の朝鮮半島は我が国の統治下にあり、その募集、移送、管理等も、甘言、強圧による等、総じて本人たちの意思に反して行われた。

いずれにしても、本件は、当時の軍の関与の下に、多数の女性の名誉と尊厳を深く傷つけた問題である。政府は、この機会に、改めて、その出身地のいかんを問わず、いわゆる従軍慰安婦として数多の苦痛を経験され、心身にわたり癒しがたい傷を負われたすべての方々に対し心からお詫びと反省の気持ちを申し上げる。(後略)」

つまり、吉田証言のような「強制連行」はなかったとしても、募集や管理その他に総じて「強制性」があり、それには軍が関与していたという認定だった。いま読んでも、よくできた談話だと思う。

私の記憶をたどれば、朝日新聞は河野談話にホッとしたのではなかったか。

第一に、九二年一月の宮沢喜一首相の訪韓前に朝日が「慰安所、軍関与示す資料」と大きく報じたスクープが正しかったと、改めてはっきり認められたからだ。

そして第二には、吉田証言がたとえ虚偽だったにしても、慰安婦が「意に反して」集められ、「強制的」な生活を送っていたこと、つまり強制性を政府が認めたからだ。もはや吉田証言の真偽は本質的な問題ではなくなり、朝日が吉田証言にこだわる必要もなくなった。吉田証言は嘘だという批判のなか、彼の名は朝日の紙面から消えていった。

朝日は九七年三月に慰安婦問題を特集紙面で検証したことがあった。全体として慰安婦のおかれた悲惨な状況を検証し、「強制性」の存在を確認することに主眼があったのだが、吉田証言をどう扱うかも課題となった。そして「吉田氏の著述を裏付ける証言は出ておらず、真偽は確認できない」と書くにとどめた。

証言は怪しいと判断されたのだが、本人がはっきり虚偽だと認めない中で「まったく事実がなかったと証明することもできない」という判断から、取り消しにまで踏み切れなかったのだ。私としては、それなりに紙面にかかわった者として悔いを残したが、吉田証言は「真偽不明」のままでも、もはや問題の本質にかかわりない、という甘えもあったと思う。

それはジャーナリズムとして不誠実だっただけでなく、いまにすれば戦略的な判断ミスでもあった。なぜなら、日本で慰安婦問題に蓋をしようとしてきた人たちは、朝日攻撃の最大の焦点を「吉田問題」に絞ってきたからだ。安倍晋三首相は二〇一二年の自民党総裁選のとき、日本記者クラブでの討論会で慰安婦問題を聞かれると、わざわざ「朝日新聞の誤報」を口にして、吉田証言が問題を大きくしたと答えるばかりだった。

韓国の支援団体の主張が極端だったことも災いした。つい最近、日本版が出た朴裕河さんの『帝国の慰安婦』(朝日新聞出版)は、豊富な資料と深い考察に満ちた出色の本なので一読をおすすめする。彼女は慰安婦を「自分から軍について歩いた、ただの売春婦」だとおとしめる一部日本の主張に強く反発する一方で、「日本軍に強制連行された無垢な少女たち」という韓国側の決めつけ方もことをこじらせてきた、と指摘する。朴さんが批判する韓国のそのようなアピールも、日本では「朝日の吉田証言報道が諸悪の根源だ」という単純化につながってしまった。

朝日が報じようが報じまいが、吉田氏は自分で「懺悔」の本を書いて韓国でも出版し、韓国で謝罪活動までしたのだから、そうした批判は当たらないし、そもそも吉田証言が国際世論の中で重視されているわけでもない。だが、朝日が長く吉田証言の報道を取り消さなかったことが、「慰安婦問題」攻撃の標的にされた。

だから今回、意を決して「取り消し」に踏み切ったのは、遅まきながら英断だったのだが、またしても戦略ミスを犯してしまった。読者への「お詫び」がなかったことに始まり、次々に傷口を広げてしまう。手ぐすねを引いていた側に恰好の材料を与えてしまった。

私は朝日新聞に限らず、慰安婦問題を積極的に世に問うてきたジャーナリズムの存在を基本的に評価してよいと思う。だが、吉田証言だけでなく、朝日による初期の慰安婦報道に得てして過剰な正義感や思い込みに基づくミスがなかったとは言えまい。アジア女性基金に対しても、当初、これを批判する声を積極的にとりあげて韓国での反対を煽る結果になった。待ったなしと思える慰安婦問題だが、今度はその解決を遅らせることに朝日新聞が利用されるのは見るに忍びない。

座談会を終えて

日韓の新しい共生戦略を考える

小此木政夫

先進的な日韓分業・協力の誕生

日韓国交正常化に伴う経済協力やベトナム特需を十分に活用し、さらに戦後日本の輸出主導型工業化モデルを学習しつつ、韓国は一九七〇〜八〇年代に重化学工業化を達成し、冷戦終結を前につい に政治的民主化を実現した。それに加えて、一九九〇年のいわゆる「バブル崩壊」以後、日本が「失われた十年」を経験し、それが「二十年」に延長される間に、日本の約十倍の人口を持つ中国が世界的な経済大国として台頭した。要するに、成長する日本と停滞する韓国・中国という十九世紀以来の三国関係のパターンに明確な変化が生じたのである。事実、現在、日本と韓国はほぼ対等な立場で競争しながら協力し、協力しながら競争している。最近の韓国の統計によれば、日本と韓国はその五十の主要輸出品目のうち二六品目、すなわち五二%で激しく競合している。二〇〇〇年の重複・競合品目が二〇％に過ぎなかったのだから、いかに短期間に日韓の経済関係が水平化したかがうかがえる（『中央日報』二〇一三年一月二十八日）。

しかし、それと同時に、日韓の産業内分業が急速に進展していることも注目される。東日本大震災後、一部の日本企業は積極的に素材や部品の生産・開発拠点を韓国に移転し始めた。東レは最先端の炭素繊維工場を亀尾に建設し、宇部興産や住友化学もサムスングループと合弁でスマートフォン用の高機能樹脂素材やタッチパネル工場を建設する。日本電気硝子は京畿道坡州に建設中の液晶パネル用のガラス基板の工場を二倍に増設し、ＬＧと共同出資の加工工場で最終製品に仕上げたうえで、ＬＧディスプレーのパネル工場に納入する。その総投資額は外国企業として過去最高の七百億円に達する。要するに、製造者と使用者の関係が重視される素材や部品産業の世界では、すでに国境という概念が放棄されつつあるのである。将来的には、韓国の素材や部品産業の日本進出が拡大するだろう。韓国企業が成長しても日本からの輸出が減らないのは、サプライチェーンの上流に日本しか供給できない素材や部品が存在するからである。

産業内の業務提携も珍しくない。経営不振で減産が続くルノー・サムスン自動車は、日産自動車からの生産委託に社運を賭けている。日産自動車は品質が安定して価格競争力をもつ韓国製部品の現地生産を増やして、将来的には日産自動車の九州工場だけでなく、中国大連で稼働する新工場でも使用する予定である。すでに日本ナンバーと韓国ナンバーを付けたトラックが北九州と釜山を往来している。同じように経営不振のシャープは、テレビや半導体で激しく競争してきたライバルのサムスン電子グループから約一〇四億円の出資を受け入れた。また、サムスン向けの液晶パネル供給を拡大して工場稼働率を改善する。他方、サムスンは価格下落が続く液晶パネルへの新規投資を抑えて、それをシャープから安定的に調達する。

それとは別に、資金的な余裕を持つ日本の総合商社や金融機関が資源やエネルギー開発、インフラ建設などで韓国企業と提携するケースが増大している。韓国企業の生産技術、人的資源、コスト競争力が注目された結果である。たとえば三菱商事は韓国ガスと提携して、インドネシアでLNGを共同生産し、リスク分散と販売先の確保を両立させようとしている。丸紅は現代建設と提携して、バングラデシュで複合火力発電所を建設中である。また、東芝と日双は大林産業と提携してベトナムで、みずほ銀行は現代建設と提携してミャンマーで、それぞれ火力発電所を建設中である。丸紅とIHIがPOSCO E&Cと提携して、タイにLNG輸入基地を建設することも発表された。要するに、日韓企業間には競争と協力の自由な結合の新しい形が生まれつつあるのである(『日本経済新聞』二〇一三年三月二十四日)。

東アジアの「双子国家」

それでは、一世代後、すなわち約二十年後の日韓関係はどのようになっているだろうか。韓国に民主主義と自由な市場経済が定着するまで、この質問に答えることは決して容易ではなかった。一九六五年の国交正常化後も、日本人と韓国人はそれぞれ相当に異なる政治・経済体制の下にあったからである。しかし、現在、日本と韓国はすでに政治・経済体制、すなわち「国のかたち」を決める基本的な要素をいくつも共有している。また、二つの市民社会の間には、活発な大衆文化交流が進展している。日本と韓国がそれぞれの戦略的な役割の重要性を明確に認識し、日韓・日中韓FTAやRCEP（地域包括的経済パートナーシップ）、TPP（環太平洋パートナーシップ協定）などの広域的市場統合を土台とする競争と協力の形を探し当てることができれば、それが両国関係の未来を設計し、東アジアの平和と繁栄に大きく貢献することだろう。もしそれができないのであれば、それはリーダーシップの責任である。

日韓両国が共有する第一の要素は、いうまでもなく自由民主主義と市場経済体制である。また、日韓は人権・人道、個人の尊重、法治主義などの普遍的な価値も共有している。第二に、天然資源を持たない両国は極めて類似した産業構造を持っている。重化学工業、原子力、自動車産業などだけでなく、先端技術に依存する貿易国家として、日韓はIT産業、環境技術、新エネルギーなどの開発に努力している。しかも、すでに指摘したように、最近では産業内分業の進展が著しい。第三に、安全保障の分野でも、日韓は米国を最大のパートナーにし、核兵器やミサイル開発に熱中する北朝鮮という脅威を共有している。それが続く限り、日韓は「擬似同盟」を維持せざるをえないだろう。そして最後に、大国化する中国との関係である。中国文明の周辺国家として、その影響を受けつつ、日韓は長期にわたって独自文化を発展させてきた。地政学的にアジア国家であるだけでなく、太平洋国家でもある日韓にとって、中国との関係をどのように設定するかは未解決の共通課題である。

これらの基本的な要素から見て、二十年後の東アジアには、一見して区別し難いほどよく似た「双子国家」が存在することになるだろう。超大国たることを止めてしまった日本と中級的な先進工業国家になった韓国である。日韓両国は軍事大国化の道を歩むことなく、同じように産業技術とソフト・パワーを手段とする貿易国家、そして国民一人ひとりの生活や福利を重視する開かれた国家を建設しようとしている。ただし、それでも、よく似た二つの国家は歴史と伝統を異にして、それぞれの独自性を維持して競争と協力を繰り返している。日韓が国境を超えた経済交流をさらに活発化し、段階的に経済統合を進めていけば、さらに北朝鮮が市場経済を導入して、南北の交流や協力が活発化すれば、北東アジアには活力のある約二億人の人口を擁する共同市場が誕生する。台湾にもまた、目標と手段を共有し、約二千三百万人の人口を持つ民主的で先進的な工業地域が存在する。

もちろん、東アジアの中心には、それ以上に大きな中国が存在する。中国は東アジアの中央に位置して、それ自身が独自の文明、すなわち世界秩序を構成している。しかし、グローバル化時代の東アジアは中国以外の世界にも開かれている。とりわけ日本と韓国は、東アジア国家であるだけでなく、太平洋国家であり、世界国家である。中国が民主的な政治体制を採用し、軍事力の拡大を抑制して、東アジアと世界の一員であるために努力すればよいが、もしそうでなければ、東アジアの「双子国家」である日本と韓国は、目標と利益だけでなく戦略を共有して、米国との政治経済および安全保障関係をさらに緊密化せざるをえなくなるだろう。そして、そのネットワークはＡＳＥＡＮ

とオーストラリア、ニュージーランド、さらにインドに拡大するはずである。

「米中架橋・経済統合」型イニシアティブ

二〇一二年十二月から翌年二月にかけて、日本と韓国で相次いで新しい政権が誕生した。安倍晋三政権と朴槿恵政権である。これらの新政権が直面する歴史的な役割は、李明博政権の最後の一年間に険悪化した日韓関係を修復するだけでない。東アジアの「双子国家」にふさわしい日韓関係を構築して、東アジアの平和と繁栄に寄与できる外交イニシアティブを共同で開発することである。振り返ってみれば、朴正熙政権と池田・佐藤政権による国交正常化や中曽根政権と全斗煥政権による関係改善のためのイニシアティブは、すでに紹介したように、いずれも冷戦・新冷戦と韓国の産業化に対応する「安保優先・経済開発」型イニシアティブであった。また、金大中政権と小渕政権による「パートナーシップ」共同宣言は冷戦終結を背景にする「国際協調・過去反省」型イニシアティブであった。

それでは、これら二つの戦後イニシアティブと比較して、日韓の新政権はどのような外交イニシアティブを開発すべきだろうか。第一イニシアティブに関していえば、冷戦が完全に終結したのだから、いまや対ソ・対中「封じ込め」は完全に過去の遺物になった。また、産業化も完了して、韓国はいまや開放された先進的中級国家として世界に認知されている。残された課題は、北朝鮮による核兵器や長距離ミサイル、すなわち大量破壊兵器（ＷＭＤ）の脅威にいかに対抗すべきかである。

米本土に到達する核ミサイルが完成するまでには五年程度の時間が必要とされるが、日本はそれ以前に中距離核ミサイルの射程内に含まれることになるだろう。韓国はすでに長距離砲や短距離ミサイルを含むさまざまな軍事的脅威に直面している。その意味では、二〇一二年六月下旬に日韓がGSOMIA（軍事情報包括保護協定）の締結に失敗したことが惜しまれる。

ただし、当然ながら、この第一のイニシアティブによって慰安婦問題を含む歴史問題が解決されることはない。この問題に関する韓国政府の立場は司法、NGOそしてメディアによって強く拘束されているし、日本でも政府による河野談話の作成過程の検証が進行した。単純に論争を回避するのではなく、部分的にしろ、第二の「国際協調・過去反省」イニシアティブを発揮しながら、新しい第三イニシアティブを共同で開発すべきだろう。日韓の二つの政権にそれができるかどうかは不明であるが、二〇一四年八月十五日の光復節演説で、朴槿恵大統領は「日韓両国はいまや新しい五十年を見据えて、未来志向的な友好協力関係に向けて進まなければなりません」と言明したうえで、「その方たち（元慰安婦のハルモニたち）が納得できる前向きな措置」を要求し、「日本の指導者たちの知恵と決断」を期待した。

他方、朴槿恵政権誕生後、ソウルと東京を訪問したキャンベル米国務次官補は「北東アジアはますます世界経済の操縦席になり、世界の成長のために著しく重要である。日本、中国、韓国の間の良好な関係がすべての関係国にとって最善である。」と言明した。それ以来、米国政府は日中韓の摩擦や緊張が拡大することに対する警戒心を隠さない。とりわけ、同盟国である日本と韓国の緊密な関係こそ、この地域における米国の安全保障上の利益を最大限に反映すると主張している。したがって、米国が東アジアから撤退するのであればともかく、リバランスしようとするのであれば、険悪な日韓関係の改善は不可欠である。そのような観点から、二〇一三年十月初めに日本を訪問したケリー国務長官とヘーゲル国防長官は、集団的自衛権問題で日本の主張を肯定しつつ、千鳥ヶ淵戦没者墓苑で献花した。また、十二月に日韓を訪問したバイデン副大統領も日韓首脳に関係改善を強く要請した。さらに、そのような外交努力が裏切られたと感じたために、十二月の安倍首相の靖国神社参拝に対して、米国務省は異例にも「失望」を表明したのである。ただし、どのような形であれ、米国が強引に介入すれば、日韓双方に潜在する反米感情を刺激し、それが「日米韓」安保体制を混乱させるかもしれない。そのために、オバマ大統領の仲介外交も日米韓サミットの開催にとどまらざるをえないのである。

したがって、現在、日韓双方に必要とされているのは、第一に両国間の問題を自主的かつ早期に解決することであり、第二にアジア太平洋の平和と繁栄に寄与できる共同の外交イニシアティブを開発することである。それこそ、新しい時代に即応する日韓外交の第三イニシアティブ、すなわち「米中架橋・経済統合」型イニシアティブだろう。米中関係を調整し、両者を架橋するという大きな役割は日本だけでも、また韓国だけでも決して達成できない世界史的な使命である。また、今後二十年を展望して、日中韓FTA、TPP、RCEPなどを通じて、アジア太平洋の広域的な経済統合を促進しなければならない。いうまでもなく、我々は中国が健全なナショナリズムを育成して、アジア太平洋世界の責任ある構成員になることを願っている。しかし、それを実現するためには、中国自身の努力だけでなく、日本と韓国の共同のイニシアティブが必要とされるだろう。その意味でも、世界はアジア太平洋の平和と繁栄を必要とするが、アジア太平洋は日韓の友好的な連携を必要とするのである。

長い葛藤の物語

若宮啓文

これだけ濃密な座談会をお読みになって、読者のみなさんはさぞお疲れだろう。私も大いに触発され、学ぶものが多かったが、いささかくたびれた。

そこで、ここでは肩のこらないコラムをご披露したい。私が『東亜日報』に寄せている月例コラム「東京小考」から、いたずら心をもって書いたものを選んだ。これらはデジタルの日本語版でも読めるが、もちろん韓国語で韓国の読者に読んでもらうことを目的にしている。

まずは「真夏の夜の夢」である。二〇一三年の夏、日韓の首脳会談が開けぬまま時間がたっていく現状を皮肉りつつ、前向きのメッセージを込めた。

真夏の夜の夢（二〇一三年七月二十五日）

暑さで寝苦しいある晩、夢を見た。朴槿恵大統領と安倍晋三首相がどこかで会っている。ほかに人はおらず、誰が引き合わせたのか分からない。そして、私には二人の会話が聞こえてきた。

朴　参議院選挙で自民党が大勝なさったようで、おめでとうございます。

安倍　どうもありがとうございます。でも、そんな発言、韓国の報道陣に聞かれたら大変でしょ。

朴　ここには誰もいないから大丈夫。それに、いまのは外交辞令ですから誤解ないように。

安倍　分かっていますよ。本当は、これで安倍は憲法改正に突き進まないか、八月十五日に靖国神社に行くんじゃないか……と心配してるんでしょ。

朴　ほほほ、よくお分かりで。でも、安倍さんもせっかく安定政権を勝ち得たのだから、外交も安定させた方がよろしいのでは。だいいち経済の再建が何よりのカギでしょ。

安倍　分かってますよ。でも、僕の支援者たちは靖国神社への参拝を熱望してますからね。実のところ悩みが深い。

朴　あちら立てればこちら立たずで、アベノパラドクスですか。私も野党に暴言を浴びたりして大変だけど堪えてます。国家の指導者たるもの、我慢、我慢……。

安倍　だけど去年の夏、李明博大統領は竹島（独島）に行ったじゃないですか。あれは私に言わせれば靖国参拝みたいなものだった。

朴　あら、靖国と独島を一緒にするなんて。でも、私は独島に行ったりしませんからご安心を。

安倍　日韓の国交を開いたとき、竹島の問題を棚上げしたお父さんは立派でした。

朴　そんな風に父を誉められると、私の人気が落ちるだけ。うれしくありませんよ。

安倍　報道陣はいないから大丈夫。ところで先日の大々的な訪中はお見事でした。流暢な中国語まで披露したのには感心しましたよ。

朴　おや、心にもないことを。本当はいらいらしてたんでしょ。

安倍　いえ、ちょっと心配なだけ。日本に比べると中国にはずいぶん甘いんだなあ、と。

朴　北朝鮮の核実験に対して真剣に制裁してくれた。そういう恩義は大事にするのが東洋の美徳です。

安倍　いまや中国は最大の貿易相手ですしね。お父さんの時代には何といっても日本の力が大事だったけど。

朴　それ、皮肉ですか。私だって本当は日本も大事だと思ってますよ。

安倍　では、そろそろ日本訪問も考えてはどうでしょう。

朴　いえいえ、野党やマスコミに叩かれるだけ。安倍さんの歴史認識はとても評価できないし、慰安婦問題の解決にも消極的だし。

安倍　でも、中国に比べたら日韓には共通の価値観が多いじゃないですか。

朴　共通の価値観って何ですか。奥様が好きな韓流ドラマのこと？

安倍　茶化さないでください。僕の看板は「価値観外交」なんです。自由や民主主義、人権、それに法の支配といった普遍的な価値ですよ。

朴　ふーん。

安倍　韓国も民主化によってそれを得たじゃないですか。朴さんだって、お父さんとの違いが大事だと言ったでしょ。

朴　ちょっと待って。いま、自由や民主主義に加えて「人権」と言いましたか。

安倍　その通り。中国などはまだまだ人権を抑圧してるし、北朝鮮は論外です。だから日韓が手を組まなくちゃ。

朴　わかりました、安倍さん、「価値観外交」に賛同しましょう。

安倍　え、本当ですか。ありがとう。

朴　人権といえば、女性の尊厳を傷つけた旧日本軍の慰安婦のことが、いま人権問題として世界で語られているのをご存知ですよね。

安倍　……。

朴　安倍さんが普遍的な価値観として人権を大事にするのなら、まず慰安婦問題をきちんと処理しなくては。そうすれば、安倍さんは国際社会に名を残しますよ。さあ、価値観の外交を一緒にやりましょう。

安倍　えーっ、そうかなあ……。

朴　ついでに共通の価値観の中に歴史認識も含めましょう。

安倍　いや、歴史観は国によって違いますから。

朴　いえいえ、国際常識の範囲でいいんです。人の国を侵したら反省して謝るとかね。さあ、普遍的な価値観の外交をしましょうよ。

安倍　うーん……。

ここで目が覚めたから、あとの会話は聞き損なった。額に汗がにじんでいた。

＊　＊

どちらかといえば、首脳会談を拒んでいる朴大統領に対するアドバイスのつもりだったが、なかなかこうは行かない。こんなとき、せめて外相同士は通じ合っているべきなのに、特に韓国の外相は大統領の顔色ばかりうかがっていると、韓国ですら評判がよろしくなかった。次のコラムは日韓の外交当局にぜひ読んでもらいたいと願いを込めた。前のコラムと同じような架空の会話で芸がないが、読者の方々には日韓条約交渉の一端を知る一助にしていただきたい。

天国で嘆く日韓条約の立役者（二〇一四年三月十四日）

日韓基本条約が結ばれて国交が開かれたのは一九六五年のこと。十四年にわたった難交渉をまとめた立役者は、韓国の李東元外務部長官と、日本の椎名悦三郎外相だった。この二人が天国でぱったり出会い、こんな会話を交わしていた。

李　これは、椎名大臣ではないですか。懐かしいですね。

椎名　おや、李長官。私の息子のような年なのに、もうこっちにいたとは。

李　ええ、あのころは三十代の若輩者でしたが、七年ほど前からこちらに。

椎名　当時は朴正煕大統領もまだ四十代。あなた方は若くて活気があった。

李　でも、椎名さんは練達の大物でした。「屈辱外交反対」のデモが燃えるソウルへきて、金浦空港で声明を読み上げましたね。「不幸な期間があったことはまことに遺憾な次第でありまして、深く反省するものであります」と。あれは歴史的でした。

椎名　いまにすれば大した表現じゃないが、何しろ初めての謝罪だから緊張したねえ。

李　日本国内の抵抗にも拘わらず「謝罪は本当の大人がするものだ」と言って押し切ったとか。

椎名　だが、ホテルに向かう沿道ではデモ隊が「椎名は帰れ」「屈辱外交を許すな」と叫び、車には卵が飛んできた。

李　それをじっと我慢しましたね。大局を見る目と、覚悟のほどがうかがわれましたよ。

椎名　そんなにおだてなさるな。あなたも、さぞ大変だったろうね。

李　でも、交渉をまとめろと、大統領が断固たる決意でしたから……。

椎名　大統領には気迫があったが、その数年前に来日して池田勇人首相らと会った時は、非常に謙虚に振る舞われた。

李　とても丁重に「先輩方、お助けください」とね。国内では屈辱外交と非難されましたが、貧しく荒廃した韓国の将来を思えばこその謙虚さでした。

椎名　礼儀正しいが、気骨のある、しっかりした相手だと印象づけたね。年配だった日本の政治家たちも、あれで、ぜひ何とかしようという気になった。

李　外交は人間どうしがやることですからね。それにしても、椎名さんは人間味があふれていました。ソウルで交渉が難航すると、昼間から「一緒に酒でも飲もう」と言ってコニャックを取り出したので、びっくりしましたよ。

椎名　ははは。何しろ難しい問題ばかりでね。ああでもしなければ……。

李　一九一〇年の併合条約は当初から無効だとか、韓国は朝鮮半島で唯一合法の政府だといった我々の主張を、日本は飲めなかったからです。独島の件も難題でした。

椎名　三泊四日の滞在だったが、交渉は一向に進まず、時間が過ぎるばかり。それでもとことん知恵を出し、ついに合意したのは帰国日の明け方に近かった。

李　椎名さんは、佐藤栄作首相の許可も得ぬままの、すごい決断でした。

椎名　あの時間ではね。それに、トップの顔色ばかり見ていたら、大仕事はできない。誰かが泥をかぶらなくては。

李　おかげで国交が結ばれ、経済協力で漢江の奇跡も実現。最近は韓流ブームも起きたのに、いろんな問題が噴き出して、日韓関係は惨憺たるありさまで。

椎名　あの条約は苦しい妥協の産物だったから、確かに矛盾もあれば、不満な点もあったろう。五十年もたてば状況が変わり、ほころびが出るのは仕方ないが、それをうまく補っていくのが政治・外交の知恵じゃないか。

李　ところが下界は自己主張ばかり。国連の場で日韓が言い争うなんて、時計の針がいつまで戻ったことやら……。

椎名　世界に笑われるよ。私の親しい先輩だった岸信介元首相は、日韓関係に心血を注いだものだ。この惨状を招いた孫を、どう見ておるかなあ。

李　朴大統領も、かたくなな娘さんをどう見ておられるのやら。

椎名　お二人には久しく会っていないが、ぜひ酒を酌み交わしたい。

李　天国も混みあっていますが、何とか探し出してみましょう。

〈以上、李東元著『韓日条約締結秘話』などを参考にした〉

＊　＊

さて、最後は二〇一四年の夏。相変わらず実現しない日韓首脳会談をしり目に、中国の習近平主席が国賓として韓国を訪問した。その当日の朝に載ったのが、このコラムだった。今度は童話の仕立てである。

三兄弟、長い葛藤の物語（二〇一四年七月三日）

昔々、ある村に三人の兄弟が隣り合わせて住んでいました。長男は子供のころから漢字をはじめ、多くのことを弟たちに教えました。末っ子は勉強好きな次男にもいろいろと習って育ちました。

でも、体力に恵まれない次男に比べて末っ子は元気よく、ちょっと欲張りだったので、次男に刃向うこともありました。それでもすぐ仲直りしたものです。

そんな兄弟たちを恐怖に陥れたのは、隣の村々から肌の色の違う人々が入ってきてからです。長男が痛めつけられるのを見た末っ子は、いち早く他所から多くを吸収し、喧嘩の仕方も鍛えました。兄たちにも影響を与えたのですが、やがて次男を守ってやるといって強引に敷地を占領し、自分の家にしてしまったのです。

思い上がった末っ子は、長男にも挑みかかりました。一家の支配を狙ったのです。激しい兄弟喧嘩になりましたが、末っ子が隣村のボスまで敵にしたのが運のつき。結局はボスにこっぴどく殴られ、家も焼かれてしまったのです。

その後、心を入れ替えた末っ子は、ボスの手厚い保護のもと、ひたすら商売に精を出して成功します。でも、次男には次の悲劇が待っていました。

実は、次男には問題児となって家出した双子の弟が北方にいて、彼が殴りかかってきたのです。血みどろの喧嘩になり、やはり隣村のボスに救われたのですが、そのとき喧嘩に加わって次男を苦しめたのが長男でした。隣のボスと反目していた長男は、北の問題児とすっかり仲良くなっていました。

そのころ末っ子はこの喧嘩を横でながめながら、商売繁盛の道を歩んだのですが、それでもボスの後ろで何かと手伝い、次男を応援しました。そして、長い話合いの末、やがて次男と仲直りし、破壊された家の再建に協力します。かつての恨みが消えなかった次男も、豊かになった末っ子と手を結んで力をつけるのが得策だと考えたのです。こうして次男も見違えるように元気になり、家も立派になっていきました。

時代は進み、末っ子は長男とも劇的に仲直りします。長男も貧しさから脱するには、やはり末っ子の協力が必要だったようで、しばらく蜜月の関係が続きました。長男と次男のにらみ合いが続く中で、末っ子は両者とうまく付き合ったわけです。過去に兄たちに悪さをしたことを反省し、謝罪もして、一家の平和に尽くしてきたつもりでした。

ところが、さらに時代は変わります。いつの間にか長男と次男も仲直りしていたのですが、長男は恵まれた体力と能力を生かして、どんどん商売を発展させ、末っ子をしのぐ勢いになりました。次男にとっても、長男は末っ子より頼もしい存在になったのです。

一方で、反省ばかり求められてきた末っ子には自尊心もあり、反発の言動が出てきて二人の兄を怒らせます。敷地の境界争いも火を噴き始め、二人は末っ子と目も合わせぬまま、一緒に「過去」を突きつけるようになりました。

兄たちにとっては、なかなか過去の傷が癒えないのですが、「反省しろ」「謝れ」と言われ続けた末っ子も心の傷がうずきます。「いつまで謝ればいいのか」「仲直りして、あれだけ協力したのに……」と。

さて、商売の成功とともに昔日の栄光を取り戻したい長男は、せっせと腕力も鍛え、村の内外から警戒と反発を買い始めました。これに対抗しようと、末っ子はボスのご機嫌をとり、ボスの危機には駆けつけますと言い出します。喧嘩は一切ごめんだといってきた末っ子の変身は、また兄たちの警戒を招きました。

そんな中で、長男が次男の家を訪問します。末っ子は目をしかめますが、それは北の問題児も同じこと。末っ子と問題児が急接近したのも理由あることかも知れませんが、話が複雑になるので、それには触れずにおきましょう。

自分が人にされた恨みはよく覚えているのに、人を傷つけたことや、してもらった恩は忘れてしまう。そんな人間が多い中で、次男が長男に示す寛容は見上げたものでしょうが、それだけなら長男の思うツボ。その寛容を弟にも示しつつ、みんな謙虚に仲良くしようと旗を振れば、次男の株は大いにあがるでしょうに、さてどうなりますか……。長い長い三兄弟の葛藤物語、続きはまたに致します。

＊　＊

さて、これで終えるはずだったが、ゲラを校正していたら一つの事件が起きた。産経新聞のソウル支局長が名誉棄損罪で韓国の検察庁に起訴されたのだ。セウォル号の沈没事件が起きた日に朴槿恵大統領が公務を離れて男性と密会していたのではないかという噂話を、産経新聞がデジタル版で書いたことが問われたのだ。黒田さんなら決して書かなかったような記事であり、国家元首を冒瀆するものだと大統領が怒ったのも無理はないが、それにしても公権力の発動とは驚いた。やんわりたしなめたのが以下のコラムである。

名誉毀損の起訴で毀損される名誉（二〇一四年十月二十四日）

拝啓　朴槿恵大統領

セウォル号事件の後始末もなかなか進まぬ中で、次々に起きる大型事故。内外に山積する難題。大統領として心休まる日のないこと、お察し申し上げます。

さて、突然お便りを差し上げたのは、そんな日々の中、大統領が心の余裕を失っておられるのではないかと心配になったからです。外でもありません。産経新聞ソウル支局長が名誉毀損罪で起訴されたことです。

いえ、私とて産経新聞デジタル版のあの記事に、大統領が怒りをたぎらせたことはよく分かります。よりによってセウォル号事件が発生したその日に公務を放り出し、男性と密会していたのではないかと、根拠薄弱な噂話を書かれたのですから。「韓国と結婚した」と公言する大統領の無念は想像に余りあります。

実は、一国の元首に対して何とも失礼な記事だと感じていた日本人は多かったのです。まるでゴシップ週刊誌の記事みたいだと、恥ずかしさを口にする人もいました。その後に記事が事実無根とはっきりしてみれば、なおのことでした。

ところが、です。筆者のソウル支局長が告発され、刑事的な捜査対象になると、空気は変わりました。記事になった噂話はもともと韓国の新聞が書いたのが発端でしたし、この記事が犯罪になるとまでは私にも思えません。産経新聞とは対極的な立場にある朝日新聞すら、社説で韓国に懸念を伝えました。フランスに本部を置くＮＧＯ組織「国境なき記者団」も警鐘を鳴らしました。日本政府も憂慮を伝えていました。

にもかかわらず、韓国の検察庁は起訴に踏み切ったのです。被害者である大統領の同意があったからに違いありません。これは「報道の自由」を公権力で侵す行為だとして、日本の報道機関は一斉に反発し、日本新聞協会は大会で抗議の決議をしました。

何だか妙な展開になってしまったとぼやく日本の記者たちの声を耳にします。報道の自由や民主主義をかざして戦うにしては、あの記事が余りにつまらないものだからです。産経新聞社が発行する夕刊紙が日ごろ「嫌韓」報道の先頭を走っていることに、眉をしかめる人も多いからです。なのに、韓国が起訴に踏み切ったため、産経新聞が被害者になってしまったのです。逆に、韓国は言論を厳しく弾圧していた古い時代を思い出させ、国際的イメージダウンにつながりました。せっかく首脳会談の実現に向けて少し動きだしていた日韓外交も水を差されました。

私は、大統領が野党の党首だった二〇〇六年に来日した折の記者会見を思い出します。「竹島（独島）問題を解決するには」という質問を受け、どう答えるか、皆がかたずを飲んで見守る中、あなたは笑みをたたえてたった一言。「日本が独島を韓国の領土だと認めてくだされば解決します」。当時、盧武鉉大統領がこの問題で激しい日本批判を展開していたのとは対照的に、韓国の原則を述べつつ軽くかわす余裕がうかがえ、日本の記者たちからは笑いが漏れて終わりました。

大統領、どうかその余裕、ユーモア感覚を思い出していただきたい。問題の記事に関する勝負はすでについていたのですから、公権力を振るうに及びません。過ぎたるは及ばざるが如し。むしろ「そんなスキャンダルを創っていただくとは、私も人気女優なみで光栄ですわ」とでもコメントしていれば、「さすが」となったことでしょう。

裁判で、もし無罪となれば検察も大統領も面子がつぶれます。有罪となれば韓国の国際的なイメージはまた落ちるでしょう。どちらに転んでも、韓国にとってよいことはない。名誉毀損罪を乱用することで毀損されるのは韓国の名誉、そして大統領の名誉ではないでしょうか。

おっと、私もこんなことを書いて、大統領の名誉を傷つけたと思われるかも知れません。失礼の数々、どうぞお許しください。

過剰な贖罪意識が認識を誤らせた

黒田勝弘

韓国に対する日本人の「剝奪感」

今回の座談会で最も印象に残っているのは、小倉紀蔵さんが語っていた韓国に対する日本人の「剝奪感」という話だった。日本における最近の反韓感情には、韓国のために何か被害、損害を被っているというある種の被害意識があるというのだ。これには驚きかつ考えさせられた。

この「剝奪感」という言葉は日本ではそんなに使わないと思うが、韓国では日常的によく耳にする。テレビや新聞のニュースなどにもしばしば登場する。どういう場面かというと、たとえば日本でも経済的、社会的に問題になっている非正規職労働者の雇用問題をめぐって、彼らの心情について「相対的な剝奪感」という。さらに財閥企業に対する中小企業の「剝奪感」とか、物価は上がっているのに給料はさして上がらないサラリーマンの「剝奪感」とか。

韓国は一九九〇年代以降の民主化時代を経て、メディアをはじめ社会的に「持てる者と持たざる者」という二元論的正義感が流行っている。筆者（黒田）が言う「韓国はNGO国家になった」というのもそれと関係があるが、こうした状況下で、「剝奪感」は弱者に身を寄せることを正義とするメディアやNGOにとっては格好の現状批判用語として、愛用（？）されているのだ。

小倉（紀）さんは韓国に馴染んだ人なのでさらっとその言葉が出たようだが、日本人にはどこか「えっ？」という感じだろうし、語感的にはかなりきつい。

それはともかくとして、日本社会で今、日本人が韓国によって何か奪われているという「剝奪感」が生じているというのは気になる話だ。とくに経済的、社会的にうだつが上がらない人たち、とくに若い世代にそんな感情が広がり、それが反韓感情になっているというのだ。いわゆる「ヘイトスピーチ」の一つの背景ということだろうが、これは真剣に考えてみる必要がある。

この「剝奪感」の存在が本当だとすると、こういうことではないだろうか。つまり近年、韓国については何かにつけて威勢がいいというイメージがある反面、日本については停滞、沈滞イメージがある。そんな中でたとえばサムスンや現代《ヒュンダイ》自動車など韓国企業のお陰で日本企業がダメになり、その結果、日本は不景気になっているとか、スポーツや文化でも押されっぱなしだとか。さらには慰安婦問題の国際化をはじめ韓国は世界中で日本の悪口を言いふらし（告げ口外交？）、日本の足を引っ張っているとか。

いずれも日本人にとっては愉快な現象ではない。そこからある種の対韓被害意識である「剝奪感」

が生じているということだろう。これは過去、日本人にはなかった感情という意味で気になるのだ。ただ、戦後の日本では対韓被害者意識（そして反韓）につながる出来事が歴史的には二つあった。一つは敗戦直後、日本支配からの解放を背景に、在日韓国・朝鮮人の一部が〝戦勝国気分〟で羽振りを利かし、日本人に被害を与えたことだ。もう一つは日韓国交正常化（一九六五年）以前、李承晩ラインによる日本漁船の大量拿捕である。

旧支配国の人間が支配された相手に被害意識を持つことは普通、ありえないのだが、この二つの出来事で戦後日本社会にある種の対韓被害者意識が生まれ、反韓の底流になったともいえる。

しかしそれは「剝奪感」というものではまったくなかった。当時の韓国はまだしがない（？）存在であり、そうした〝被害事件〟を除けば日本人にとって日常的に気になる存在でもなかったからだ。したがって最近の「剝奪感」はそれとは異なり、韓国の存在と影響力が大きくなり、何かにつけ目に付く存在になったことからくる心理なのだ。

それにしても韓国が日本人に「剝奪感」を感じさせるような存在になったとは。日韓の間ではこれまでこんなことはなかった。これはある種の革命的現象ではないか。韓国がそれほど大きくなりそれほど日本に影響力を持つようになったのだから、韓国人にとっては実にうれしい現象である。

その「剝奪感」が同時に反韓になっているとすると、結果的に反韓も韓国人にとっては必ずしも拒否や非難にあたらないということになる。筆者はかねてから「ヘイトスピーチ」については韓国にとっての「有名税」論を主張しているが、同じ話である。大きく強くなったのだから、それに対しては当然、反発や警戒、嫌悪、不満、不安、嫉妬……はありうべしである。

アメリカに対しては世界中で反米がある。その存在感の大きさがそうさせているのだ。日本に対してだって、日本が貿易大国化やバブル期で威勢がよかった時代は、米国で「ジャップ」などという差別語まで登場する〝日本叩き〟が盛んだったではないか。決して「ヘイトスピーチ」を推奨するものではないが、その「有名税」は韓国としては当然、負担しなければならない。

韓国における「日本」の二重性

しかし、それでも日本での「対韓剥奪感」には、やはり「ちょっと待って欲しい」という思いが強い。それは韓国に対する過大な評価であり、同時に日本に対する過剰な卑下だからだ。韓国の現状と日本の存在感に対するもっとバランスの取れた見方が必要だと思う。韓国と日本に対するそうした誤解は、世論の行方を誤らせることになる。「剥奪感」には、もうちょっと冷静になって欲しいと思う。筆者の三十年以上の韓国体験からして、それは明らかに誤解による過剰反応である。

というのは、逆に韓国ではあの執拗な「反日」にもかかわらず、昔も今も「日本」があふれているからだ。したがって韓国人の方が昔も今も日本に対する「剥奪感」に苛まれているのだ。

「日本に奪われた」という意味の剥奪感でいえば、とくに過去の日本統治時代に関しては、歴史教育やメディアの偏向報道によって韓国人は、日本に対しては剥奪イメージしか持たされていない。今も、韓国社会のいたらない点は、政治、経済、文化、習慣、モノの考え方……すべて日本による

「剝奪」のせいだと信じ込まされている。

つまり韓国人は昔も今も日本に対してはいろんな意味で〝対日赤字感〟しかないのだ。ただ、それが最近になってやっと、韓流ブームなどによってその収支改善の兆しが多少、見えたということに過ぎない。それを日本サイドから「韓国による剝奪感」などといわれると、落ち着かない。韓国では今でも日本の存在感はきわめて大きいからだ。

以下は多少、肩の力を抜いて書く。

端的にいって今、韓国人における日本とは、寿司屋の白木のカウンターで、日本の「サケ」やアサヒビールを飲み、握り寿司をつまみながら「アベはケシカラン！」と反日の気炎を上げているようなものである。世界中で若者たちがコカコーラを飲みながら反米デモをしているようなものである。

余談だが、日本酒は日本統治時代の習慣で昔から「チョンジョン（正宗）」と言ってきたのが、最近は若い世代の日本酒ファンの急増でみんな日本語のままに「サケ」といっている。ビールだって、誤報の慰安婦問題報道や親韓・贖罪史観が「良心的」といわれて人気の朝日新聞とともに、アサヒビールも輸入ビールの中でトップ人気だ。

ロングセラーの村上春樹は、その新刊発売で書店に行列が出来るのは世界で韓国だけだし、東野圭吾は翻訳が出るたびにベストセラーになり、ソウル大図書館では貸し出しナンバーワンだ。ハルキ・ワールドはライフスタイルとして韓国人読者の憧れであり、東野圭吾の推理世界に韓国人は何の違和感もなく没入している。

女子フィギュア・スケートのキム・ヨナは、日本人にとっては文字通り「剥奪感」の〝主犯格〟だろう。彼女の〝神がかり演技〟に浅田真央は最後まで勝てなかったが、韓国男性の間では「キム・ヨナはうちで間に合っています」といい、「女」としては真央の方が人気があった。「隣の芝は青い」である。

サムスン、現代……の韓国企業だって、その製品の素材、部品、製造設備……などの多くはまだメイド・イン・ジャパンだ。韓国は今や貿易総額一兆ドル超の貿易大国だが、その金額のうち日本がいただくものが相当ある。

サムスン製の半導体に使う素材は以前は日本から輸入していたため、日本の工場が事故などでストップするとサムスンの工場もストップした。そこで日韓合弁で国産化を進めているが、その日本側の住友化学は日韓合弁企業の中の稼ぎ頭だ。最近、素材メーカーの東レが大規模投資で話題になっている。日本は韓国で儲かっているのだ。

この原稿を書いている時、二〇一四年度のノーベル賞の発表のニュースがあった。物理学賞での日本人三人の受賞が韓国でも大きく報道されたが、韓国での関心は今回も「なぜ韓国人は受賞できないのか」だ。メディアには「一九対〇」という数字が大きく出ている。そして「ノーベル賞を取る方法」といって日本の科学・技術世界の研究実態が詳しく紹介され、「日本に学べ」「日本に追いつこう」を叫んでいる。

経済もまた、低成長時代に入ったため「日本の失われた二十年を教訓に」と、しきりに「日本の失敗に学べ」が語られている。

極端な〝安倍叩き〟キャンペーンの反日報道で世論を主導しているあの『朝鮮日報』でさえ、年初からの〝高齢化対策キャンペーン〟では、毎回と言っていいほど「日本ではどうしてきたか?」という「日本に学べ」が欠かせない。

韓国は今なお毎日のように日本、日本、日本なのだ。反日はその一角を占めているに過ぎない。韓国社会の今後の最大トレンドは、黙っていてもやってくる「高齢化時代」である。すでに部分的には始まっているが、それは韓国にとって確実に新たな「日本に学べ」の時でもある。日韓双方の高齢化時代には日韓関係は間違いなくよくなる!

筆者は昨年(二〇一三年)出版した『韓国 反日感情の正体』(角川学芸出版)の「あとがき」で、体験的な韓国人の風景として「昼は反日で夜は親日」「男は反日で女は親日」「知識人は反日で大衆は親日」「若者は反日で年寄は親日」「ソウルは反日で地方は親日」「学校では反日で放課後は親日」などと、若干、戯画的に書いた。

その後、マスコミについては「ニュースは反日で企画(番組)モノは親日」ということも思いついたが、要するに韓国人の日本(人)観の見事な(?)二重構造ぶりがいいたかったのだ。

あるいは別の表現でいえば、韓国での日本は今なお「嫌いだが学べ」ということである。この二重構造は日本人にとっては不思議であり、謎に近い。その謎の一端を解いてくれたのが小倉紀蔵さんの初期の名著『韓国は一個の哲学である――〈理〉と〈気〉の社会システム』(一九九八年、講談社現代新書)だった。

これを読んで以来、小倉(紀)さんには頭が上がらなくなったのだが、先に書いた二重構造のうち、いわば反日の前者は韓国人の「理」の世界で、親日の後者は「気」の世界なのだというのが、小倉さんの見立てということになる。

したがっていくら「気」の世界だけで韓国を考えてもそれは気休めである。重要なことはどうすれば彼らの「理」の世界に切り込めるかであって、それが結局、日本にとって日韓関係の最大の課題ということになる。その最大の難関になっているのが歴史認識問題だが、それこそ韓国人の「理」の世界の核心なのだ。

しかし小倉(紀)さんは「理」の世界について、それは「気難しく、頑固できちょうめんで厳格な〈ゆるさない〉世界である」といい、その「理」に疑問をはさもうとすると「韓国人」という共同体から排除されるという。だから結局のところ「日本人が韓国人を理解することは困難である」と喝破している。

韓国とは引越しできない相手だから、その理解出来ない相手と付き合おうとすれば、やはり距離を置くしかない。相手の実態を知り距離を置いて冷静に付き合うということだろう。理解したつもりでそれをやるとひどい目に遭う。

朝日新聞の慰安婦誤報問題

今回、座談会では触れる時間がなかったが、その後、日韓関係で大きな話題となった慰安婦に関する朝日新聞の誤報問題にひと言触れておきたい。これはわれわれ日本人のまさに韓国理解にかかわる問題だからだ。

朝日新聞の問題というのは、基本的には日韓の歴史についてあまりにも韓国側つまりいわゆる〝歴史的被害者〟の歴史認識に身を寄せすぎたことだと思う。被害者はいつも必ず正義でその主張は正しく、加害者はいつも悪の存在でその主張は間違っているという、単純で固定的で二元論的な〝誤った贖罪史観〟が誤報の根本原因だと思う。

具体的には、誤報のもととなった吉田清治氏の「慰安婦狩り」の証言は、自虐・贖罪史観にもとづく典型的な日本非難のストーリーであり、元慰安婦という金学順氏の証言記事も被害者の立場に合わせ、「日本軍による被害者」というイメージに合わない不利な事実は隠されている。いずれも一方的な〝被害者史観〟の産物である。

この問題は国内を含め他の多くの報道や論評にもありうる。ここを何とかしない限り、問題は改まらないだろう。

同じ意味で、朝日新聞の韓国観がうかがえる印象的な社説があった。おそらく若宮さんの手になるものだろうが、一九九五年十一月九日付で、当時、江藤隆美総務庁官が過去の歴史について「日本はいいこともした」と発言し、韓国の反発で辞任した際のものだ。社説は「もし〝ジャパン州〟だったら」と題し、日本が戦後、米国に併合され英語や米国人の名前を強制され、米兵として徴兵されたりしたとしたら、米国が民主主義や経済支援をもたらしたからといって米国に「いいこともした」と感謝するだろうか、という内容だった。

つまり、支配された被害者の立場に立って考えるべきだとして贖罪史観を披瀝したのだが、日韓は果たして一九四五年以後の日米に比喩できるのだろうか。日韓が日米のように堂々と一戦を交えた関係なら、双方に現在のような歴史認識の対立などはなかっただろう。

あえて喩えるなら幕末維新の日米だろう。そこは韓国の歴史認識が見たくないところだが、社説は韓国への過剰な配慮（？）から一九四五年以後の日米に比喩してしまったのだ。これでは今なお続く、ヨーロッパでのナチスドイツ問題とはまったく異なる日韓問題の本質は分からない。

筆者の韓国（朝鮮）への関心と付き合いもきっかけは贖罪史観である。いわゆる戦後教育を受け、六〇年代初めに学生生活を送った世代としてはごく自然の流れだった。記者生活の初めもそうだった。しかし七〇年代以来の韓国との直接の付き合いの中で変化が起きた。詳細は別の機会に譲るが、一九九九年に出版した『韓国人の歴史観』（文春新書）の「あとがき」には次のように書かれている。

「歴史についての贖罪感自体は必ずしも悪いことではない。それは相手の気持ちに対する配慮以上に、こちらにとっての歴史的教訓として必要だからである。しかし贖罪感によって歴史を見る目が曇ってしまっては何にもならない。朝鮮半島は今なお強烈なナショナリズムの時代にある。南も北も、一九四五年以前の『過去』を民族的、国家的な『元気付け』に大いに活用している。ぼくらが贖罪史観を背景に、彼らの歴史認識にそのまま合わせていたのでは歴史のほんとうの姿は分からない」

その後、二〇〇六年には当時の市川速水・朝日新聞ソウル支局長との対談本を『朝日vs産経　ソウル発――どうするどうなる朝鮮半島』と題し朝日新聞社（朝日新書）から出版している。中身は前述の歴史認識問題をはじめとして、ほとんど筆者の朝日新聞批判だった。朝日新聞はよくそんな本を出す気になったものだと、当時の市川速水支局長の英断に感心した。

そこでは筆者は朝日新聞の「日本は間違っていた」し、今も「間違っている」という贖罪意識過剰の歴史観を厳しく批判した。とくに日本のナショナリズムに対する過剰な批判と、逆に韓国や中国のナショナリズムに対する甘さを指摘した。

この本の「はしがき」で筆者はこう書いている。

「……こうした〝日本否定〟は、軍国主義など国家過剰による国民的被害体験という、過去の歴史に対する反省からきた戦後的産物である。朝日にはこの〝日本否定〟が過剰だったように思う。韓国・朝鮮問題はつまるところ日本の対外関係だが、そこでの過剰な〝日本否定〟は過剰な〝日本肯定〟とともに事態への誤った対応を招きかねないし、世論の対外観を歪めることになりかねない」

こうしたかなり厳しい批判を含めた本を朝日が出版したというのは、それなりに自己批判につなげたいとの意味があったはずである。そこでは慰安婦問題についても語られている。今、考えると朝日としては画期的な出版だったと思う。あれから十年近く経って今回の事態となったが、結果的にはあの対談の内容はこの間、あまり生かされなかったということになる。

ちなみに「はしがき」の冒頭には「何だかんだ言っても朝日新聞の影響力はきわめて大きい。日本の世論形成においても、あるいは対外的にも。……朝日は日本のメディアで一つの基準になっていたといってもいい。それだけに朝日の責任は大きい」。

ところがこの本は数年前に絶版になっている。今では〝証文の出し遅れ〟みたいになるが、再版すれば朝日として改めて再生へのヒントが探れるかもしれない。朝日の再生を期待したい。

日韓関係をとりまく環境変化と今後の課題

——市民の目線から——

小倉和夫

一 実態とパーセプションの違い

日韓関係は、過去十年前後の推移を観察すれば、政治的には揺れがかなりあるが、経済、観光、文化などの領域では、相互関係が深まり、かつ、拡大している。(たとえば、貿易は往復十兆円を超え、韓国の対日投資は、ここ七年間で四倍以上に増えている。また、第三国における協力も、ミャンマーへの日韓合同ミッションの派遣に現れているように、世界のいろいろなところで進展している。日韓相互の人の往来も年間五百万人を超え、また韓国ドラマは、連日日本のテレビで放映されている。)

現在の日韓関係について、悪化している側面だけを強調することは、事実認識として問題がある。いいかえれば、われわれは、実態とイメージないしパーセプションとのギャップをまずよく認識しておく必要があろう。

なお、ここで注意しておかなければならないことは、グローバリゼーションの効果である。貿易、投資、観光、文化、いずれの分野でもグローバリゼーションの影響は顕著である。いいかえれば、これらの分野では、「日本」、「韓国」といったレッテルは必ずしも大きな意味をもたない。こうした分野では、日韓両国、両国民は、交流を拡大し、関係を深めている。そうした分野での活動は、日本とか韓国という国家を越えた活動ともいえる。

しかし、政治活動は、なかなか国境を越えられず、国家とのつながりを脱却できない。そこに、日韓の間によこたわる、実態とパーセプションのギャップの一つの原因があると言えよう。

二　パーセプションの背後にあるもの

実態とパーセプションのギャップについては、グローバリゼーションの影響の他にも、考慮すべき要因がある。

一つの大きな要因は、日本における急速な対韓感情の悪化と、韓国における、あいも変わらぬ対日感情の厳しさが、一部とはいえ両国の人々に過激な発言や行動をとらせていることにある。そして、一部の人々は、そうした国民感情を商業的に利用して活動し、国民感情をさらに煽る結果をまねいている。(日本の一部大衆紙や雑誌の韓国に関する報道は、反韓国感情にもとづくというより、「売らんかな精神」のせいと考えられ、また、日本関連行事を韓国のホテルが取り消したりするのも、道義や信用よりも、商業的利益を優先するからにほかならない。）

問題は、そうした厳しい国民感情の原因が、政治的理由やマスコミの報道にあるのか、むしろ、国民感情に政治やマスコミが追従しているのか、あるいは、その双方であるのか、ここでは、国民感情と政治や言論の行動様式との間に、相互作用が働き、悪循環が生じているのか、をよく考えねばなるまい。なぜなら、ここには、政治や言論の責任のほかに、国民あるいは市民自身の責任問題が潜んでいるからである。

三　三つの次元での考察の必要

以上をいわば前提として、現在の日韓関係の緊張の背景を考えてみると、少なくとも、三つの次元の要因を指摘し得る。これら三つの次元は、それぞれ関連しあってはいるが、一応別次元の問題として考察できよう。

第一は、東アジアにおける力関係の変化であり、それが各国の国民感情に与えている影響である。第二は、日韓両国それぞれの社会の変動の状況とその影響である。そしてその上で、第三に、両国関係の緊張を前にして、なぜ政治的・戦略的な、関係改善への行動がとりにくいのかが、問われねばならないであろう。

四　東アジアにおける勢力関係の変化と、国民感情への影響

1　勢力関係の変化と日本の対韓国感情

韓国の目覚ましい経済発展と、韓流ブームなどに象徴される韓国の国際的影響力の増大と国際社会への進出は、ちょうど、日本の経済力の相対的低下や度重なる政権の交代といった事態とほぼ並行して進行した。その結果、日本においてある種の挫折感といらだち（それは、あたかも兄が弟に追いつかれ、部門によっては追い抜かれ、しかも、かつては自分の得意芸であった領域で起こっているという感情）を増幅させた。

とりわけ、こうして「発展した韓国」が、あいかわらず日本を批判し、しかも、そうした批判を第三国においても行っていることについては、今や力をつけた韓国が、過去のしっぺがえしをしているという反発につながり、日本における嫌韓国感情を激化させた。（しかも、今や韓国は日本と対等な関係になりつつある以上、過去の行きがかりにいつまでもこだわるのはおかしい、逆にいえば、韓国が今日のように発展したこと自体、過去が清算され、対等な関係になったことを意味するという感情が日本側にはある。日本人の感覚から見れば、現在日韓両国が対等な関係にあるという事実こそが、過去は清算されたことを意味している。）

2　勢力関係の変化と韓国の対日感情

韓国の経済的・政治的地位の向上は、日本からの経済的・技術的協力の必要性を低下させ（すくなくともそのような感覚が広まり）、日本との対等関係の確立という感情を強めた。しかし、韓国の社会心理には、依然過去の残映があり、対等関係になるためにも、日本は過去を一層はっきり反省する態度をしめしてほしい、それこそが、真の対等関係を確立する道であるという感情がある。いいかえれば、日本による過去の清算の意志が、一層明確になってこそ初めて対等関係が樹立されるというのである。ここでは、対等関係の樹立は、いわば、過去をふくめた対等関係の樹立に置き換えられている（朝鮮総督府の建物を全て破壊した背後にも、類似の心理が働いていたとも言える）。

五　日韓両国における社会状況と、国民感情への影響

1　日本社会の状況と国民感情への影響

経済成長の低下や社会における不平等の増大はあるものの、全体として、日本国民は「豊かさを追求する」社会から、安全、安心な社会、「豊かさを守る」社会の実現を指向している。その結果、国民は一般的には内向きとなり、自己防衛意識や被害者意識に陥りやすい心理的環境がある（身内のかばい合い意識もその一環であり、サッカーワールドカップでの日本チームの敗北に対する「優しい反応」もその一つ）。こうした状況下では、日本を加害者と見る見方、特に遠い過去に関連する見方は、普通の日本人にとって受け入れにくいものになりつつある。とりわけ、今や「強くなっ

た」韓国や中国が日本批判を行うことについては、不当な苛めであるとして、むしろ日本は被害者であるという感情が強まっている。

2 韓国社会の状況と対日感情

経済発展と民主化の進展にともなって、ネット社会の広がりが顕著となり、その一環として市民運動が先鋭化してきているが、市民は依然として、大企業や政府、外国権力などの「被害者」であるという意識がつよい。そうした立場を明確に貫くことこそが、民主精神であり、また、とかく米国、日本などに対して戦略的観点から妥協しがちな権力機構に抗議することが、民主勢力の務めであるという感覚が、依然強い。その結果、一部の「激しい」対日抗議的活動がおこりやすい状況にある。（また、社会主義政党が存在しないため、市民の民主勢力が先鋭化したときのクッションが見つけにくい。）

六 戦略的対応はなぜなされないのか

現在のような、日韓間の緊張の持続について、それを大幅に早く軽減しようとする行動があまりとられていないのは、基本的には、右記のような国際的・国内的状況に、政府も国民もはまりこんでいるからといえよう。

これを、市民ないし国民の目線で考えると、そもそも日韓関係の経済的・政治的・戦略的重要性、とりわけ、国際社会における両国の協力の重要性についての認識が国民一般レヴェルで十分でないことが、問題として指摘できよう。

かつては、東西対立や中国の「脅威」の影で、日韓両国は、好むと好まざるを問わず、運命を共にするという意識がどこかに漠としてあったが、今やそうした意識はうすれている。

また、中国の台頭の結果、韓国では、中国との経済的・政治的関係が深まり、相対的に日本との関係の重要性の認識は国民レヴェルでは低下している（特に、日中関係が良好ではない現状において、戦略的観点からの対日接近に、韓国としては消極的になりがちである）。また、日本でも、中国脅威観の高まりとともに、日米、日印、日豪などとの戦略的関係強化が先行しがちであり、韓国が中国と連携をはかればはかるほど、韓国との関係の戦略的重要性は軽視されがちとなる。（ただし、中韓関係の緊密化をもって、韓国の伝統的な事大主義や中国の中華秩序的発想の表れと見ることには、注意を要する。歴史的には、表向きはともかく実際には、中国と朝鮮半島の国々との間は、常に協調（ないし従属）と緊張（ないし対立）の双方が存在した。高句麗が中国と厳しく対立するときも、中国から官位の授与をうけ、移住者を受け入れていたことを想起すべきである。同時に、朝鮮半島の国々は、日本と違い、ほとんど常に中華秩序を表向きは受け入れてきたことにも留意しなければなるまい。）

戦略的対応と関連し、ここで一つ、重要なポイントとして、韓国政府の指導層が、しばしば日本の指導層との対話自体を拒否する態度をとるという問題がある。ここでは、対話の拒否自体が、抗議や不満の政治的メッセージとして利用されている。しかし、そこには、もっと深刻な問題がかくされてはいないか。日韓両国のように、経済的に発展した民主主義国同士の関係にあって、政治指導層が、会見することあるいは対話すること自体を拒否することは、そこに相手に対する抗議や不満表明という意図の他に、そもそも対話を拒否するという姿勢自体に、相手を無視し、そうすることによって、相手との関係において、相手との対等性や自らの優位性を保とうとする隠れた意図があり、いわば対話拒否の象徴的効果となっているのではなかろうか。

七　国民あるいは市民の責任

現在の日韓関係の緊張の責任を、政治指導者や、言論の責任に課すことは、容易である。また、政治指導者や言論界の責任も、もとより皆無ではない。なぜなら、政治も言論も、世論に従って行動する面ばかりではなく、世論を啓発し、指導する面も持っているからである。しかしながら、民主主義社会においては、最終的に、社会的責任を負うべきは、国民一人一人である。

国民一人一人の立場から見て大事なことは、少なくとも、三つある。一つは、市民の自覚である。自覚とは自己をよく知ることから始まらねばならない。しかし、自己をよく知るためには、他人との出会いと交流が必要である。持続的な、日韓交流を地道に実施してゆくことが大切であり、政治的理由から市民レヴェルの交流を中止、延期することは本末転倒であり、許されるべきことではないことを、両国の知識人が、強く宣言すべきである。

二つめは、共同行動の重要性である。交流だけでは、深みに乏しい。同じ課題について共同で市民が考え、行動できるような機会を増やすことが大切である。ジェンダー、育児、障害者や高齢者介護、多文化共生など生活に直結した問題についての市民対話を促進すべきである。

三つめに、できるだけ、国民の交流をグローバルな視野や次元のもとで行うことである。この意味から、東京五輪と平昌五輪をにらんでの官民合同日韓協力フォーラムを立ち上げるべきである。

八　日本の戦略的対応——市民の立場からの見方

このような現状をふまえつつも、中長期的観点から、日本のありうべき朝鮮半島戦略を考える際には、すくなくとも、次のいくつかの点を検討すべきと思われる。

第一に、アジアにおける経済的自由主義と政治的民主主義の定着を図ることが、日本自身の平和と安定のためにも重要であると考えるのであれば、日本以外で、ほとんど唯一、アジアにおいて経済発展を達成し、民主主義の定着しつつある韓国と、グローバルな視野の下で協力関係を強化することが大切である。

その観点から、日韓グローバル・アジェンダ・フォーラムを官民合同フォーラムとして発足させ、世界的課題についての日韓協力の具体案を検討すべきである。

第二に、民主主義の定着は、自己の過去の歴史における民主主義勢力の弾圧や対外侵略の反省をもふくむものであるとの認識を共有し、同時に、過去の克服は、共同で行ってこそ、真の克服につながるという認識を共有できる環境をつくりあげることが重要である。

このためには、日韓両国の市民団体、学生団体、農民団体、労働組合、女性団体、職業別団体など、グループを特定し、かつ、課題を特定した対話フォーラムの活性化あるいは結成のため、両国の財団、あるいは、国際交流基金のような組織が、韓国にカウンターパート（複数）を見つけ、共同で、イニシアチヴをとれるよう、特別基金を既存の基金内部に新設すべきである。

第三に、中国問題についての日韓対話を促進すべく、既存のフォーラムをさらに活性化させるほか、米国、台湾、モンゴルなども含めた対話の機会を拡充し、同時に、中国をふくめた日中韓三国の現存する各種フォーラムをさらに活性化させる努力をおこなうべきである。

第四に、日本は北朝鮮との対話を促進し、まず、文化財の保存、言語教育などの分野での交流を活発化させるため、なんらかの民間の連絡窓口を北朝鮮に設置することを検討すべき時期がきつつあると考えられる。

中国の台頭と日韓関係

金子秀敏

熱い日韓、冷えた日中

韓国、朝鮮半島問題の専門家からこれほど長時間、議論を聞くのは初めての経験だった。私は北京特派員などを経験したので、中国問題や日中関係の専門家、いわゆる「中国屋」が知人に多い。最近の日中関係の悪化をどうにかしなければと集まって話し合う機会も増えた。

今回の座談会に参加して、「中国屋」が日中関係を論じるのと、「韓国屋」が日韓関係を論じるのとでは、ずいぶん違いがあると思った。なにが違うかといえば、温度、相手に対する思い入れ、愛情や怒りだ。韓国、韓国人という単位と日本、日本人という単位で発想し、理解しあえる関係を作らなければならないという思いが「韓国屋」さんには強いように思う。それが実現しないことに対する苛立ちを感じた。

このような温度の高さは、中国屋同士の議論にはない。もちろん中国を専門にする学者、記者で中国に関心がない人はいない。だが、好きという人は知らない。親中派と反中派という言い方もある。親中派は、中国が好きだという意味ではない。ネット上で「親中派」に「北京のポチ」「中国の工作員」などのレッテルが貼られることから明らかなように、中国共産党の統治を容認するという政治的立場をいう。反中派は反共主義だ。

もちろん、中国の文化を愛し、特定の中国人と深い交遊をする人は多い。だが、中国という単位、中国人という単位はあまりに大きすぎる。歴史家、岡田英弘氏が言うように、中国とは東夷、西戎、南蛮、北狄が四方から交易のために集まる場所であり、中国人という固有の民族はそもそも存在しないという考えも納得できる。日本人と中国人とでは集団のサイズが違いすぎる。日韓の間では相互理解が可能だとしても、日中の間で国民同士の相互理解が成り立つと考える「日中屋」はいない。

ここが、日韓と日中の温度差の原因だ。

戦争と友好は紙一重

一九七二年に日中国交が回復した。その前後、親中派の「友好人士」に対して「友好屋」と揶揄するレッテルが貼られたことがあった。宴会で「日中友好を祈念して乾杯」という挨拶を繰り返すだけという意味だった。あながち間違いではない。

「日中共同声明」には「両国国民は、両国間にこれまで存在していた不正常な状態に終止符を打ことを切望している」と書かれている。「日中友好」とは、不正常でない状態、すなわち戦争という最悪の状態ではないレベルを言う。国交正常化の後も、尖閣諸島の領有権問題や、靖国神社の首相参拝問題、南京虐殺の被害者数問題などの歴史認識問題が繰り返し噴出し、そのたびに「日中友好」の乾杯で、「不正常な状態」にならない原則を維持してきた。日中間には「友好状態」と紙一重で「不正常な状態」がある。

時がたつにつれ、紙一重の紙の厚さが薄くなってきた。いまや、尖閣諸島の周辺、上空で双方の公船や軍用機が衝突寸前まで接近する、文字通り「一触即発」の危険な事態になっている。日韓関係の悪化はまだ軍事衝突のレベルには至っていない。日中関係の方が遙かに危うい。しかし、日本の世論は、連日の夕刊紙の嫌韓報道のように、日中より日韓関係に関心が傾いている。日中間では、「友好」のレベルに対する期待値がはじめから低いので、危機を冷静に制御する余地がある。熱く深い日韓関係のほうが、冷めた日中関係よりねじれたりこじれたりするという逆説的な結果になっている。

司馬遼太郎氏の片思い

「韓国を見る熱い目」と「中国を見る冷めた目」の違いはどこから来るのだろう。『日韓　ソウルの友情』（読売新聞社）という書物がある。一九八四年に読売新聞紙上に掲載された座談会をまとめたもので、日本側は作家・司馬遼太郎氏ら、韓国側は作家・鮮于煇氏らの学者、知識人が参加した。前年、中曽根康弘首相（当時）が訪韓し、この年の秋、全斗煥大統領（当時）が訪日する。そんな政治情勢の中で行われた座談会で、「理解への道　PartⅡ」という楽観的な副題がついている。

その中で司馬氏が次のように発言した。――「ツングース」という言葉は、中国語の「東胡《トンフー》」という言葉をロシア人が種族名として使ったものだ。ツングースはしばしば長城の内側に侵入して、清王朝のような征服王朝を建てた。モンゴル語を学んだ私は、モンゴルの親類であるツングースを懐かしく思っている。だが、在日朝鮮人の友人に、「ツングースの文化が半島の古層の一部をなしている」と言うと、「そんな民族と朝鮮民族を一緒にするな」と怒った。日本の文化は容赦なく相対化するのに、こと朝鮮文化になると相対化したり解析したりすることを拒む。――

司馬氏は、日韓の知識人は対話によって理解し合えると言うために、初めにこの話を持ち出したのだが、日本人が韓国に対して抱く感情が「片思い」であることを示すエピソードでもあった。

どの民族も自分たちのルーツに強い関心がある。日本人のルーツは、北方の朝鮮半島やユーラシアと南海の島々だろう。司馬氏でなくともツングースと聞けば、祖先がたどった北方の草原や森林の道が思い浮かび心が騒ぐ。ツングースも韓国人も、日本人の目からは同じ北の人々だ。日本人が韓国に対して、ほかの外国に対するのとは違った懐かしい感情を抱くのは自然のことだろう。

だが、韓国人が日本列島を見ても、そこには自分たちのルーツはない。韓国人のルーツといえば、民族伝説によれば中国北部の遼寧省や黒龍江省、あるいは稲作技術が伝来した、中国の山東半島から長江下流域だろう。韓国人のＤＮＡが片思いする相手は中国大陸であり、日本ではないのだ。このちぐはぐな構造について、日本人にも韓国人にも自覚が欠けている。

朴槿恵政権と習近平政権

日韓関係の危機を象徴するのが、朴槿恵政権になってから安倍晋三首相との間で日韓首脳会談が開かれないという事態だ。日本の保守層には従軍慰安婦問題を外交カードに使う朴槿恵大統領に対する反感が強い。また日本との関係を悪化させる一方で、中国に接近する外交政策は、韓国に「片思い」する日本の保守層に「裏切られた」という激しい感情を持たせている。

かつて、李明博氏との大統領候補争いに敗れた朴槿恵氏が、来日して記者会見した。記者クラブの長老記者が次々に立ち、父・朴正熙元大統領を称え、槿恵氏を励ましたものだ。槿恵氏はこの時すでに対中接近戦略を構想していたといわれる。だとすると、韓国への失望は朴槿恵大統領の実像を正しく見ようとしなかった日本側にも問題の一端がある。

日中関係も首脳レベルの信頼関係が結べない。習近平国家主席が首脳会談開催に領土問題と歴史問題で条件を付け、逆に安倍首相が「無条件」という条件を付けたために、水面下で密使の接触が行われた。日本側には親中派にも反中派にも、習近平氏を個人的に知っている人は全くいなかった。しかも、習主席が「富国強軍」「海洋主権擁護」などの政策目標を実行に移し、東シナ海、南シナ海で周辺国との摩擦が急増した。

日本政府には、習主席への反発と同時に、未知の相手に対する警戒感が強まった。国際会議のたびに、日本側から接触外交、立ち話外交を働きかけてきた。理解できない相手とのほうが、逆説的に崖っぷちの外交が機能する。

アジアの三角関係

それにしても、日中関係がかろうじて「静中動あり」の状態を保ってきた最大の原因は、米中外交が動いているからだ。だとすると日韓、日中の関係も二国関係の次元を離れ、米韓中、日米韓という三角関係の複合として考える必要がある。

はじまりは二〇〇八年だ。この年、リーマンショックが起こり、世界で唯一の覇権国、米国の力にほころびが見えた。同じ年、中国は北京五輪を成功させて世界第二の大国の自信を深めた。それ以来、中国は軍部が中心になって、米国が軍事的に独占支配している太平洋を二分し、西太平洋を中国、ハワイから東の太平洋を米国の勢力圏として二分する「新型大国関係」の概念を固めていった。

一方、米国は、中東から撤退する軍事資源をアジアのミサイル防衛（ＭＤ）網に振り向けた。米韓同盟、日米同盟、米比同盟とアジア友好国による「米国をカナメとする安保ネットワーク」、具体的には、東シナ海、南シナ海の外縁を形成する第一列島線を軸にして、高性能レーダーと高性能迎撃ミサイルをＬＡＮで結ぶ軍事ネットワークを築こうとしている。

米国をカナメとする軍事ネットワークだが、日米韓でデータを共有する以上、日米韓の三角の一辺である日韓間でもデータの漏洩防止を保障する協定が必要になる。それが日韓の軍事情報包括保護協定（ＧＳＯＭＩＡ）で、李明博政権の末期に、韓国は一度、閣議決定しながら放棄し、その直後に李大統領が突然、竹島（韓国名、独島）に上陸して日韓関係が悪化し、協定もうやむやになった。

中国は、米国のＭＤ網が韓国に設置されると、首都北京や華北の海軍基地・青島の防衛に脅威となるため、対中経済関係強化を求める韓国に強い圧力を加えてきた。

韓国も中国に配慮して米国に抵抗した。その戦術として登場したのが、歴史問題で韓日関係を悪化させて日韓ＧＳＯＭＩＡ交渉を凍結するという綱渡り外交だ。そのひとつが従軍慰安婦問題だが、李大統領は朝鮮王室儀軌返還問題を前面に出した。当時、日本は民主党政権で、自民党政権に比べて歴史問題が使いにくいという事情があったのだろう。野田佳彦首相が返還に応じたために、李大統領はＧＳＯＭＩＡ締結に追い込まれた。しかし次期大統領になる朴槿恵氏に阻止され、窮余の策として竹島上陸で協定をご破算にしたのだ。

冷たい平和

韓国が朴槿恵政権になり、日本が自民党のなかで最も保守的な安倍政権に政権交代したため、日韓の間でまた歴史問題の衝突が復活した。このような観点から日韓間の歴史問題を見れば、中国にとって従軍慰安婦問題とは、日米韓の軍事ネットワークを崩すのに利用できるツールであり、現代の問題だ。米国にとっては、安倍首相の靖国神社参拝は、朴大統領を中国寄りにして、米国の同盟ネットワークを機能不全にし、米国の国益を損ねる問題だ。それで米国は安倍政権に厳しい姿勢を見せている。

中国で二〇一四年の春、中国人の元従軍慰安婦が賠償請求訴訟を起こしたり、吉林省の歴史資料館が突然、従軍慰安婦資料として日本軍慰安所設置の書類などを発表した。従軍慰安婦問題を歴史問題としてではなく、韓国を取り込むための外交目的に使っていることは明らかだ。

オバマ大統領が二〇一四年三月、オランダ・ハーグの国際会議で安倍首相と朴大統領の間に立って日韓の握手が成立した。その年七月、習主席が韓国を訪問し、朴大統領に米国MDのカナメとなるTHAADミサイル（終末高高度防衛ミサイル）韓国配備を受諾しないよう警告したが、朴大統領は答えなかったといわれる。

米中は二〇一四年十一月のアジア太平洋経済協力（APEC）北京首脳会議で首脳会談をするが、その前に、中国はアジア金融覇権を目指してアジア開発投資銀行（AIIB）の参加国を募集した。米国、日本が巻き返しに出て、中国が参加を期待した韓国、インドネシアが見合わせた。

要するに、アジアでは米国と中国の間で地政学的な勢力圏の調整が続いており、そのなかで日韓関係が揺れているのだ。中国と米国との間で新しい勢力範囲が定まれば、その後アジアには「冷たい平和」が来るだろう。中国と米国の軍事対立の中で、双方が地域紛争の原因になる領土問題や歴史問題は凍結される。日韓が歴史問題で静かな対話ができるのは、その時だろう。

安重根を知る

日韓が歴史問題の対話を、相互理解の可能な静かな環境のなかで行う日はいつか来る。その時、「従軍慰安婦」問題がどのような形で提起されるのか予想はできない。だが、日本が絶対に避けて通れない問題がある。日韓併合の評価だ。韓国にとっても、歴史認識問題の根幹は、竹島（独島）の領有権問題と日韓併合条約違法論だ。日本近代史の大きな分岐点だったからだ。

領土問題は、「解決せざるをもって解決とする」という出口にどうやってたどりつくかという外交問題だ。しかし韓国植民地化政策の評価は、日本人自身の歴史認識問題であり、外務省にまかせるものではない。併合条約が違法かどうかの議論とは別にして、日韓併合を日本の歴史のなかでどう評価するのか結論を迫られる。

朴大統領が最初の訪中で習主席に要求したのが、安重根の記念碑設置と、光復軍司令部の跡地の整備だった。朴大統領は以前から中国語を学習し、北京では中国語を交えて演説した。対中接近政策は以前から準備された基本的な外交戦略だ。

この動きに対して日本政府は、菅義偉官房長官が記者会見で、「我が国は安重根は犯罪者と韓国政府に伝えてきている。このような動きは日韓関係のためにはならない」と答えた。すぐに韓国外交省報道官は「安重根義士の義挙を卑下するのは村山（富市元首相）談話を否定することにほかならない」と反駁した。日韓の議論はかみ合っていない。

さきごろ亡くなった元外交官の岡崎久彦氏が長坂覚のペンネームで書いた『隣の国で考えたこと』(中公文庫)のなかで、安重根評価にかなりの紙幅を費やしている。岡崎氏がソウルの日本大使館に勤務した当時、日韓は金大中事件で緊張していた。関係打開を考えるなかで、岡崎氏は日韓併合に抵抗して初代韓国統監・伊藤博文を暗殺した安重根について考えた。親日派知識人の息子として生まれ、明治天皇を開明君主として評価する安重根が、君側の奸としての伊藤博文を暗殺するに至るプロセスを陳述した裁判記録をたどり、安重根再評価のなかに日韓相互理解の道があると示唆している。

日本の保守層のなかで安重根再評価論は、岡崎氏に限らない。その議論の延長には、明治維新と薩長藩閥支配の評価などがからんでいるが、重要なのは日韓併合を「国策の誤り」のひとつとして認めることだ。政府が「安重根は犯罪者」と断定するのは早計ではないか。

朴大統領は安重根記念館と併せて、植民地時代、上海にあった大韓民国亡命政権の軍事組織「光復軍」の遺跡整備も要請している。朴大統領の戦略のなかで、安重根と光復軍の記念碑の二つを中国に作らせることはどんな意味があるのだろうか、その狙いを押さえておかなければならない。

結論から言えば、二つの歴史遺跡は、韓国こそが安重根の抗日運動と上海亡命政権の法統を継承する、朝鮮半島における唯一合法政府であるという物的証拠だ。それを中国に建設させることで中国に韓国の立場を認めさせ、朝鮮半島を統一する日の保障にしようとしたのだ。抗日運動の施設は、日本に対するいやがらせの施設ではない。韓国建国の正統性を主張するもので、念頭に置いているのは南朝鮮解放を目ざす北朝鮮だろう。中国は朴大統領の要請を受け入れたように見えるが、安重根記念館は韓国の要求するハルビン駅頭ではなく、ハルビン駅舎内の非公共施設とした。四川省の光復軍遺跡は国家級の遺跡ではなく、省政府に整備を担当させた。韓国に顔を立てながら、北朝鮮に対する配慮も続けている。

日韓関係

二十一世紀初頭、世界は十三億人の人口と中世の独裁統治システムを持った中国という巨大な国家の台頭に直面して激しく動揺した。中国は、前世紀に米国が作った秩序を揺さぶり、周辺国全体が揺れた。その動揺が日韓関係の悪化という特殊な形で現れた。新興大国の中国と老大国の米国のせめぎ合いのなかで、アジアの国々がどのような共存関係を作るかが、今問われている課題だ。解決の糸口は見えず、焦りと苛立ちがつのっている。だが、いまの混乱は必ず収まるから、日韓関係も、日中関係も、焦らず、根気強く、協調の努力を続けていくべきなのだ。

二つのソウル発報道をめぐって

小針 進

プライベート・オーダーリングに影響される二国間関係でいいか

座談会の冒頭で黒田勝弘さんは「NGO国家になったということね」と韓国の変化について述べられた。これまでも他の機会で書いたことがあるが、関連して私も記しておきたい。

NGOは公共的・公益的であるという印象を受けるが、文字通り非政府組織（non-governmental organizations）であって、その活動や考え方には代表者らの私的な色彩を帯びている。金泳三政権期以降の韓国社会に定着した流れのひとつとして、韓国の社会秩序が私的な力により強く影響されるようになったという指摘がある。

政治経済学者のロー・ダニエルさんは、「プライベート・オーダーリング（private ordering）」という法律用語を使う。韓国社会でこれを推し進めているのが「市民団体」であり、「行政、司法、立法やマスメディアに負けないほどの影響力をもつ『第五の権力』になったと言える。彼らはあらゆる分野で議題を設定し、『談論』という形で議論し、彼らの要求の実行を迫った。市民団体のアジェンダは、国政のアジェンダになった。市民団体が裁判所の判決を『国民の法的感情』の名のもとで批判し、結果的には、司法の独立が委縮するような『社会的空気』を醸成する」(1)と、著書で指摘している。

本書でも話題となった、いわゆる「慰安婦」問題もプライベート・オーダーリングの影響を大いに受けた事例の一つである。一九九〇年五月、盧泰愚大統領（当時）の来日時、元「慰安婦」支援団体「韓国挺身隊問題対策協議会」（挺対協）が日本政府に対して、元「慰安婦」への謝罪と「補償」を求める共同声明を発表したことにより、この問題が韓国社会で大きな問題として浮上するようになった。その二十年後の二〇一一年八月三十日には、韓国の憲法裁判所は「協定に（元「慰安婦」の）被害者の賠償請求権が含まれているかをめぐり（日韓で）解釈の差があるので外交ルートを通じて解決しなければならない」という判断を下した。賠償請求権をめぐり、韓国政府が日本側と交渉する努力をしないのは違憲とする初めての判断であった。元「慰安婦」らによる違憲審査の申し立てに基づくものであるが、そのバックにいるのは挺対協である。

この憲法裁判所の判断が、ロー・ダニエルさんが言う「司法の独立が委縮するような」プライベート・オーダーリングの影響を受けた結果かどうかはわからない。ただ、事実上、市民団体の主導によって起こされた裁判によって、それまで対日外交の議題とすることを避けてきた「国家補償」を、韓国の外交当局が外交議題とせざるを得なくなったことは事実である。

また、ロー・ダニエルさんは、外交アジェンダなどで市民団体がデモをしかけることを例にとって、「派手なパフォーマンスをしてみせれば、政府がその主張を無視するのが難しくなる。大げさに言うなら『利益団体』もしくは『圧力団体』に過ぎない社会集団に、韓国社会が人質になりつつあるのである」[2]と指摘する。しかも、こうした市民団体は「被害者」の目的達成のためというよりも、「運動体」の論理を貫徹させるところに意義を見出すようなところがあるように思えてならない。

挺対協が設置したソウルの日本大使館前に設置した少女像も、こうしたパフォーマンスの過程のひとつである。日本側の撤去要請に対して、二〇一一年十二月、李明博大統領（当時）が「日本政府がもう少し関心を示せば起こらなかった。誠意ある措置がなければ第二、第三の像が建つ」と応じたのも、「挺対協を無視するのが難しい」ということが背景にあったはずだ。

挺対協に関しては、元「慰安婦」に対する償いの事業などを行う財団法人・女性のためのアジア平和国民基金（アジア女性基金：一九九五年七月設立）が、「韓国政府はアジア女性基金の設立に対しては、当初積極的な評価を下しましたが、やがて否定的な評価に変わりました。被害者を支援するNGOである韓国挺身隊問題対策協議会（略称「挺対協」）が強力な反対運動を展開し、マスコミも批判すると、政府の態度も影響を受けました」[3]と分析している。

また、世宗大学教授の朴裕河さんは、「慰安婦」問題をめぐって、挺対協が「非道徳な日本像」を韓国社会にすり込んだことを次のように指摘する。

「挺対協」は、これまで「日本政府は日本軍慰安婦強制連行の事実を認め」ずにおり、「これに対して公式的に謝罪」することもなく、「生存者や遺家族に補償」をおこなわず、「歴史教育でこの事実を一貫して教え」なかったとし、「被害者ハルモニを」「誘導」しているという。そのような「挺対協」の言葉が、この十余年の間、韓国の内にある日本像、謝罪も補償もせず過去に犯したみずからの行為を隠蔽しようとするばかりの「非道徳的な」日本像を、揺るぎないものにする一助となってきたことだけは確かだ。

しかし、日本政府は、「強制連行」に関しては公式的には言及したことはないものの、軍の関与は「認め」、「慰安婦」問題に関して法的にではないが、「公式的にお詫び」しており、「基金」を通じて「生存者」に「補償」しようとし、「慰安婦」問題が提起されて以降日本の教科書は、「慰安婦」問題についてそのほとんどが言及していた。(4)

挺対協は、韓国政府をして、アジア女性基金の「償い金」を受け取った人々を韓国政府の補償金支給対象から除外させたり、同基金の協力者(日本人)の韓国入国を禁止させたりした。私人の集団である挺対協によるプライベート・オーダーリングである。

プライベート・オーダーリングの深化はインターネット社会が加速化させた。とくに、近年はSNS(ソーシャル・ネットワーキング・サービス)が急速に発達していることが、「慰安婦」問題における「非道徳な日本像」をいっそう独り歩きさせていると言ってよい。

「日本が絡むと、異常さに対して異議申し立てを挟みにくい」？

座談会と前後して、両国関係を考えさせられるソウル発の報道とそれから発展した大きな出来事が二つあった。

まず、ひとつは韓国の有力日刊紙の報道に端を発した出来事だ。二〇一四年七月十一日に在韓日本大使館主催で自衛隊創設記念行事が開かれる予定だったソウルのロッテホテルが、「国民感情に触れる」などとして前日に宴会場の利用取り消しを通知してきた。これは、『東亜日報』が「日本が渦中で……自衛隊記念式ソウルで」「日本大使館、十一日創立六十周年行事……国内の政官財界五百名に招請状、『韓国国民情緒を無視した仕打ち』の指摘[5]」という大見出しを付けて、一面トップの扱いで行事前日に報じたことの「効果」だった。つまり、この報道によって、ホテルに抗議電話が相次ぎ、爆破を予告する電話もあり、ホテル側がビビったわけだ。

この報道は、事象を誇張した針小棒大な報道、ナショナリズムをあえて刺激する報道、報道による結果責任を考慮しない報道、受け手の支配的な意見との合致を狙った議題設定機能（the agenda-setting function）を主導する報道と言わざるを得ない。

とくに、この行事は毎年この時期にソウルで開催されている外国公館の恒例行事であり、ニュース性は本来希薄である。有力紙がこれを一面トップ級で大げさに扱えば、暴力行為を示唆する行為まで招くかもしれないことも自明であったはずだ。この「異常さ」を、安倍政権の政策に関する客観性を欠いた報道ぶりとともに、韓国人ジャーナリストたちに問うたことがある。ある韓国紙記者は「なぜ一面で大きく扱うのかがはなはだ疑問である」と述べていた。また、「ただ、異常な報道ぶりだとわかっていても、日本が絡むとどうしても、その異常さに対して異議申し立てを挟みにくい」とも言う。

もうひとつは、日本の全国紙ソウル特派員が書いた原稿を発端とした出来事で、こちらのほうが、問題はより深刻である。

二〇一四十月八日、産経新聞前ソウル支局長の加藤達也さんが、韓国の情報通信網法における名誉毀損罪で在宅起訴されるという異常な事態が発生した。朴槿恵大統領に関する噂を紹介する記事を、加藤さんが支局長時代の八月七日にウェブサイト上に書き[6]、これが問題視されたからである。

この記事そのものに対する評価はいろいろあるだろう。同じ発行元の夕刊紙には、連日のように「嫌韓」を煽るような見出しが躍っている。また、当該記事の当事者である朴槿恵大統領には不本意な内容だったかもしれない。ただ、大統領が立腹するような記事だからといって、刑事手続きによって、「公人中の公人」が「被害者」、執筆者が「加害者」になるという構図は民主国家では理解しがたい。

刑事手続きをしたのは検察当局だが、この構図を描いたのは大統領府であると言ってよい。なぜなら、「被疑者の処罰を望まない」という意思を被害者が示せば、起訴されないのが韓国の名誉棄損罪であるからだ。つまり、朴槿恵大統領が、「公人中の公人」として言論の自由を尊重することよりも、「被害者」として「加害者」を許さないことを選んだ結果である。検察が大統領とその周辺の意向を忖度したのだ。実際、大統領府の尹斗鉉広報首席秘書官は加藤氏の記事に関して、掲載から四日後には「民事・刑事上の責任を最後まで追及する」（八月七日）と発言するなど「戦闘モード」だった。

メディアへの権力側の圧力は韓国でこれまでにもあった。七〇〜八〇年代の軍事政権下では、言論の自由とは無縁な世界だった。当時は、国家保安法や、現在は廃止された刑法の国家冒瀆罪などを通じて、権力側はメディアを黙らせた。外国メディアのソウル支局に閉鎖命令が出たこともあった。八〇年代末の民主化以降、韓国メディアは言論の自由を勝ち取ったが、権力側は税務調査や名誉毀損罪で圧力をかけるようになった。

それでも、在韓外国メディア関係者が報道内容をめぐって起訴されるという事態はなかった。加藤さんが朴槿恵大統領を「民主主義の国のトップには、論評や報道を受忍すべき義務があるが、受忍限度の狭い、極めて特異な国家元首だ」[7]（十月十日）と、インタビューで指摘したのも的を射ている。「国民を代表する大統領を冒瀆する発言も度を越している。国家の威信と外交関係にも悪影響を与えかねない」（九月十六日）と大統領自身が閣議で発言した。野党議員のある批判を念頭に置いたものといわれているが、「産経案件でのご意向だ」と検察が受け止めても不思議はない。四月の旅客船セウォル号沈没事故以降、大統領とその周辺に関して踏み込んだ報道をした韓国メディアが、名誉毀損罪で数件の民事訴訟を大統領府によって起こされている。「大統領の名誉を守ろうとして国家の名誉を失墜させた」[8]と書いた韓国紙もあったが、「言論弾圧」で韓国の国際的イメージが下がるのは必至だ。この政権は国家ブランディング（本論で述べたように、国際的な国の評判を高めることを目指した、国のイメージの管理のプロセスだ）に無関心なのかもしれない。そうでなければ、「大統領＝被害者、ジャーナリスト＝加害者」という構図が生み出される状況を説明できない。

また、日本人記者への起訴強行は、悪化している日本との外交関係をさらに複雑化させた。大統領が外遊先で日本を何度も批判する姿もそうだが、日本で「嫌韓」が広がるだけで問題解決にはならない。「嫌韓」の拡散は、諸懸案解決にはマイナスに働く要因しか生まず、日本が諸問題（たとえば、「慰安婦」問題など）で韓国に配慮する素地を減退させた。朴槿恵政権は、なぜ、こうした状況が台頭することを許すのか。日韓関係はこうあるべきというビジョンもないからであろう。つまり、バランス感覚やマネージメント能力が感じられないのだ。

前述したように、朴槿恵大統領の父でもある朴正熙元大統領が率いた一九七〇年代の韓国は、言論の自由とは無縁だった。それだけに、この一件で韓国社会の時計の針は逆戻りした感がある。当時、言論弾圧のニュースは日本にも伝わり、日本社会における韓国への「眺め」は暗かった。その後、経済発展、民主化、韓流ブームなどで、韓国の国家イメージは向上した。

ところが、二〇一二年八月の李明博大統領（当時）による竹島訪問があった。これと関連して、黒田勝弘さんは「日本との関係でいえば、韓流ブームなどで近年、革命的に好転していた日本国民の対韓感情を一気に冷え込ませた〝罪〟は大きい[9]」と書いた。「嫌韓」ムードが拡散し、さらに朴槿恵政権の姿勢で日本人の韓国観を示す時計の針も戻ってしまった。感情の問題は外交関係よりも修復に時間を要する。

もちろん、日韓間の外交関係悪化は、李明博・朴槿恵両政権の「過剰反応」や「甘え」だけに問題があるわけでなく、民主党政権であれ、安倍政権であれ時として政権周辺から発言などで出る「無神経さ」にも問題はある。いずれにしても、こうした状況を悲しんでいる人が日本でも韓国でも少なくないことを想起してほしい。

ところで、加藤さんの起訴が決まる前、「国境なき記者団」など多くの国際団体が刑事手続きの取り下げを求めていた。ところが、韓国人ジャーナリストからの声は必ずしも大きいものではなかったように感じる。少なくとも大統領府や検察への圧力にはなるほどではなかった。言論の自由にかかわるだけに、本来ならば韓国メディアがもっと危機感を抱いていい。もし、異常な事態に大きな声があがらなかった背景のひとつにも、「日本が絡むとどうしても、その異常さに対して異議申し立てを挟みにくい」ということが少しでもあれば、それは残念なことである。

「私はあなたの意見には反対だ、だがあなたがそれを主張する権利は命をかけて守る」というフランスの哲学者ヴォルテールの有名な名言がある。日本人であれ、韓国人であれ、日韓関係をめぐる相手国の主張に触れる際、この精神は常に想起されるべきではないか。

（1）ロー・ダニエル『竹島密約』（草思社、二〇〇八年）、二六七頁。
（2）朴裕河『和解のために　教科書・慰安婦・靖国・独島』（佐藤久訳、平凡社、二〇〇六年）、二六八頁。
（3）「各国・地域における償い事業の内容――韓国」〈http://www.awf.or.jp/3/korea.html〉［アジア女性基金ホームページ］
（4）朴裕河、前掲書、八一―八二頁。
（5）『東亜日報』二〇一四年七月十日付。
（6）「朴槿恵大統領が旅客船沈没当日、行方不明に…誰と会っていた？」<http://www.sankei.com/world/news/140803/wor1408030034-n1.html>［産経ニュースホームページ］
（7）『中日新聞』二〇一四年十月十一日付。
（8）『京郷新聞』二〇一四年十月十日付。
（9）『産経新聞』二〇一二年十二月二十日付。

われわれは「認識」以前の段階にいる

小倉紀蔵

日韓の政権は幻想に生きている

現在の日韓関係に関して私がもっとも危惧していることは、日本の政権も韓国の政権も、現実から遊離した「幻想の世界」にはいりこもうとしていることだった。

「幻想の世界」とは何か。現実とは関係なく、自己が考える「理想の状態」を夢見て、それを現実と思い込みながらその思い込みにのっとって言動すること、とでもいっておこう。

安倍政権は安倍政権で、現実から乖離しようとしている。朴槿恵政権は朴槿恵政権で、現実から乖離している。その乖離の方向性が正反対であるから、構築すべき「接点」はほとんどなくなる。

これほど非生産的な関係性があるだろうか。東アジアを牽引すべき日韓両国が、一年半以上にわたって首脳会談も開けず、互いにあさっての方を向いている。刺戟的な言葉だが、これを両国政権の「幼児性」と呼んでよいのではないだろうか。

しかも、このふたつの政権の「幼児的な幻想」は、ほとんど両国の大多数の国民の考えを代表していない。たしかに日本では右傾化が進み、また嫌韓本がよく売れているようだ。しかし、日韓関係が決定的・不可逆的に悪化することを望む世論は多くないだろう。

また各種の世論調査では、日本人は韓国に対して厳しく、韓国人は日本に対して厳しい意見を持っている人の割合がきわめて多く現われる。これは本書のなかでも話題になったことである。しかし、少しだけ考えてみれば、この世論調査という手法がいかに杜撰なものであるかは、すぐわかるはずである。

世論調査でわかることは少ない

トイレタリー商品や化粧品などに関する市場調査なら、「あなたはAという商品をこの三ヶ月以内に使用しましたか」という質問に対して、明確に「はい」「いいえ」を答えられる。しかし、世論調査と称するものにおいて、「あなたはA国を好きですか」という質問は、いったい何を問うているのであろうか。企業のマーケティングにおいて商品や会社の「好感度調査」をする。しかしこれはよくメディアなどで行われている「タレント好感度調査」とは異なるものである。「タレント好感度調査」は単に「好き」「嫌い」を答えるものである。これはいわゆる世論調査に近いものだ。

しかし企業のマーケティングにおける「好感度調査」は、そういうものではない。定量調査において選択肢による質問はする。その多数の項目間のクロス集計をして細密に分析もする。しかし基本的には、定量調査によってわかりうることは、実態のうちのほんの一部であるという認識が厳然としてある。定量調査の結果だけを信じて企業のマーケティングを決定していくなどということが、ありうるだろうか。重要な決定の場合には、専門家による精密な定性調査を並行して実施し、その結果を定量調査のデータの読み取り方にフィードバックするというのが、三十年前からのマーケティング業界の「常識中の常識」である。定量的な世論調査によっては、「ある国に対してどう思うか」などというきわめて抽象的な問題に対して、回答者の心の内奥のひだにまで入り込むような正確で精妙なワーディングによる選択式の質問をつくることは、不可能なのである。

シャンプーひとつ売るのに、徹底的な定量・定性調査をする。しかし国家の重要な外交方針を決める際に「世論も支持しているように」とか「世論の方向性を鑑みて」などと語られるときの「世論」というものが、きわめて杜撰な調査の結果であることに、われわれはもうそろそろ気づかねばならない。

現行の世論調査によって正確にわかるものは、おそらく、同じワーディングによる質問に対する回答の、時系列的な変化だけだろう。

政治家や官僚がこの世論調査という便利な統計を使いたがるのはよく理解できる。しかし研究者やジャーナリストは、世論調査の数字を独自の解釈抜きに素朴に使用するのは、やめにしたほうがいい。むしろ世論調査に対しては最大限に批判的・懐疑的にならなくてはならないのだ。

メディアのふるまいをこれ以上看過できない

本書の議論でも出たことだが、たとえば言論NPOと東アジア研究院による「第二回日韓共同世論調査」(二〇一四年五月・六月実施)というのがある。

この分析結果のなかに、「相手国の社会・政治体制のあり方」という項目がある。韓国側の回答では、日本の社会・政治体制は「軍国主義」というのが圧倒的に高く(五三・一%)、次いで「国家主義」(三五・七%)、「資本主義」(三五・二%)、「民族主義」(三五・一%)、「覇権主義」(二六・八%)、「民主主義」(二四・九%)、「大国主義」(二四・〇%)となる。それらに比べると「自由主義」(一一・五%)はかなり低く、「平和主義」(五・三%)、「国際協調主義」(三・九%)にいたっては「社会主義」(七・三%)よりも低い数字になっている。

この結果をどのように良心的なバイアスをかけて評価しようとも、まともな認識でないことは自明である。日本の共産党が(日本国でなく)自民党政権を評価するとおそらくこういう傾向の結果が出てくるだろう。実態とはかけはなれた、「幻想の日本像」である。

これは端的に、洗脳・プロパガンダ・教化による「歪んだ日本像」が韓国人の脳に注入されていることを意味している。この「まともでない認識」にもとづいて、われわれは何かの関係性を構築すべきなのであろうか。

このような像が韓国人の脳に存在することを認めつつ(もちろん世論調査という方法論の限界を

充分に認識しつつ)、われわれはそのことの正当性を認めてはならないであろう。このような「邪悪な日本像」は韓国社会において、メディア、教育現場、家庭、会社や共同体などで無節操かつ無批判に共有されているものである。われわれが韓国の家庭や学校や会社などにはいりこんでこの像の誤りを正すということはなかなかむずかしい。われわれはやはりまず、韓国メディアの誤りを正すことに注力しなくてはならないだろう。

メディアの問題は、これまでも日韓フォーラムなど両国の懸案を議論する場でほぼ毎回のように取り上げられてきたが、いつも隔靴掻痒の感を免れない。議論はいつものらくらのらくらと平行線をたどり、何よりも韓国メディアには真摯な反省の姿勢がまったくない。このまま放置しておくと取り返しのつかない事態になってしまうのではないか、という危惧を私は持っている。

二〇一四年八月に済州島で日韓カンファランスがあり、現在の日韓関係について議論をした。「今の日本の政権が吉田松陰の征韓論と同じ遺伝子を持っている」という韓国側の主張には唖然とするほかはなかった。一九八〇年代、九〇年代だったらこういう「日本はふたたび征韓論をたくらんでいる」という認識はごくふつうだったのだが(それはもちろん間違った認識だった)、今になってまだそういう認識をふりかざすとは、情けない気分である。またこのカンファランスの共同主催社であった『朝鮮日報』は、カンファランスにおける私の発言を曲解し、私が「(安倍政権の閣僚は)モラルの低い人たちではない」という主張をしたと書いた(『朝鮮日報』日本語電子版二〇一四年八月二十九日)。私はそのようなことはひとこともいっていない。これは完全に捏造である。

私は十年ほど前に、韓国の新聞のインタビューを受け、そのとき、私がいってもいないことを書かれて大変に迷惑したことがあった。その後、韓国メディアのインタビューや取材は一切ことわっている。新聞に出た嘘の記事一行によって、自分が十年、二十年やってきたことが一瞬にして崩壊することがありえるからだ。

カンファランスに一緒に参加していた韓国の著名な大学名誉教授は、「自分は韓国の新聞は全然信用していないから、自分の弟子の記者以外は絶対に取材やインタビューを受けない。韓国は世界一メディアが多い国だが、世界一メディアの質が悪い国なんだから」といっていた。自国の知識人にこういわれてしまう韓国の新聞というのは、いったい何なのだろうか？

われわれにはさらに大きな問題群が押し寄せている

問題はそれ以外にも山積している。

日韓関係の摩擦は、現在、「戦後」のパラダイムを脱皮しようとしている。諸問題の根源には、実はこの「パラダイムの変化」があると考えられる。先に挙げた「民意の把握・理解の失敗」や「メディアなどによる幻想の像の拡散」が、古くからある問題群のパラダイムに属しているとするなら、それとは別に、古くから存在する日韓の世界観の違いが、新しい世界認識のパラダイムの変化に影響を及ぼしている例もある。

たとえばそれは、「市民」「民主主義」などという基本的な言葉の日韓間の差異は、どこに由来しているのか、という問題である。というのは、むしろ「体制の共有」後に日韓間の摩擦が大きくなってきている要因のひとつが、「市民」「民主主義」などという基本概念の差異にあるのではないか、と考えられるからである。その「差異」を乗り越え、日韓が新しい「市民」「民主主義」の概念を創造していくことは可能なのか。現在の日韓に突きつけられた問題は、大きくいうならこの課題を成功させられるか否かに関わっているのである。

またそのほかに、東アジアの儒教的伝統をどのように解釈し、それと向き合っていくのか、という問題も大きく日韓に突きつけられている。儒教をどう解釈するかは、「すでに終わった問題」ではないのである。中国の大国化戦略に儒教という思想的資源が強力に使われる時代になったいま、儒教をどう扱うのかというのは、単に思想レベルの問題ではなく、政治・外交・経済・社会全般に関わる重要な問いなのである。特に韓国が一九九〇年代から儒教の再評価運動を精力的に展開していることは、中国の大国化といかなる関係を持つのであろうか。われわれはこのことを細心の注意を払って分析しなくてはならないし、また自ら主張しなくてはならない。

そのほか、日韓関係という山に登るための道は多様である。私も現在さまざまなカンファランス、フォーラム、シンポジウム、学術大会などに参加しながら、積極的に発言し、また文章を発表している。それらの議論の内容をここに重複して述べることは残念ながらできない。それらに関しては、別の機会にまとめて発表しようと考えている。

〈跋〉現在の東アジアをどうみるか

詩人
高銀《コウン》

「東アジアはばかだ。東アジアは狂っている」

――昨今の日韓関係と、また両国の関係が今後どうあるべきかについて、高銀さんからメッセージをお願いします。

二つの極端な表現をしてみたいと思います。今、東アジアはばかだ。東アジアは狂っている。このような二つの極端な表現で、ちょっと悪口を言ってみたいと思います。

今、東アジアは近代史の迷妄の中に深く陥っていっています。なぜかというと、東アジアは今ようやく世界に自らを表現する時代になったのに、自らの世界史的な黄金期を放棄していま す。いまや世界史はアジア史、東アジア史をモデルにしようとしているのに、世界史どころか東アジア自身の歴史の墓を掘っているのです。日本は日本の墓を掘っているし、中国は中国で自らの墳墓を作っています。朝鮮半島も南北双方でそれぞれ迷妄のなかに閉じこもりつつあります。

東アジアは、これからともに共同体を作って世界史に出ていく、そのようなときなのに、世界史が東アジアを呼んでいるにもかかわらず、それに呼応できず、自らの中に囚われている。東アジアはばかだというのは、そういう意味です。本当にこれまで私たちは、古代史以降、世界史に自らを示したことはなかったのに、今ようやく自らの名誉を回復するときなのに、それをできずにいます。

もう一つは、そのばかはある知恵と出合ってそれをすぐ変えることができるはずなのに、より怖いことに、ちょっと狂っているということです。それは本当に回復不可能な状態です。一緒になって活躍する舞台を作っていける機会があるにもかかわらず、なぜそれを放棄し、自らの墓を掘っているのか。せっかくの重要な機会を逃しているのではないか。

結局、これは百年前や二百年前の、小さな自我に戻ってしまったのではないか。本当に悲しいことです。私たちには空や海といった共有物があるのに、自分の枠の中に閉じこもっている。海軍や陸軍歩兵のような、領土第一の世界観に限定されている。飛行機を飛ばし、海に船を出し、我々は歩兵として自分の城を守り、たがいに発砲する。そのような発想から抜け出せずにいるのではないか。

これから日本が中国を侵略することはできないと思うし、中国の方からも、九州に足を踏み入れることはできないでしょう。これからは、領土に足を踏み入れることは、平和という使命を持っているときに初めて可能なのです。

世界の知識人の役割

このような点で、私は中国でも日本でも韓国でも北朝鮮でも、知識人たちがなすべきことがたくさんあると思います。知識人は権力を持ちませんから。むしろ、それは大きな能力や可能性であると考えるのです。それはまた、東アジアの知識人たちの役割であるというだけでなく、世界の知識人の役割でもあると考えます。私たちが世界史に関与し、また世界が私たち東アジアではなぜそのように争っているのかと介入し、互いに力を貸し合って、世界の知識人たちが一緒に解決しなければいけない大きな問題だと思います。

今回、中国にドイツの首相が来て、過去を反省するということは、本当に苦痛ですが、どれほどすばらしいことかという発言をしました。それは日本の中国や韓国に対する姿勢を暗示したのではないかという気がします。同時にそれは、中国の新しい中華主義が東アジアに自らの野望を示してはいけないと、遠くヨーロッパから来た隣人がそう忠告したようです。

先日、ドイツのある作家が韓国に来たとき、日本はやるべきことをやらずにいると言ったこともありますが、このような人たちの例を挙げるまでもなく、中国は被害の当事者としてだけではなく、将来的には、日本を友人とするべきですし、韓国も被害当事者としてだけではなく、自己主張をしながらも、未来に向けた同伴者として日本を考えるべきです。そして日本こそ、過去をたった一度でも大きく悔い改め、もう一度一緒にやれば、ヨーロッパ共同体のように私たちも東アジア共同体の基盤をつくれるのではないかと思うのです。

けれども、日本はそのような考えを持っていないように感じます。日本人一人一人は礼儀において非常に偉大な民族ですが、集団として礼儀を持てずにいるというのが非常に残念です。個人が守るべき礼儀や美徳は、集団によって冒瀆されているのではないかと思います。

安倍が急所に針を刺した!

——南北統一と日本との関係についてはどうお考えなんでしょうか。

日本が急所に針を刺した。それが安倍の針だ。

何かというと、私たちが傍観している間に、日本は北朝鮮と一定の関係をつくろうとしています。朝鮮総連の建物が一旦売却されそうになったのが、原状回復に向かっていることも大きな出来事です。

私たちはそのことに反対しているのではなく、それはいいことだと思います。ですが、韓国が中国と会うことに対して先手を打ったのではないか、とも考えられます。これが今後うまく発展すればいいのですが、大概の場合は深い溝を作り、東アジアの和解や話し合いを妨害することになります。

実は、東アジア問題は日本と中国の問題だけではなく、また中国と韓国の問題だけでもなく、その関係の中でロシアも含めて、また、背後にいるアメリカまで含めて、朝鮮半島の問題でもあります。

朝鮮半島の問題

今後、朝鮮半島の問題が解決していけば、もしかしたら中国と日本も、今の関係ではなくなるかもしれません。私たちは、以前は領土問題を避けてきました。韓国と日本の独島／竹島問題も避けてきました。中国と日本の間でも、釣魚／尖閣問題についてお互いに避けてきたわけで、それは外交の技術だったと思います。今それを全部捨て去って、裸のまま、竹島問題、尖閣問題、領海の問題など、本心を全てさらしてしまいました。

このようなとき日本が北朝鮮と一定の関係を持とうとしているのは、今後それがどのように発展するかを少し注視しなければいけないと思います。ただ、在日としての重要な役割をしている朝鮮総連の建物をそのまま生かしたということ、それは朝鮮総連に反対か賛成かは関係なく、在日を今後持続させる一つの可能性を示したのではないかと思います。ですが、それが北朝鮮の核問題解決の妨げになってはいけないと思います。北朝鮮の核は日本との問題だけでなく、アメリカとの問題でもあるからです。

韓国にとっていま最も重要なのは、北朝鮮との問題解決ですが、長期間このことに着手せずにいます。オバマも、やはり第二期に入って、東アジア情勢において全く思考できていない状態です。このような問題は、私よりも政治専門家とより多くの討論をするべきでしょうが。

――なるほど、「安倍の針」ですね。

平壌に安倍が針を刺したと思います。それはもう普通の所作ではないと思いますが。アメリカにも一発やりましたし、中国にも一発やりましたし、韓国にも同じように一発お見舞いしました。

韓国と中国の接近の真相

――朴槿恵さんと中国との接近について、あなたは予測していたのでしょうか。

予測はしていましたが、それには限界があるでしょう。韓国の軍事的な現実は、アメリカの作戦権の中にあるわけですから。戦争するとかしないとか、そういう決定権は韓国にあるのではなくてアメリカにあるのです。そんな中で中国に近づいても、限界があります。

韓国経済と中国経済が交流するのはみなが望むところです。ですが、それはアメリカの望むところでもあって、韓国と関係を結ぶのは、アメリカとの関係を結ぶことと一致するのです。このような点で、アメリカの中国包囲作戦があるわけですが、そういう包囲網をつくるという意味で、アメリカは成功しているでしょう。

もう既に、中央アジアにアメリカの基地が入っています。トルコ、パキスタンやインド、タイにもアメリカが軍事力を投入している。東アジアだけが、あまりうまくいってないですから、アメリカもかなり執着しています。そういう状況で韓国が中国と近くなるのは、全く許容された中だけの問題だと思います。両者がハネムーンに行って、ほかの国を排除することはできないのですね。

朴槿恵は、運命かどうかわかりませんが、国内政治においていろいろ話し合って何かやることはできない、孤独な人のように見えます。そういう点が非常に悲しいです。父親の朴正煕氏もそのような独裁者でしたからね。

選挙は三流の行為

――しかし、そういう人を大統領に選んでしまった。

それは韓国の国民がこれまで何度もそうでしたし、これからも同様のことが起こりうると思います。私は選挙というものは三流の行為だと思います。ニーチェが民主主義をとても嫌悪した理由と、私が民主主義を好む理由がここで出会うわけです。

私は民主主義に賛成し、ニーチェは民主主義を否定しましたが、その理由は、選挙は三流の人間たちだけをつくり上げるということです。一流の精神を選挙がつくり出してくれたら本当にいいのに、そうはなっていません。

――それは朴槿恵の韓国だけではなくて、安倍の日本でもそのようなことがあります。悲しいことですけど。

一流はいつも孤独です。

聞き手＝藤原良雄　渡辺直紀訳

（二〇一四年七月九日　於・ソウルプラザホテル）

著者紹介

小倉和夫（おぐら・かずお）

1938年東京生。東京大学法学部、英ケンブリッジ大学経済学部卒。外務省にて駐ベトナム・駐韓・駐仏日本大使等を歴任。退任後、国際交流基金理事長を経て現在同顧問、青山学院大学特別招聘教授、立命館大学訪問教授。著書に『パリの周恩来』『中国の威信　日本の矜持』（中央公論新社）『吉田茂の自問』『日本のアジア外交　二千年の系譜』（藤原書店）ほか。

小倉紀蔵　編者紹介を参照。

小此木政夫（おこのぎ・まさお）

1945年群馬生。慶應義塾大学名誉教授。慶應義塾大学大学院法学研究科博士課程修了。専門は、韓国・朝鮮政治。1972～74年、延世大学大学院に交換留学。著書に、『朝鮮戦争』（中央公論社）『市場・国家・国際体制』『戦後日韓関係の展開』『危機の朝鮮半島』（編著、慶應義塾大学出版会）ほか。

金子秀敏（かねこ・ひでとし）

1948年東京生。毎日新聞客員編集委員。東京外国語大学中国語科卒。1973年、毎日新聞社入社。政治部、北京特派員、香港支局長、論説委員、論説副委員長、専門編集委員などを歴任。著書に、『「大中国」はどうなる』（共著、文藝春秋）ほか。

黒田勝弘（くろだ・かつひろ）

1941年大阪生。産経新聞ソウル駐在客員論説委員。京都大学経済学部卒。共同通信ソウル支局長、産経新聞ソウル支局長兼論説委員を歴任。著書に『韓国人の歴史観』『日本離れできない韓国』（文春新書）『韓国　反日感情の正体』（角川 one テーマ 21）ほか。

小針　進　編者紹介を参照。

若宮啓文（わかみや・よしぶみ）

1948年東京生。日本国際交流センター・シニアフェロー。慶應、龍谷、ソウル、東西（釜山）各大学で客員教授など。東京大学法学部卒。朝日新聞政治部長、論説主幹、主筆を歴任。著書に『戦後保守のアジア観』（朝日選書）ほか。

高　銀（コ・ウン，Ko Un）

1933年韓国全羅北道生。韓国を代表する詩人。朝鮮戦争後出家，僧侶となるが，還俗し，投獄・拷問を受けながら民主化運動。2000年6月の南北会談に金大中大統領に同行，詩を朗読。邦訳著書に『「アジア」の渚で』（吉増剛造との共著）『高銀詩選集　いま、君に詩が来たのか』（藤原書店）ほか。

編者紹介

小倉紀蔵（おぐら・きぞう）

1959年東京生。京都大学教授。東京大学文学部卒業、韓国ソウル大学校哲学科大学院東洋哲学専攻博士課程単位取得。専門は、東アジア哲学。著書に『韓国は一個の哲学である』『歴史認識を乗り越える』『韓国人のしくみ』（講談社現代新書）『心で知る、韓国』（岩波現代文庫）『日中韓はひとつになれない』（角川 one テーマ21）『入門　朱子学と陽明学』（ちくま新書）『朱子学化する日本近代』（藤原書店）ほか。

小針　進（こはり・すすむ）

1963年千葉生。静岡県立大学教授。東京外国語大学朝鮮語科卒業、韓国・西江大学校公共政策大学院修士課程修了、ソウル大学校行政大学院博士課程中退。特殊法人国際観光振興会東京本部職員、同ソウル事務所次長、外務省専門調査員（在韓日本大使館）を歴任。専門は韓国社会論。著書に『日韓交流スクランブル』（大修館書店）『韓国人は、こう考えている』（新潮社）『韓国と韓国人』（平凡社）ほか。

日韓関係《にっかんかんけい》の争点《そうてん》

2014年 11 月30日　初版第 1 刷発行©

編　者　小倉紀蔵
　　　　小針　進

発行者　藤原良雄

発行所　株式会社 藤原書店

〒162-0041　東京都新宿区早稲田鶴巻町 523
電　話　03（5272）0301
FAX　03（5272）0450
振　替　00160 - 4 - 17013
info@fujiwara-shoten.co.jp

印刷・製本　中央精版印刷

落丁本・乱丁本はお取替えいたします
定価はカバーに表示してあります

Printed in Japan
ISBN978-4-89434-997-1